MÉMOIRES D'UNE FOURMI

Dès l'âge de 16 ans, Bernard Werber écrit des nouvelles, des scénarios, des pièces de théâtre. Après des études de criminologie et de journalisme, il devient journaliste scientifique. À 30 ans, il rencontre un énorme succès avec son premier roman, *Les Fourmis*. Bernard Werber propose un nouveau genre littéraire qu'il nomme « philosophie fiction », mêlant science-fiction, philosophie et spiritualité. À travers différents regards exotiques, extérieurs, celui des animaux, mais aussi celui des arbres, des divinités antiques ou de potentiels extraterrestres, il nous invite à nous interroger sur la place de l'homme dans l'univers.

Paru au Livre de Poche :

CYCLE DES AVENTURIERS DE LA SCIENCE
Le Père de nos pères
L'Ultime Secret
Le Rire du Cyclope

CYCLE DES CHATS
Demain les chats
Sa Majesté des chats
La Planète des chats

CYCLE DES FOURMIS
Les Fourmis
Le Jour des fourmis
La Révolution des fourmis

Trilogie des fourmis (*intégrale*)
Le Livre secret des fourmis

CYCLE DE PANDORE
La Boîte de Pandore
La Prophétie des abeilles

CYCLE TROISIÈME HUMANITÉ
Troisième Humanité
Les Micro-Humains
La Voix de la Terre

Pentalogie du ciel

CYCLE DES ANGES
Les Thanatonautes
L'Empire des anges

CYCLE DES DIEUX
Nous, les dieux
Le Souffle des dieux
Le Mystère des dieux

Autres livres

L'Arbre des possibles
Bienvenue au paradis
Depuis l'au-delà
Le Livre du voyage
Le Miroir de Cassandre
Nos amis les humains
Nouvelle encyclopédie du Savoir Relatif et Absolu
Le Papillon des étoiles
Paradis sur mesure
Le Sixième Sommeil

BERNARD WERBER

Mémoires d'une fourmi

ALBIN MICHEL

ISBN : 978-2-253-24500-1 – 1re publication LGF

Pour mon grand-père, Isidore
Pour ma maman, Céline
Pour mon père, François
Pour ma sœur, Muriel
Pour Amélie
Pour Jonathan, Benjamin, Alice.

« Une vie peut ressembler à un enchaînement de cartes de tarot. Chaque arcane représente un rendez-vous, une crise, une étape, une épreuve, une découverte censée jalonner notre parcours d'évolution personnel. »

Edmond WELLS,
Encyclopédie du Savoir Relatif et Absolu.

ARCANE SANS NOMBRE (0 OU XXII) : LE MAT

Le Mat est la carte qui est avant et après les vingt et un autres arcanes. Elle n'a pas de nombre et est donc à la fois le zéro et le XXII.
Elle représente un homme qui marche. Il a un baluchon sur l'épaule, qui évoque les connaissances et les biens personnels qu'il considère comme indispensables et qu'il transporte avec lui.
Un chat lui égratigne la cuisse, mais il n'y fait pas attention, comme s'il avait décidé de ne pas perdre de temps avec les petites diversions autour de lui.
Il a un bâton qui lui sert de canne pour ne pas tomber.
Il regarde vers la droite, signe qu'il s'intéresse au futur.
C'est la carte du commencement et de l'achèvement de toutes les initiations.

« Et maintenant, c'est fini, tu vas mourir. »

Je me souviens de cette phrase prophétique incontestable qui a été prononcée, un revolver braqué sur ma nuque, en août 1975 alors que j'avais 14 ans.

Mais il faut d'abord que je vous raconte ce qu'il s'est passé au préalable.

J'étais en colonie de vacances en Corse. Les organisateurs avaient proposé qu'un groupe fasse le tour de l'île à vélo, pendant que les autres voyageraient en bus.

C'était censé être plus long, mais plus pratique pour découvrir les somptueux paysages de l'île de Beauté.

Après une journée harassante passée à pédaler, frôlés par les voitures, les caravanes et les camions sur des routes, montantes et descendantes, très sinueuses, avec d'un côté des ravins et de l'autre des parois rocheuses pointues, nous nous étions arrêtés, épuisés, à la nuit tombée, près de Solenzara, sur la côte sud-est de l'île, devant une paillote au bord d'une plage.

Là, nous avions rencontré un patron chaleureux qui nous avait accordé gratuitement le droit de planter nos tentes sur la plage, face à son restaurant. Comble de chance, il nous offrait aussi le libre accès aux toilettes.

Nous avions monté les tentes et nous étions organisés pour dîner. Un réchaud, des casseroles, des sachets de nouilles déshydratées. Il ne manquait que l'eau pour les faire cuire. J'avais pris quatre gourdes afin de les remplir d'eau au robinet des toilettes du restaurant. Il me fallait pour cela traverser une zone de bosquets et d'arbustes qui séparait la plage elle-même de la paillote.

La nuit était tiède et les pins embaumaient l'air.

Mais, alors que j'arrivais dans les toilettes, je remarquai une première petite anomalie.

Il y avait du sang frais sur le lavabo. En fait, il y avait du sang partout.

Il y en avait aussi sur le robinet, sur le miroir, sur le carrelage.

Je marchais dans des flaques écarlates.

Je nettoyai l'extrémité du robinet pour éviter qu'il y ait du sang dans les gourdes, puis les remplis une à une. Ensuite, sans plus me poser de questions, je pris le chemin du retour, traversant la zone des bosquets entre le restaurant et la plage.

J'éclairais le chemin avec ma lampe torche. Il faisait nuit et des senteurs de thym et de laurier m'enveloppaient. J'étais sur le point de rejoindre la plage lorsque soudain une silhouette surgit devant moi et prononça en haletant :

— Baisse ta lampe tout de suite !

Je dirigeai la torche vers la source de la voix et je distinguai un homme, le visage déformé par des boursouflures sanguinolentes.

Sa lèvre était fendue, une grande balafre courait entre son front et son menton. Ses yeux bougeaient vite. Du sang dégoulinait de son arcade sourcilière, sa chemise claire était couverte de taches rouges.

Il respirait vite et fort en produisant des bruits bizarres avec la bouche du fait de ses blessures. Il a répété :

— Je t'ai dit d'éteindre cette lampe !

C'est en baissant la torche que j'ai vu briller l'arme. Étrangement, en cet instant délicat, je me suis demandé quelle était sa marque. J'ai dirigé le faisceau vers sa main. C'était un revolver avec un canon chromé plutôt long, et des stries en relief sur les côtés, le genre de choses qu'on ne peut pas cacher dans la poche intérieure de sa veste, un objet de collection qui avait dû coûter très cher.

— Tu vas éteindre cette foutue lampe !

Alors que l'homme approchait, encore plus menaçant, agitant son revolver, j'ai déposé calmement la torche électrique sur le sol. L'homme respirait de plus en plus vite et fort tout en produisant comme un sifflement avec le nez et les lèvres.

— Mets-toi à genoux !

J'ai obtempéré et j'ai senti le métal froid du canon posé sur ma nuque.

— Et maintenant, c'est fini. Tu vas mourir…

Ensuite, de longues secondes se sont écoulées. J'ai eu l'impression que je sortais de mon corps et que je voyais la situation de l'extérieur, d'en haut. La scène avait pour seule lumière la lampe torche posée au sol. De ce point de vue élevé, je me voyais à genoux et un type avec le visage en sang tenant un revolver argenté dirigé vers mon cou, du moins vers le cou du jeune homme, là, en bas, qui était censé être « moi ».

Je pensai : *Et voilà, ma vie va s'arrêter ici.*

Je me souvins aussi d'une discussion au téléphone que j'avais eue avec mon père juste avant le départ pour ce tour de Corse.

— Quoi ? Vous allez partir, avec d'autres jeunes, comme ça à vélo et sac au dos, sans même savoir où vous allez dormir le soir ?

— On a des tentes et des sacs de couchage. On peut se mettre n'importe où sur le bord de mer.

— Cela peut être très dangereux.

— Nous serons huit.

— Tu ne te rends pas compte, Bernard ! Vous pourriez quand même vous faire agresser.

— Par qui ?

— Par des types qui voudraient vous détrousser, pardi !

— Mais papa, on n'a rien à voler. On a 14 ans. Ils ne vont pas nous voler nos rations de soupe lyophilisée !

— Il y a toujours des fous partout. Huit gamins à vélo, vous serez des proies faciles.

J'avais haussé les épaules, considérant que mon père était un peu paranoïaque. Je m'aperçus, à cet instant précis, qu'il avait raison. D'ailleurs, avec le recul, je dirais que dans ma famille ce sont les plus inquiets qui ont survécu, les optimistes n'ont pas fait de vieux os.

Mon esprit était toujours en dehors de mon corps, regardant l'adolescent à genoux avec le type qui respirait fort à côté et qui tenait un revolver chromé braqué sur sa nuque.

Une idée encore plus forte m'accapara : *Qu'ai-je fait de ma vie ? J'ai 14 ans et qu'ai-je accompli ? Je vais mourir sans avoir produit quoi que ce soit d'intéressant. C'est une vie pour… rien.*

J'eus aussitôt un énorme sentiment de gaspillage.

Donc, j'attendais le choc de la balle de revolver. Les secondes s'égrenaient, longues comme des minutes.

La respiration rapide, bruyante, de mon futur assassin ne s'était pas apaisée et je continuais de sentir le contact froid du métal sur ma nuque.

Il y avait toujours au loin le ressac de la mer, le chant des grillons et l'odeur entêtante du thym.

Je sentais mon cœur battre.

Je n'osais pas me retourner.

Et puis, soudain, une voix fluette venant d'une autre direction prononça :

— Non ! Tire pas, papa, ce n'est pas lui !

Le contact avec le canon froid a cessé. Le revolver a dû s'éloigner de quelques centimètres de ma nuque.

Le jeune garçon m'a lancé :

— Partez vite.

Alors, je me suis relevé, j'ai remis en bandoulière les quatre gourdes et j'ai marché pour rejoindre les autres.

— Tu as l'eau pour les nouilles ? me demanda Thomas qui s'était imposé comme chef de notre bande.

J'ai tendu les gourdes et j'ai énoncé calmement :

— Je crois que nous ferions mieux de partir.

— Et pourquoi donc ?

— Je suis tombé sur un type avec un revolver.

— Ah, Bernard, il faut toujours que tu inventes des histoires. Tu es quand même un peu mythomane.

— Non, je suis sérieux. Nous ferions mieux de partir. Maintenant.

Petits rires des autres, qui s'étaient habitués à ce que je leur raconte des récits fantastiques que j'inventais pour les distraire.

— Cette fois, ce n'est pas une histoire issue de mon imagination. Je crains que cela ne soit bien réel.

Nouvelles moqueries.

Thomas a déchiré les sachets de nouilles déshydratées avec les dents. Les assiettes, les gobelets et les fourchettes en plastique, le ketchup et les chips avaient été distribués.

L'eau se mit à bouillir, et je me dis que si je n'avais pas vécu la situation, j'aurais probablement réagi comme eux.

C'est alors que Julie, une des filles, qui s'était rendue aux toilettes des femmes, revint. Elle avait du mal à retrouver son souffle, elle parlait sans articuler, très vite, la bouche tremblante.

— … IL FAUT VITE PARTIR !

Tout son corps était parcouru d'irrépressibles frissons. Elle pleurait d'émotion.

— LE TYPE A FAILLI TUER BERNARD !

Sous le coup de l'émotion, elle s'est mise à sangloter tout en balbutiant et répétant des :

— … IL EST LÀ… IL DOIT ÊTRE ENCORE LÀ…

Elle était toute pâle.

— IL VA NOUS TUER NOUS AUSSI ! IL AVAIT LE VISAGE ENSANGLANTÉ !!!

Cette fois, la réaction fut différente. En quelques secondes, toutes les affaires furent pliées, les tentes démontées, la nourriture abandonnée.

Tout en rangeant mes affaires dans mon sac à dos, je me dis qu'il serait temps que je réfléchisse à ce handicap : lorsque les situations que je vivais étaient vraiment périlleuses, je ne paniquais pas. J'aurais dû crier, pleurer, trembler comme Julie, mais non, probablement du fait de ce détachement au moment critique, je n'étais même pas en colère.

— PARTONS VITE ! insista Julie.

Finalement, l'avenir est aux acteurs. Peu importe l'histoire, si elle n'est pas interprétée avec émotion, on n'y croit pas.

Cet incident m'a fait prendre conscience de mon incapacité de convaincre quiconque parce que j'ai trop de recul. Le réel est pour moi une sorte de film ou de jeu vidéo dans lequel je suis inclus. Depuis ma naissance, je suis le spectateur distant de ma propre vie.

Les sept autres compagnons de voyage se bousculaient à présent. Au fur et à mesure que Julie donnait plus de détails sur « le tueur fou au visage sanguinolent avec son revolver », leur affolement s'amplifiait.

Tous sauf moi.

Quelques minutes plus tard, nos sacs à dos bouclés, nous nous sommes installés plus loin, devant une autre paillote qui, elle, était éteinte.

Nous avons remonté les tentes à la hâte.

Thomas donnait des consignes, il fallait instaurer des tours de garde au cas où celui qu'il nommait le « fou au revolver » voudrait nous attaquer dans la nuit. Il proposa qu'on utilise nos canifs à cran d'arrêt comme armes.

Pour ma part, considérant que j'avais déjà eu mon lot d'émotions pour la journée, je m'enfonçai dans mon sac de couchage et m'endormis.

Quelques heures plus tard, je fus réveillé par un rayon de soleil et Julie. Elle avait encore le visage tout blanc et la voix chevrotante. Visiblement, elle, de son côté, n'avait pas dormi.

— Bernard… il y a quelqu'un qui veut te voir.

Je me levai et sortis de la tente en clignant des yeux. Les autres m'observaient.

Je compris que j'étais le seul à avoir réussi à me reposer.

Julie me désigna le nouvel arrivant.

C'était le garçon qui m'avait sauvé la vie la veille. À la lumière du jour, je le distinguais mieux. Il avait un visage rond, des cheveux noirs et lisses. Il semblait gêné comme s'il devait avouer qu'il avait commis une bêtise.

— Mon père voudrait vous faire un cadeau pour s'excuser pour hier soir, me déclara-t-il.

Les autres attendaient de voir ma réaction.

— Je ne veux pas de cadeau et je ne souhaite pas revoir votre père. Par contre, je veux savoir ce qu'il s'est passé au juste.

Le garçon accepta de me raconter en détail ce qu'il savait sur les événements de la soirée. En fait, une fois mes compagnons de voyage et moi installés sur la plage, il ne restait plus qu'un client dans le restaurant. Or ce client, déjà bien éméché, refusait de payer son addition. Le patron du restaurant insista, le client dégaina un rasoir et le menaça. Le patron ne se laissa pas impressionner et saisit une chaise pour tenir l'homme au rasoir hors de portée.

S'ensuivit un duel. Chaise contre rasoir. Puis un corps-à-corps. Le client mauvais payeur arriva à blesser le propriétaire du restaurant plusieurs fois au visage et aux bras, provoquant de profondes entailles. Finalement, le combat tourna à l'avantage du patron, qui réussit à désarmer le client, et celui-ci, vaincu, s'enfuit en lançant :

— Je vais revenir avec tous mes copains et on va foutre le feu à ta baraque !

Le patron commença par nettoyer ses blessures (ce qui expliquait le sang partout sur le lavabo), puis il finit par récupérer son revolver. Il se cacha dans le jardin, s'accroupit derrière les broussailles et attendit la bande de pyromanes annoncée.

Quelques minutes plus tard, une voiture surgit depuis le sentier adjacent qui menait à la plage.

Le véhicule se gara près du restaurant tous phares éteints, moteur coupé. Les portières s'ouvrirent et quatre personnes en sortirent. Le restaurateur était certain qu'il s'agissait des complices du client au rasoir, revenus pour exécuter leur sinistre menace.

L'homme au visage lacéré mit au point une stratégie : les abattre un par un avant qu'ils ne puissent embraser sa précieuse paillote. Il se mit en embuscade, un doigt sur la détente.

Précisément à ce moment, je passais tranquillement avec mes quatre gourdes en bandoulière. Pour lui, il était évident qu'elles étaient remplies d'essence.

Le fait que le restaurateur ait reçu plusieurs coups de rasoir au visage et que je dispose d'une lampe torche alors que lui était dans l'obscurité n'avait fait qu'ajouter à la confusion. Même si nous nous étions vus quelques instants auparavant, il ne me reconnut pas. Moi non plus, d'ailleurs.

« Ne tire pas, papa, ce n'est pas lui. »

Son fils avait décidé que je devais continuer à vivre.

Quant aux hommes sortis de la voiture, ils n'avaient rien d'incendiaires, ce n'étaient que de simples touristes venus profiter d'un bain de minuit.

Le restaurant n'avait pas pris feu, et le client au rasoir n'était pas revenu avec ses amis.

Et, alors que je regardais s'éloigner mon sauveur, je me mis à songer : *La mort peut arriver comme ça, n'importe quand.*

J'inspirai profondément, fermai les yeux, et j'eus une énorme envie de rentabiliser chaque seconde de ma vie.

5 ANS. CONTEUR

« Il était une fois… »

Quand je me revois enfant, je me revois avec mon père, François Werber, assis sur le bord du lit lorsqu'il me racontait tous les soirs une histoire avant que je m'endorme.

C'était un moment magique.

C'est ainsi que j'ai compris qu'écouter une bonne histoire, qui me fasse rêver de mondes inconnus, me met dans un total état de bien-être et d'apaisement.

Je me souviens tout particulièrement des récits de la mythologie grecque. L'*Iliade* et l'*Odyssée*. Les travaux d'Hercule. Œdipe. Prométhée. Orphée. Jason et les Argonautes. La boîte de Pandore. Le Cyclope. Icare. Thésée. Pygmalion. Les dieux grecs m'intéressaient car ils étaient imparfaits. Ils étaient prétentieux, vantards, querelleurs. Zeus, le roi des dieux, avait le pouvoir de changer de forme. Il se transformait en cygne pour séduire la princesse Léda. Il se transformait en fourmi pour conquérir le cœur de la princesse Euryméduse.

Les héros mortels qui agissaient pour les servir mouraient bêtement en duel ou à la guerre, en proférant de grandes phrases de menaces ou de vengeance. Ils ne savaient pas aimer, ils ne savaient pas discuter, ils piquaient des colères et parlaient tout le temps d'honneur. Ils tuaient tous ceux qui leur semblaient bizarres : minotaure, amazones, hydres, titans, géants, Troyens et, de manière générale, tous ceux qui ne parlaient pas bien le grec.

Chez eux, il ne faisait pas bon cultiver sa différence. Je me souviens des images dans un livre rouge où l'on voyait des casques pointus surmontés d'une houppe, comme une tignasse, et des héros avec des lances ou des épées qui portaient de petites jupes. Ces récits sentaient la sandalette pleine de sueur, la testostérone, le sang et le mimosa.

En dehors de la Grèce, mon père me lisait les livres d'une collection nommée « Contes et légendes » et, chaque fois, je découvrais un pays lointain : Japon, Corée, Chine, Inde, Afrique, Brésil, Scandinavie, etc. Le monde se transformait pour moi en une collection d'histoires. Le soir, grâce à ces récits lus par mon père, je voyageais dans le temps et dans l'espace, et ils imprégnaient mes rêves.

Pour sa part, ma mère, Céline, était convaincue que je serais artiste, et plus spécialement dessinateur. Probablement parce que son propre père avait comme hobby la peinture. J'avais peur de la décevoir en lui révélant la réalité : mon peu de talent, ma « normalité ».

Partout où j'allais, ma mère demandait qu'on mette à ma disposition du papier et des crayons. Et elle collectionnait et exhibait mes gribouillis comme s'il s'agissait de fresques remarquables. De fait, je ne dessinais pas spécialement bien, mais à force de pratiquer quotidiennement je finis par trouver des trucs qui faisaient impression.

Et avec la pratique régulière apparut le plaisir.

Pour moi, alors, il n'y avait pas de limites, j'étais potentiellement capable de dessiner tout ce que je voyais dans la réalité ou dans mon imagination. La qualité du dessin importait peu, ce qui m'intéressait, c'était l'histoire que je racontais avec des images. Mon défaut était la surcharge, je ne savais pas m'arrêter, j'ajoutais des détails partout jusqu'à ce que cela devienne incompréhensible.

Une maîtresse de maternelle de l'époque accepta que je ne suive pas certains cours, pour perfectionner « mon aptitude au dessin ». Elle me laissait dans un coin avec de grandes feuilles de papier et des feutres. Mais son successeur ne voulut pas me laisser continuer dans cette filière de « spécialisation » et je m'avérai un piètre élève, du fait de mon manque de mémoire pour suivre les cours dits « normaux ».

Je ne retenais pas les poésies par cœur, je ne retenais pas le nom des fleuves et des capitales, ni les dates des batailles. Déjà à l'époque, je suppléais à mon absence de mémoire par mon imagination. Il fallait que je dessine ou que j'écrive tout ce qui sortait de mon esprit avec un maximum de détails, sinon cela disparaissait aussitôt de ma tête.

À force de dessiner, de raconter toutes sortes d'histoires sur le papier, l'une d'entre elles émergeait, se répétait de manière récurrente, jusqu'à vouloir exister plus que les autres. Un groupe de copains (mes deux ou trois meilleurs amis du moment) entamait la construction d'un vaisseau spatial puis le faisait décoller pour partir dans les étoiles. Je dessinais alors une planète où ils pouvaient atterrir. Une fois bien installés, mes copains construisaient un village sous une sphère transparente pour être protégés de tout, que ce soit des extraterrestres ou des humains de l'Ancien Monde, qui voulaient les rejoindre parce qu'ils avaient compris trop tard qu'il fallait faire le voyage.

Bientôt, je m'aperçus aussi que plus cela faisait peur, plus j'obtenais l'attention de ceux qui écoutaient. J'ajoutai donc des dangers terribles que devaient affronter mes héros. Des monstres. Des armées ennemies. Des pluies d'astéroïdes.

Comme l'arcane Sans Nom, du tarot, j'étais déjà dans la fuite, dans des mondes imaginaires. Ces contes que j'écoutais, ces histoires que je créais me semblaient déjà la seule manière de survivre dans un monde où je ne me sentais pas du tout intégré.

7 ANS. COMMENT SURVIVRE SANS MÉMOIRE

« Vous pouvez répéter ce que j'ai dit ? »

Même si je me mettais au premier rang pour être proche du tableau (à cause de ma myopie) et même si les professeurs avaient l'impression que je les écoutais et que je notais tout ce qu'ils disaient, en fait j'avais de vraies difficultés à mémoriser les cours.

En résultaient des notes plutôt médiocres.

Mon incapacité à apprendre par cœur était un handicap dans un monde où répéter le cours est considéré comme le principal talent à cultiver chez les enfants. J'étais souvent au milieu, voire à la fin du peloton, avec des commentaires comme : « Élève tout le temps dans la lune. » Il y eut même des années où mes notes étaient si décevantes que je craignais de ne pas pouvoir passer dans la classe supérieure.

Vu que j'étais également nul au football (l'endroit où se créaient les hiérarchies entre garçons) et que je n'étais pas très bon élève en général, on me pardonnait d'être un peu « hors système » si (et seulement si) je racontais des histoires marrantes ou fantastiques.

Ce fut grâce à cette particularité que je parvins à me constituer une bande de copains.

De mémoire, il y avait : Claude, un gros joufflu rigolard, Vincent, un brun maigre avec des dents de lapin, et Francis, un blond avec une mèche sur le côté.

Je me souviens tout particulièrement de Claude, le fils de la couturière, il portait des chemises amples qui débordaient de son pantalon. Si moi j'étais le « Raconteur d'histoires », lui était « Monsieur Je-Mange-Tout ». Il était capable d'ingurgiter n'importe quoi pour nous épater.

Un jour, nous étions place Saint-Georges à Toulouse, il avait ramassé dans le caniveau un rat mort gris-vert et nous avait déclaré : « Vous croyez que je n'en suis pas capable ? Eh bien, regardez ce que je vais faire. »

Et, tête renversée, il avait attrapé le rat mort par la queue, l'avait fait progressivement descendre dans sa gorge et avait commencé à le croquer en mimant des sourires de ravissement. Je me souviens du bruit des petits os qui craquaient et de la queue grise du rat qui sortait de ses lèvres comme un spaghetti. Il l'avait entièrement mangé et nous avait fixés fièrement. « Et voilà ! Je l'ai fait, je l'ai entièrement bouffé, avec le museau, les griffes et les dents. Vous ne croyiez pas que j'en serais capable, hein ? » Et il s'était massé le ventre comme s'il s'était bien régalé. Nous étions vraiment impressionnés.

Je dessinai l'histoire pour ne pas l'oublier et je la lui montrai.

— Ah oui, tu as bien représenté la queue du rat qui sort de ma bouche ! Tu sais, c'était très bon, on aurait dit du poulet, mais en plus salé, et puis c'était croustillant, tu devrais y goûter, toi aussi.

Un après-midi, la mère de Claude surgit en plein milieu d'un cours, interrompit la leçon en disant à son fils devant toute la classe :

— Tu croyais que je n'allais pas le faire ? Eh bien, je le fais ! (Ce devait être une devise familiale.)

Et elle avait sorti d'un sac en plastique un slip avec des traces marron :

— Voilà, maintenant tout le monde sait que tu ne t'essuies pas les fesses quand tu sors des toilettes, et après c'est moi qui dois nettoyer, espèce de gros dégueulasse.

Sur le coup, je m'étais dit : *Je ne savais pas qu'une mère pouvait à ce point vouloir humilier en public son propre enfant.*

Nous n'avions pas osé nous moquer de Claude. Je crois que ce fut ce jour-là que je pensai : *Finalement, les gens sont capables de faire plus de mal à leur propre famille, voire à leurs propres enfants, qu'à des étrangers.*

Je compris aussi que ce monde était peuplé de gens étranges dont je devais me souvenir pour créer des personnages originaux que j'utiliserais dans mes histoires. Il est très difficile d'inventer avec sa seule imagination des personnages aussi surprenants que ceux qu'on rencontre dans la réalité.

En dehors de Claude, il y avait aussi Francis qui avait une grande particularité qui nous fascinait tous : il était fils de parents divorcés.

En 1968, c'était encore peu fréquent. Cela lui conférait de multiples avantages sur nous, pauvres enfants de parents «encore ensemble». Il avait deux maisons, deux chambres. Tous ses jouets étaient en double. Son père et sa mère rivalisaient en matière de cadeaux pour lui plaire. Il avait tout ce qu'il voulait et était toujours habillé avec des vêtements neufs. On était tous jaloux. Il avait tellement de jouets que, grand prince, il nous en offrait.

De plus, il avait de l'argent de poche au cas où il aurait eu envie de s'acheter des bonbons ou des gâteaux. J'en avais parlé à mes propres parents («Le divorce, ça ne vous tente pas ? Vous seriez peut-être plus heureux séparés, enfin je dis ça comme ça»), mais, les miens étant un peu vieux jeu, je ne parvins pas à les convaincre de tester cette formule qui me paraissait résolument plus intéressante pour les enfants.

Ce fut aussi en cette année 1968, alors que la révolution se déroulait en France et dans le monde, que je commençai la construction d'un vaisseau spatial.

Un vrai. Pas dessiné, cette fois.

C'était une planche carrée en contreplaqué. J'y avais ajouté une assise récupérée sur une chaise en plastique cassée.

À l'arrière, une caisse, avec des tubes de carton censés représenter des réacteurs (issus du magasin de vêtements de mes parents où ils servaient d'axe aux rouleaux de tissu), un autre tube avec un élastique capable de projeter des boules de papier pour faire bazooka et, à l'avant, une grosse lampe de poche en guise de phare. Pour le gouvernail, j'installai un volant de voiture à pédales cassée avec son petit klaxon.

À cet attirail simple s'ajoutait un objet extraordinaire : un vrai projecteur à rayon laser qui fonctionnait. Je l'avais récupéré dans la poubelle de l'université Paul-Sabatier juste à côté de chez moi. Dans le noir surgissait un rayon bien net qui fumait lorsqu'il atteignait du polystyrène. De quoi largement impressionner les copains.

— Fuyons, et un jour la Terre ne sera qu'un souvenir ! lançai-je.

— Vas-y ! Fais décoller le vaisseau spatial, ordonna Vincent.

On grimpait dessus avec tous mes copains et ma sœur, Muriel, et je leur racontais qu'on traversait l'espace pour gagner une autre planète afin de bâtir une nouvelle communauté.

Fuir m'a toujours semblé la meilleure solution à tous les problèmes.

L'arcane Sans Nom, du Mat.

Plus prosaïquement, à cette époque, mon envie de partir était liée à un autre souci : la nourriture.

La viande me dégoûtait. A fortiori si elle baignait dans du sang, ce que certains appelaient « du jus ». Je pense que je n'arrivais pas à dissocier cette chose qu'on me disait « délicieuse » de l'animal avec des yeux capables de vous regarder, dont on me signalait qu'il provenait.

C'était une cause de dispute le soir à table.

Mon premier combat a donc été celui de ne pas manger de « cadavre ».

Combat perdu, car ma famille considérait que la viande était indispensable à ma croissance. Intuitivement, j'avais l'impression que notre espèce n'avait pas franchi toutes ces années d'évolution pour que nous restions des charognards se nourrissant d'animaux assassinés.

7 ANS. LA DIAGONALE DU FOU

« Le jeu d'échecs est un résumé de la vie. »

Mon père était un héros. En 1942, durant la Seconde Guerre mondiale, à 17 ans, il avait fui en Amérique. Arrivé à New York, il s'était engagé dans l'armée américaine. Même s'il n'était pas en première ligne lors du Débarquement, il avait quand même été mécano de tank.

Il m'impressionnait pour plusieurs raisons : tout d'abord par sa taille (1,92 mètre), ensuite par sa démarche. Il avait une façon de marcher très élégante, tout en puissance maîtrisée. Il avançait vite en se propulsant avec de grandes enjambées, et tout le monde (à commencer par moi) peinait à le suivre.

Je me souviens m'être dit : *Un jour, je saurai marcher aussi vite que lui.*

Il ne prenait jamais l'ascenseur : « C'est mieux de monter à pied. »

Il ne mettait pas de gants, encore moins de cache-nez. « Le froid, ça revigore. »

Quand nous étions en vacances au bord de la mer, il était le seul à dépasser les bouées rouges, les plus éloignées, et à nager comme s'il n'y avait pas de limites, comme s'il voulait franchir ce bras de mer pour rejoindre un autre continent. Du coup, j'avais déjà à l'époque l'idée que les gens courageux sont ceux qui vont loin sans se retourner.

Mon père m'apprit aussi à jouer aux échecs. Il tenait cette connaissance de son propre père, mon grand-père Isidore Werber, qui avait appris à jouer en prison à Barcelone, avec des pièces en carton, quand il avait fui en Espagne durant la Seconde Guerre mondiale.

Les échecs, avec les « histoires avant de se coucher », nous rapprochaient un peu plus encore. Une partie d'échecs m'apparut rapidement comme une intrigue avec des personnages différents luttant chacun avec sa spécificité. Ce qui m'intéressait dans les échecs n'était pas de gagner, mais d'étonner en accomplissant des coups spectaculaires. Ma pièce préférée était le cavalier, car son déplacement était bizarre, sautant les obstacles et pouvant menacer deux pièces simultanément (ce qu'on appelle « la fourchette »).

Déjà à l'époque, je ne jouais par pour gagner mais pour surprendre.

Parfois, lorsque je faisais un coup vraiment inattendu, je renonçais à être combatif, considérant que le reste de la partie n'avait plus d'importance.

Et puis vint un jour où je parvins à battre mon père.

Il ne voulut plus jamais jouer avec moi.

Je venais de régler mon complexe d'Œdipe.

Plus tard, je m'inscrivis dans un club et commençai à pratiquer un peu en compétition, mais la rencontre avec un joueur professionnel qui me mit mat en quelques coups sans le moindre effort me fit comprendre que je n'étais qu'au stade de débutant et que jamais je ne pourrais me mesurer aux vrais grands champions. Ma défaite fut si rapide et si cuisante que je préférai, comme mon père, ne plus continuer à jouer.

Ce fut aussi à l'âge de 7 ans que je réussis à terminer la lecture de mon premier gros livre sans images : *La Guerre des boutons*, de Louis Pergaud. Les mouvements de troupe de ces écoliers, qui se retrouvaient pour faire la guerre en prenant comme trophées leurs boutons, me passionnèrent.

Je pense même que *La Guerre des boutons* influença *Les Fourmis* par sa vision décalée du monde normal qui nous entoure. Comme si les enfants étaient dans un monde, plus bas, parallèle, où il se déroule d'autres événements, invisibles à hauteur d'adulte.

Ma mère, après m'avoir fortement encouragé à faire beaucoup de dessin, me força ensuite à prendre des cours de piano. Elle avait été professeure dans sa jeunesse et jouait tous les soirs quelques morceaux de Bach, Ravel, Satie, Fauré ou Debussy. Elle ne voulait cependant pas m'apprendre elle-même, et m'inscrivit donc dans une école de musique. J'y fis la découverte de professeurs toujours très autoritaires, des femmes à petites lèvres pincées qui m'ordonnaient de faire des gammes tous les jours, en me culpabilisant de ne pas suffisamment travailler mes morceaux. Je jouais parfois avec une gomme posée sur le dos de la main. Si elle tombait, je devais recommencer l'exercice de zéro. Et puis, je détestais le solfège, dont l'écriture ne m'a jamais semblé ni naturelle ni intuitive. Ces professeurs de piano trop stricts parvinrent presque à me dégoûter de la musique. Je suppliai ma mère d'arrêter de payer pour ce supplice, mais elle me répondait chaque fois :

— Je ne veux pas qu'un jour tu me fasses le reproche de ne pas avoir insisté.

Toutefois, dès le départ des professeurs de piano, je m'amusais à improviser et à inventer mes propres morceaux. Je crois que je ne supportais aucune discipline, que ce soit celle de mes parents, de mes professeurs, des chefs de bande dans les cours de récréation, des capitaines d'équipe de foot, pas plus que, plus tard, celle imposée par mes supérieurs hiérarchiques.

Je garde de mon enfance le souvenir d'un conflit permanent avec tous ceux qui voulaient que je devienne obéissant et que j'agisse « comme tout le monde au lieu de toujours vouloir faire mon intéressant ».

De fait, j'agaçais plusieurs de mes professeurs.

— Werber, vous êtes nul, vous n'arriverez jamais à rien. On dirait que les cours entrent par une oreille et qu'ils ressortent de l'autre. Ah ça, par contre, pour raconter des bêtises, vous n'êtes pas le dernier, mais pour apprendre les récitations, il n'y a plus personne.

Mes parents étaient régulièrement convoqués pour se faire engueuler.

C'est à cette époque que je compris qu'il me fallait inventer et proposer un autre système, cohérent et suffisamment original, pour ne pas subir le système établi et pour qu'on m'autorise à vivre enfin hors des sentiers battus.

8 ANS. TOUT PETIT DANS UN MONDE IMMENSE

« Je ne suis qu'une puce, née d'un père puceau et d'une mère pucelle. »

Si je devais remonter à mes balbutiements d'écrivain, il faudrait citer cette phrase, la première de mon tout premier récit de fiction bien construit, avec un début, un milieu et une fin. Cette phrase marque mes débuts dans la fonction de raconteur d'histoires. J'avais 8 ans. C'était pour une rédaction scolaire de quatre pages en sujet libre. Je l'avais intitulée « Souvenirs d'une puce ».

Ce texte racontait à la première personne du singulier les aventures d'une puce qui escaladait un être humain des pieds à la tête. Elle partait d'une chaussette, se hissait sur les poils des mollets, découvrait le monde sous le pantalon, tombait dans le puits du nombril, parvenait à ressortir, circulait sous la chemise, se perdait dans le pavillon d'une oreille, se tirait de ce piège alors qu'un auriculaire surgissait pour l'écraser. Puis elle était poursuivie par un troupeau de doigts qui grattaient autour d'elle. Elle leur échappait de justesse et finissait par se hisser jusqu'au sommet du crâne, se perdait dans la jungle des cheveux où elle tombait sur une tribu de poux sauvages. De ce point de vue culminant, elle pouvait enfin voir le monde d'en haut, en pleine lumière, et comprendre qui elle était et où elle se trouvait.

L'instituteur me dit :

— J'ai énormément ri en lisant ta rédaction, à un petit détail près. Tu ne peux pas écrire ta première phrase ainsi. Le père puceau, la mère pucelle, c'est disons… peu probable. Tu es un peu jeune pour que je t'explique, mais un jour tu comprendras.

Par la suite, encouragé par ce professeur, et aussi par le groupe des filles de la classe qui aimaient écouter mes histoires, je me mis à rédiger des récits de plus en plus délirants.

Parmi mes autres histoires se trouvait celle d'un lion racontant un safari de son point de vue. Le lion, plus rusé que les chasseurs, parvenait à en tuer quelques-uns, mais finissait malgré tout en descente de lit.

Il y avait aussi l'histoire d'un arbre qui racontait qu'il souffrait quand les amoureux venaient graver des cœurs percés sur son écorce.

Dans une autre histoire, deux détectives menaient une enquête afin de comprendre pourquoi les visiteurs d'un château disparaissaient tous systématiquement. À la fin, ils découvraient que l'assassin n'était autre que le château lui-même, un château bien vivant et dont la cave était une bouche affamée.

Je me rends compte aujourd'hui que ce qui m'intéressait déjà à l'époque, c'était de parler de l'homme avec un regard extérieur, non humain, celui d'une puce, d'un lion, d'un arbre ou d'un château vivant.

Cependant, plus j'écrivais, plus je fabriquais des mondes imaginaires et... plus je m'enfuyais dedans. Je vivais des aventures extraordinaires avec mes personnages, mais mes rapports avec les gens réels me semblaient de plus en plus compliqués.

Pour écrire des histoires originales, je commençai alors à me passionner pour la science, source inépuisable d'émerveillement en dehors de la vie scolaire.

Vers 8 ans, avec mes copains Francis, Vincent et Claude, nous effectuions des expériences de science aidés par des boîtes du type « Le Petit Chimiste ». Je lisais le magazine *Pif Gadget* et pratiquais les expériences proposées : élevage de crustacés, fusée projetée par de l'aspirine effervescente, culture de champignons ou de plantes vertes, etc.

J'adorais ce journal où il y avait aussi des bandes dessinées passionnantes avec, déjà, deux maîtres : Marcel Gotlib et la série des *Gai-Luron*, Hugo Pratt et son héros, Corto Maltese.

Un lundi matin, le marchand de journaux me dit :

— Je ne sais pas ce qu'il y a comme gadget dans les *Pif* aujourd'hui, mais ça fait du bruit dans ma cave.

En fait, il s'agissait de pois sauteurs du Mexique. De gros pois marron qui, une fois sortis de l'enveloppe de cellophane du journal, sautaient tout seuls. Bien plus tard, j'appris qu'il y avait un ver à l'intérieur du pois qui essayait de sortir mais, en raison de la couche de vernis posée par les humains, il ne pouvait plus percer la coque, et la pauvre bête se débattait en tentant de fissurer cette étroite prison. Comme si on empêchait un poussin de sortir en durcissant la coquille de l'œuf. Les sauts qui amusaient les enfants étaient… les sauts d'agonie désespérés d'un être vivant prisonnier !

À la même époque, je commençai aussi à avoir des animaux de compagnie, d'abord des poissons, des tortues, des hamsters, puis des cochons d'Inde. Je m'interrogeais sur ce qu'ils voyaient à leur hauteur, ce qu'ils ressentaient, ce qu'ils pensaient.

Et puis, finalement, ce qui me passionna le plus fut l'observation des cités des fourmis. Et elles, à quoi ressemblait leur vie au quotidien ? Qu'est-ce qui les motivait, qu'est-ce qu'elles comprenaient du monde qui les entourait ?

Durant certaines vacances que je passais chez mes grands-parents dans leur villa du quartier de la Côte pavée, rue Louis-Blanc, je ne m'occupais que de deux manières : 1) observer les fourmis du jardin le matin et 2) regarder un épisode de *Chapeau melon et bottes de cuir* l'après-midi (j'étais secrètement amoureux de l'héroïne, Emma Peel, interprétée par la sublime Diana Rigg, à mes yeux la plus belle femme du monde).

Je restais tous les jours dans le jardin de mes grands-parents pendant des heures, à observer les fourmis aller et venir sur leurs pistes entre les fraisiers et les plants de tomates.

Pourquoi les fourmis ? Tout simplement parce qu'il s'agissait des seuls animaux qui bâtissaient des villes, des routes, et ne s'enfuyaient pas à mon approche. Les lézards et les grenouilles, qui vivaient dans le fossé derrière la villa, étaient soit désespérément timides, soit fermés à tout contact direct avec moi. Et ils n'avaient même pas de village à eux.

Après les avoir observées dans leur milieu, j'installai mes fourmis dans des bocaux de confiture fermés. Je pensai même à faire des trous dans le couvercle métallique pour les laisser respirer. J'ai dû commencer l'élevage des fourmis à cette époque. Quand il me semblait qu'elles n'étaient pas heureuses en captivité, je les remettais là où je les avais trouvées. Pour moi, « pas heureuses » correspondait à un « amoncellement de fourmis mortes entassées à l'entrée de la cité ». J'avais l'impression que « mes sujets » me reprochaient d'être un mauvais dieu. Je ne savais pas encore qu'elles exprimaient ainsi leur mécontentement parce qu'elles étaient éloignées de leur unique reine. Tout cela m'intriguait et me donnait à réfléchir sur notre propre condition.

Et si nous étions, nous aussi, observés par un être géant qui aurait le pouvoir de vie et de mort sur nous ?

Et si cet être géant était un enfant extraterrestre ou un dieu débutant ?

Je commençai à imaginer et à dessiner une histoire où des héros fourmis tentaient de s'échapper du pot de verre où ils avaient été enfermés.

Ce fut officiellement la première version des *Fourmis*. Elle comptait huit pages, j'avais 8 ans et demi.

ARCANE XII : LE PENDU

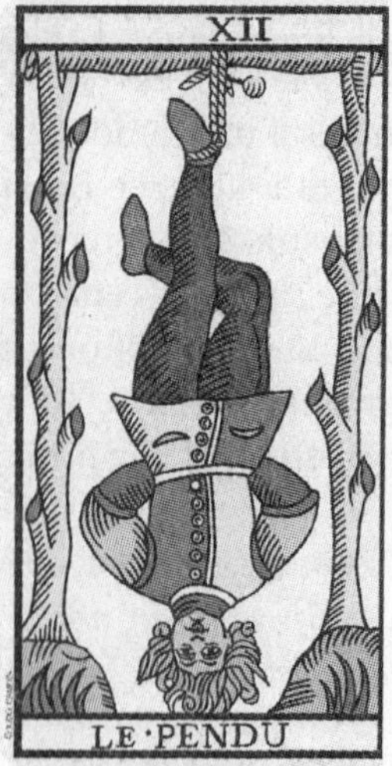

Le Pendu est la carte de l'arrêt. Il ne peut plus bouger, il ne peut plus avancer, il est coincé. Suspendu par le pied, la tête en bas, il ne semble pourtant pas malheureux, car il a ainsi la possibilité de voir le monde à l'envers, ce qui lui apporte une vision complètement différente de la vision courante.

9 ANS. LA FIN DE TOUT MOUVEMENT

« Vous préférez être bloqué assis ou bloqué couché ? »

Un matin, je ne parvins pas à me lever.

Je me débattais sans pouvoir me redresser, comme un insecte cloué par une épingle invisible.

Cela se reproduisit plusieurs fois. Impossible de m'extraire du lit, un blocage dans le dos. Je mettais un temps fou à me relever en me soutenant aux meubles, en avançant appuyé aux murs. Ces crises arrivaient de plus en plus souvent et, malgré tous les médecins consultés, aucun n'en trouvait l'explication. La plupart disaient à mes parents qu'il s'agissait d'un blocage psychologique et que je faisais du « cinéma » pour ne pas aller à l'école.

Ce n'est que plus tard, au cours de l'année 1980, que le professeur toulousain Jean Dausset obtint le prix Nobel de médecine pour sa découverte du système HLA. Cette avancée permit précisément de diagnostiquer ma maladie.

Son nom se résumait à trois terribles lettres : SPA. Non pas Société protectrice des animaux, mais Spondylarthrite ankylosante. Il s'agissait d'une maladie génétique héréditaire censée progresser inexorablement, soudant une à une toutes les articulations jusqu'à aboutir à une immobilisation complète de tout le corps.

Un premier médecin établit un diagnostic :

— Quand vous serez plus âgé, on vous posera cette question à laquelle vous devez réfléchir dès à présent : *bloqué assis* ou *bloqué couché* ?

Un temps surpris, je réfléchis.

La position assise me sembla la plus pratique pour travailler, mais la plus gênante pour dormir.

J'appris alors qu'il existait des lits-hamacs pour les gens atteints de cette maladie qui leur permettaient de dormir verticalement, suspendus au plafond par un crochet avec les jambes ballantes, un peu à la manière des chauves-souris (si ce n'est qu'on n'a pas la tête en bas).

Tout cela ne me semblait vraiment pas sympathique, mais a priori le moins mauvais choix.

Je me souviens d'avoir demandé s'il y avait un remède. Le médecin m'informa que le nombre de personnes atteintes de cette maladie n'était pas suffisant pour qu'il y ait de réels investissements dans les laboratoires de recherche afin de trouver un traitement. Je devais donc me contenter des anti-inflammatoires courants. À commencer par l'aspirine. J'en déduisis que, pour être soigné, il fallait davantage de gens malades pour que les firmes pharmaceutiques investissent et trouvent des solutions efficaces. Je servis d'ailleurs de primo-testeur pour des remèdes insolites comme les « sels d'or ».

Parfois, quand la douleur était trop aiguë, je prenais une canne pour marcher, ce qui me donnait, à 9 ans, l'allure d'un petit vieux.

Sans même en prendre conscience, je m'ancrai dans ce personnage de garçon à lunettes, lisant des livres, écrivant et dessinant des histoires bizarres, plutôt solitaire, introverti, élève médiocre du fait de son manque de mémoire, nul au football, incapable de monter à la corde au cours de gymnastique, refusant de manger de la viande rouge, appréciant de discuter avec le groupe des filles plutôt qu'avec celui des garçons, et qui pour compléter le tableau… arrivait en boitant à l'école avec une canne.

Au fond de moi, je cherchais toujours la réponse à cette question métaphysique : *Assis ou couché ?*

Je crois qu'on n'est pas assez attentif aux signes. Il faut les écouter dans sa vie quotidienne. Cette maladie en était un. J'étais arrivé à la découverte de l'arcane XII, le Pendu. Une situation où je ne pouvais plus agir, je n'avais qu'à attendre, il ne servait à rien de me débattre, juste profiter de cette pause forcée pour réfléchir, suspendu à l'envers comme le personnage de l'arcane.

11 ANS. TEST PSYCHOLOGIQUE

« Si vous étiez le Père Noël et que vous pouviez vous offrir à vous-même le cadeau le plus extraordinaire, qu'est-ce que vous vous offririez ? »

Je me souviens que, lorsque j'avais 11 ans, en sixième au collège Fermat, toujours à Toulouse, tous les élèves passaient un test de psychologie dans lequel on posait cette fameuse question du Père Noël.

Voici mes deux réponses :

1) Je rêvais d'un changement du système d'énergie de mon corps afin qu'il ne soit plus nécessaire ni de manger ni de faire ses besoins, pour ne plus me nourrir que d'air et de lumière. Plus rien de solide n'aurait besoin d'entrer ou de sortir de mon corps.

2) Et j'imaginai un groupe de tout petits humains de la taille de mon doigt qui seraient mes amis pour s'infiltrer partout et m'aider dans tous mes projets. Ce qui m'inspira probablement plus tard *Les Micro-Humains*.

Mes parents furent convoqués par la conseillère d'éducation. Elle leur demanda si je n'avais pas de problèmes digestifs, ce qui expliquerait cette envie de ne plus aller aux toilettes.

Quant aux petits hommes qui étaient mes amis, elle en déduisit que j'en manquais de taille normale et se demanda si je n'étais pas asocial.

Vu la manière dont elle me regarda ce jour-là, je crois que la psychologue envisageait tout simplement que j'étais… fou.

11 ANS. ENCYCLOPÉDIE DU SAVOIR RELATIF ET ABSOLU

« La meilleure manière de ne pas oublier, c'est de tout noter, tout, vraiment tout. »

Tout au long de ma vie sont apparues des personnes qui m'ont donné un coup de pouce pour me faire avancer plus vite, plus loin.

Mon seul mérite a été d'être suffisamment curieux pour les repérer, les écouter, recevoir leur enseignement, puis accessoirement noter leurs paroles pour être sûr de ne pas les oublier.

L'un de ces premiers « initiateurs » a été Michel Vidal[1], connu au collège Fermat à l'âge de 11 ans.

Il m'a instruit dans trois domaines :

1) Tout d'abord, les montages électroniques. Il me montra comment fabriquer, avec des transistors, des

1. Je ne nomme pas tous les personnages de ce texte autobiographique de la même manière. Pour ceux qui me semblent dignes d'être mémorisés, je cite leur vrai prénom et leur vrai nom. Quant à ceux qui me semblent « moins lumineux », je donnerai un prénom dont je conserverai seulement la vraie initiale.

condensateurs, des résistances, une cellule photo-électrique qui se déclenchait lorsqu'on s'en approchait. J'adorais l'odeur du métal fondu servant à faire les soudures. Je me mis, sur ses recommandations, à construire toutes sortes d'engins électroniques bizarres, notamment un mini-orgue dont le son était supposé faire fuir les moustiques.

2) Vidal m'apprit ensuite à construire des avions en balsa, ce qui demandait beaucoup de méticulosité et me servit plus tard à faire les plans de mes romans. En effet, il faut d'abord réunir les pièces, dessiner un plan géométrique en papier sur une planche de bois où l'on intègre les pièces (je les faisais tenir avec des épingles empruntées à ma mère et de la colle), puis les poser une par une sans perdre de vue la vision globale. Après, il s'agit de tendre la toile de papier huilé qui donne l'apparence extérieure : peut-on appeler cela « le style » dans un roman ? Puis vient le test pour voir si l'ensemble peut voler.

3) Michel Vidal me raconta aussi l'histoire du continent perdu de l'Atlantide. Nous avions de grandes discussions sur cette civilisation disparue. Plus tard, en cours, je fis un exposé où je tentai de regrouper tout ce que nous connaissions sur l'hypothèse d'un continent englouti entre l'Europe et l'Amérique. Ces informations m'influencèrent par la suite dans plusieurs de mes projets de romans, notamment pour *La Boîte de Pandore*.

Ce fut aussi à cette époque que je commençai à rédiger mon *Encyclopédie du Savoir Relatif et Absolu*. Il s'agissait d'un cahier très épais dans lequel je notais tout ce que Michel Vidal me racontait, mais aussi tout ce qui me semblait un peu surprenant ou fantastique et que j'avais peur d'oublier.

Je me souviens d'avoir consigné l'histoire de l'Univers du big-bang à nos jours, comme un récapitulatif des épisodes précédents. Puis d'avoir réuni des dessins ou des photos représentant toutes les phases entre l'infiniment petit et l'infiniment grand, des atomes aux amas de galaxies. J'ajoutai des photos de magazines et des bandes dessinées que je découpais dans les journaux pour faire des montages et me donner envie de feuilleter à nouveau ma propre encyclopédie.

Il y avait des recettes de cuisine, des plans de montages électroniques, des blagues, des photos des films que j'avais aimés, des récits de mes rêves, et des dialogues, ou des phrases marrantes, que j'avais entendus et que je ne voulais pas oublier.

À la même époque, ma mère alla voir une cartomancienne, Mme De Marchii, qui lui dit :

— Vos deux enfants seront scientifiques, mais, je ne sais pas pourquoi, un seul aura une blouse blanche. L'autre sera un scientifique, mais sans la blouse.

Mon père en voulait à ma mère d'avoir gaspillé 50 francs (environ 10 euros) pour entendre ce genre d'ineptie, mais cela avait suffi à m'intriguer sur ces « médiums » qui voyaient l'avenir et, surtout, m'incita à montrer que je serais des deux enfants de la famille le « scientifique *avec* la blouse blanche ».

Je m'inscrivis alors dans un club d'astronomie, j'appris les équations d'Einstein, au grand désespoir de mon prof de physique.

— Arrêtez de faire le malin, Werber, suivez uniquement le programme. Einstein n'y est pas cette année, donc ne perdez pas de temps à vouloir comprendre ce genre de sujet. Les lois sur la gravité de Newton suffisent largement pour le moment. Et, à voir vos notes, je crois que vous n'arrivez toujours pas à les retenir.

Au club d'astronomie, vu mon jeune âge, un type m'interpella un jour :

— Hé, petit, ici ce n'est pas une garderie pour enfants !

Ce à quoi un autre réagit :

— Attends, ce gamin aime l'astronomie. Tu peux pas le disqualifier parce qu'il est trop jeune. Écoute, petit, ne fais pas attention à ce que dit ce type. Tu peux rester avec nous, il faut juste ne pas nous déranger quand on travaille. Tu étudieras les taches solaires, marque-les sur cette feuille. Ne mets jamais ton œil dans l'œilleton, sinon tu te brûleras la rétine. Tu dois toujours mettre le gros filtre noir.

Puis il avait ajouté :

— Tiens, tu veux que je te montre un truc étrange et rigolo ? Je vais te démontrer que : $1 + 1 = 3$.

— C'est impossible, dis-je.

Il me fit alors tranquillement la démonstration qui commence par l'équation $(a + b) \times (a - b) = a^2 - ab + ab - b^2$ et se termine une fois qu'on l'a fait évoluer par… $1 + 1 = 3$.

Quelques années plus tard, je mis cette démonstration dans mon *Encyclopédie du Savoir Relatif et Absolu* et cela créa beaucoup de réactions chez les lecteurs.

Je trouvai cette démonstration d'autant plus fascinante qu'elle remettait toutes les mathématiques en question et ouvrait, à mon avis, sur une réflexion dans le domaine sociologique : *Ensemble on est plus fort que la simple somme de nos talents.* Doublée d'une réflexion philosophique : *Il y a des moments où l'addition donne un résultat supérieur à celui de la simple valeur ajoutée des éléments.*

Post-scriptum : En 2016, quarante-quatre ans plus tard, Michel Vidal réapparut dans ma vie grâce aux réseaux sociaux. Après avoir tout laissé tomber, il est maintenant berger, dans les Pyrénées. Et il m'a semblé heureux.

13 ANS. EFFONDREMENT

« Mourir tranquille quand on le souhaite devrait être un droit. »

Treize n'a jamais été un bon chiffre pour moi.

Lorsque j'ai eu 13 ans, mon grand-père que j'adorais, Isidore Werber, allait de plus en plus mal. Il m'arrivait de rester une heure l'après-midi après les cours à discuter de tout et de rien avec lui.

Ses conseils étaient variés : « Fais de la boxe », « La vraie force, c'est quand on n'a pas besoin de la montrer ; dès que tu la montres, c'est déjà trop tard, tu as perdu », et puis « Méfie-toi des femmes ».

Né en Pologne en 1890, à Skalat, dans un petit village qui actuellement se trouve en Ukraine, Isidore souffrait d'une ambiance familiale étouffante. À 22 ans, avec un de ses copains, il quitta tout, et partit vers l'ouest. Il traversa d'abord l'Allemagne et termina son périple en France, plus précisément à Toulouse. En 1914, le gouvernement proposa aux étrangers de s'engager dans l'armée en échange de la nationalité française. Ceux qui acceptaient étaient versés dans les « corps francs étrangers », comme soldats d'infanterie, pour foncer en première ligne face aux mitrailleuses allemandes avec un taux de survie de 5 %. Il sentit le piège et préféra s'abstenir. Il fut donc enfermé dans un camp pour étrangers dans l'Aveyron, où il devint cuistot. Après la guerre, un ami rencontré dans le camp lui proposa de devenir photographe. Après avoir suffisamment réussi dans cette profession, il revint en Pologne à Skalat et prit pour femme ma grand-mère, Sarah Samet, l'une des rares dans ce village à parler français. Puis, ensemble, de retour à Toulouse, ils connurent le parcours des étrangers :

1) l'épicerie (rue Pharaon),

2) le restaurant (place des Carmes ; ma grand-mère y faisait la cuisine),

3) les marchés pour vendre de la bonneterie,

4) les vêtements en tant que grossistes,

5) et enfin le magasin de vêtements, pour vendre au détail, rue de la Pomme.

Le magasin se nommait Sylva et avait pour devise : *Un vêtement Sylva vous va*. La grande originalité était de proposer des vêtements pour « femmes fortes ».

Mon grand-père disait souvent : « Il faut aller explorer les chemins que les autres dédaignent. » Pour lui, c'était donc… les femmes fortes, et, comme Sylva avait l'exclusivité dans toute la région toulousaine, le magasin connut un grand succès.

Quand, durant la Seconde Guerre mondiale, la zone sud fut annexée par les Allemands, des voisins les ont avertis que la police allait venir les arrêter. Isidore, Sarah et leurs deux enfants, Dorette et François, ont alors fui à pied vers le sud, et les Pyrénées. Ils ont traversé la frontière espagnole avec l'aide de passeurs (des gendarmes de Perpignan) par le col de Puymorens et ont continué pour rejoindre Barcelone. En Espagne, ils ont été arrêtés par la police de Franco. Mais ce dernier, sentant que la situation politique était en train de tourner, ne livra pas les prisonniers aux Allemands. Mon père, François, put s'enfuir aux États-Unis sur un bateau portugais, avec de faux papiers fournis par le Joint, une organisation caritative américaine de sauvetage pour les enfants de réfugiés. Mon père, qui n'était pas encore majeur à cette époque, avait pu bénéficier de cette aide. Et c'est ainsi qu'il put, par la suite, devenir étudiant à l'université de New York, puis s'engager dans l'armée américaine.

Après la guerre, mon grand-père Isidore lui demanda de rentrer en France pour continuer à gérer le magasin Sylva. Ce qu'il fit.

En vieillissant, Isidore devint de plus en plus sourd, il respirait par à-coups, il était fatigué. Un jour, il dut être amené à l'hôpital. On lui fit les opérations nécessaires pour lui retirer l'eau qu'il avait dans les poumons. Il suppliait qu'on le laisse « mourir tranquille », mais le jeune médecin aux allures de play-boy qui s'occupait de lui ne voulait rien entendre. Le dos d'Isidore le brûlait. Il souffrait d'escarres. Chaque respiration lui était pénible. Il fut admis en soins intensifs. Il essaya d'arracher ses perfusions.

— Fichez-moi la paix, laissez-moi mourir, j'en ai assez, répétait-il.

On lui attacha les mains avec des sangles pour l'empêcher de recommencer.

Il mourut un soir, trouvant dans sa rage la force de se libérer de ses entraves pour enlever tout l'attirail auquel on l'avait branché.

Je me dis alors qu'à notre époque on ne pouvait même pas mourir tranquillement. On pouvait vous forcer à vivre malgré vous…

Et je commençai à me demander comment cela se passerait pour moi. Est-ce qu'on me dirait aussi : «Ne vous en faites pas, on va vous soigner. On va vous sauver, que vous le vouliez ou non…»

Après la mort de mon grand-père, j'eus une grave crise de rhumatismes SPA. J'avais de plus en plus de mal à marcher, même avec la canne. Tout se compliquait.

Au collège Fermat, j'enchaînais les mauvaises notes en mathématiques car la professeure nous demandait, elle aussi, d'apprendre par cœur les équations pour les réciter le plus vite possible. «Par cœur» devint vite mon seuil d'incompétence.

Mes parents m'offrirent alors des cours particuliers de mathématiques pour réussir ce précieux examen auquel je tenais beaucoup pour passer en classe scientifique et, grâce à ce nouveau professeur, je découvris encore d'autres énigmes amusantes dans ce domaine a priori rébarbatif. Les mathématiques, censées me barrer le chemin de la carrière scientifique, devenaient paradoxalement une nouvelle passion, après l'étude des fourmis et l'astronomie.

J'adorais les probabilités parce que cela éclairait le futur possible, un thème que je développerais plus tard dans *L'Arbre des possibles* et *Le Miroir de Cassandre*, avec une montre à probabilités qui prévoit à chaque seconde les risques de mourir dans les cinq secondes suivantes.

Hélas, le jour de l'examen de rattrapage, je fus surpris que l'énoncé du devoir soit aussi facile et surtout aussi court. Je ne reconnus pas ce symbole « .../... », et je ne tournai pas la page. Il y avait un côté algèbre et un côté géométrie. Je n'exécutai donc que la moitié de l'exercice, pour laquelle j'obtins la note maximale, mais cela ne suffit évidemment pas.

Je fus dirigé vers un lycée doté d'une section économique.

Finis, mes rêves d'inventeur et de découvreur.

Je ne serais ni astronome, ni astronaute, ni physicien, ni ingénieur, même pas médecin. Je serais... au mieux comptable, alors que tout ce qui est commerce, marketing et finance m'a toujours semblé sans aucun intérêt.

À nouveau, je ressentis un sentiment d'échec.

La professeure de mathématiques de troisième avait raison : je m'illusionnais sur moi-même. Il fallait bien me faire une raison : j'étais nul. Je ne devais pas prendre cela comme une insulte. Au contraire, cela devait me permettre de remettre entièrement en question ma manière d'appréhender le monde.

À cette époque, je me consolais avec *Le Standinge selon Bérurier*, un ouvrage de Frédéric Dard, alias San-Antonio. J'éclatais de rire en tournant les pages alors qu'au fond de moi j'avais le sentiment d'avoir tout raté. Quel immense pouvoir avait cet écrivain de me remonter le moral sans même me connaître ! Je compris que les livres pouvaient vous sauver.

Après la lecture de ce San-Antonio, je cherchai d'autres romans à effet d'évasion rapide et puissant. D'abord, Agatha Christie (j'étais tellement pris par le suspense d'un de ses livres que je le lisais en marchant dans la rue, y compris aux passages cloutés).

Je lus aussi Edgar Allan Poe et je me souviens d'avoir eu de réels frissons à la lecture du « Double assassinat dans la rue Morgue » et de l'effet addictif de la nouvelle « Le scarabée d'or » ou de celle du « Joueur d'échecs de Maelzel ». Je fuyais ce système scolaire qui m'avait rejeté grâce au pouvoir d'évasion des romans.

C'est alors que je fis la découverte de Jules Verne.

La lecture de *Vingt mille lieues sous les mers* et de *L'Île mystérieuse* m'obséda et le reste du monde commença à m'indifférer. Je venais de trouver mon héros et c'était le capitaine Nemo. Il vivait dans un sous-marin, il voulait sauver l'océan de la bêtise des hommes, il était anarchiste, misanthrope et écologiste. Mais il savait faire quelque chose que je ne savais pas encore : s'indigner au point de se mettre vraiment en colère, puis se donner les moyens techniques de réaliser son projet personnel : sauver la planète.

Je vivais à fond dans les mondes imaginaires, et cela me redonna l'envie de rédiger des textes courts dans le genre fantastique.

Ma vie normale, en revanche, ne faisait qu'empirer.

Je crois qu'il faut être au fond de la piscine pour trouver l'énergie de donner le coup de pied qui vous permet de remonter à la surface. Cette même année où mon grand-père Isidore décéda, où j'échouai à passer en section scientifique et où j'eus à subir des crises de rhumatismes SPA qui me paralysaient, je fis la rencontre d'une personne qui allait m'offrir d'un coup la solution à tous mes problèmes.

ARCANE V : LE PAPE

La carte du Pape représente un homme qui a une tiare de trois étages. Cela symbolise les trois niveaux de compréhension du monde : le monde matériel, le monde intellectuel et le monde spirituel. Il a un sceptre qui lui aussi évoque avec ses trois barres les trois niveaux de compréhension de l'Univers. Il regarde vers la droite, ce qui signifie qu'il voit le futur. Il transmet son enseignement à des disciples. C'est la rencontre avec un maître qui transmet sa sagesse à ceux qui sont prêts à l'écouter.

13 ANS. LA VOIE SPIRITUELLE

« Pas de désir, pas de souffrance. »

C'était en août 1974 à Hyères lors d'une colonie de vacances.

J'avais 13 ans, et j'étais en pleine période de questionnement.

Je repérai un autre adolescent qui me semblait différent des autres.

Ce qui me surprit, ce fut son calme, son sourire, la lenteur de ses gestes et une sorte d'attitude flegmatique et douce qui semblait le rendre inatteignable par quelque contrariété que ce soit.

— C'est quoi ton truc pour être aussi cool ? lui demandai-je.

— Le raja yoga, me répondit-il.

— C'est du yoga ?

— C'est mieux que du yoga, c'est du yoga royal. J'ai un professeur à Paris, André Van Lysebeth, qui me donne des cours tous les jours.

— Tu t'appelles comment ?

— Jacques Padovani.

— Ton « truc », ça m'intéresse, tu pourrais me l'enseigner ?

— Si tu veux, tu n'as qu'à lire le livre *J'apprends le yoga* d'André Van Lysebeth, il explique déjà pas mal de choses.

— Plutôt que de le lire, je préférerais que tu me le montres en direct, c'est possible ?

— OK, mais je commence demain et il faut se lever tôt. Six heures du matin, c'est jouable pour toi ?

— Pourquoi si tôt ?

— Pour assister au lever du soleil. C'est le meilleur moment pour démarrer cet enseignement.

Et c'est ainsi que le lendemain, alors que tout le monde dormait encore dans les tentes, Jacques Padovani me guida en haut d'une colline où se trouvait un bunker abandonné datant de la Seconde Guerre mondiale.

Nous nous installâmes au sommet et il me montra comment procéder. Il se mit face à la mer. À l'horizon, le soleil commençait à poindre et, après avoir effectué quelques étirements, Jacques se mit en position du lotus, c'est-à-dire les jambes croisées en tailleur, mais de manière à avoir les deux pieds au-dessus des cuisses.

J'essayai, mais c'était trop douloureux pour mes articulations, alors je me contentai d'un tailleur simple, jambes croisées.

Ainsi placé, Jacques resta immobile, le dos droit, les omoplates en arrière, le ventre rentré, les yeux fermés. Sa respiration se fit de plus en plus lente, jusqu'à devenir imperceptible. Ultime preuve de sa méditation profonde : je vis un moustique atterrir sur sa paupière et le piquer.

Jacques n'eut même pas l'ombre d'un frémissement.

C'était comme s'il n'y avait plus personne dans ce corps devenu une sorte d'objet.

Il se passait vraiment quelque chose d'étonnant que je ne connaissais pas et qui m'intéressait.

Enfin, au bout d'une vingtaine de minutes, il rouvrit les yeux.

— Et tu as fait quoi, au juste? demandai-je, intrigué.

— D'abord, je ralentis mon cœur, puis je fais le vide dans ma tête.

— Et après?

— Mon esprit quitte mon corps.

— Et une fois ton esprit en dehors de ton corps, où tu vas ?

— Partout sur la Terre, dans les étoiles et dans tout l'Univers, je n'ai plus aucune limite matérielle.

— Tu peux m'apprendre comment procéder ?

Il commença par m'enseigner à bien respirer.

— On croit tous qu'on sait respirer, mais on respire de manière souvent incomplète. Uniquement avec le haut du corps, épaules et thorax, or la vraie respiration part du ventre et elle est plus profonde.

Les jours suivants, il me montra comment se nettoyer le nez avec un fil qu'il passait entre les deux narines et m'incita à mettre du citron dans mon nez pour le vider plus efficacement qu'avec un simple mouchage.

Après m'avoir appris à respirer par le ventre et à garder les fosses nasales propres, il m'enseigna à fixer mon attention. Il dessina au feutre sur la toile de notre tente un rond noir que je devais fixer le plus longtemps possible sans ciller. Je finis par voir des flammes autour du rond noir et oublier tout ce qui existait hors de ce rond de feu.

Ce fut un premier effet.

Après la respiration et la concentration, Jacques Padovani me fit prendre conscience de mes propres battements de cœur.

— Un yogi expérimenté peut diriger les battements de son cœur pour les faire accélérer ou ralentir. Ainsi, d'une certaine manière, il contrôle son horloge interne.

— On peut aller jusqu'à arrêter délibérément son cœur, simplement par la volonté ?

— Bien sûr.

— Et tu sais le faire, toi ?

Cela m'impressionnait d'autant plus que je me souvenais de mon grand-père réclamant qu'on le laisse mourir tranquille alors qu'on l'avait sanglé pour qu'il ne mette pas fin à ses jours. Il me sembla qu'en maîtrisant mes battements cardiaques, je pourrais décider d'arrêter ma vie, où que je sois, même si des médecins s'acharnaient sur moi.

La sérénité de Jacques Padovani était contagieuse, je finis par devenir plus détendu.

Il m'apprit également à accomplir chacun de mes gestes en pleine conscience. Cela signifiait renifler les plats avant de les manger. Mâcher longtemps. Sentir l'aliment descendre dans mon tube digestif. Respirer en sentant l'air entrer, gonfler mes poumons et sortir par mes narines. Marcher en percevant le contact du sol sous mes pieds. Fixer mon regard sur un élément du décor et analyser l'image par ses formes et ses couleurs comme si c'était un tableau, sans hiérarchiser l'importance des éléments formant ce tableau.

Jacques Padovani m'éveilla à la méditation tous les matins à 6 heures sur le bunker, en haut de la colline surplombant la baie d'Hyères.

— Essaie de faire le vide dans ta tête. Au début, tu seras assailli de pensées comme des nuages. Imagine alors le vent qui pousse ces nuages jusqu'à ce que le ciel soit entièrement dégagé.

Après quelques jours à pratiquer ce rendez-vous matinal, Jacques Padovani estima que j'étais prêt pour l'expérience suivante : le voyage astral.

— Tu ralentis ton cœur, tu sens tout ton corps devenu comme un objet lourd et immobile posé sur le sol. Visualise ton esprit comme une copie de toi translucide qui sort par le sommet de ton crâne.

Sur ses conseils, mon esprit se désincrusta progressivement de sa gangue de chair, comme un papillon se dégageant de sa chrysalide.

Le « moi externe » était léger, impalpable.

Je me regardai de l'extérieur, en face, puis d'en haut.

Suivant ses indications, mon esprit s'éleva encore. Je voyais (ou je crus voir) la ville d'Hyères pas encore bien réveillée à cette heure matinale, puis la France en surplomb. Je montai encore. J'avais l'impression de rejoindre la limite entre l'atmosphère et le vide de l'espace. Je voyais la Terre flotter dans l'espace. Et là, accompagné par l'esprit de Jacques Padovani, je me mis à planer dans le vide sidéral pour visiter d'autres planètes et d'autres étoiles.

Après cette petite incursion dans le Système solaire, nous sommes rentrés.

Je me posais plein de questions.

Est-ce vraiment arrivé ?

Ne s'agissait-il que d'un rêve guidé qui me donnait l'impression de vivre cette illusion et donc un simple effet de mon imagination ?

Impossible à savoir. Les détecteurs de « décorporation », comme des compteurs Geiger qui pourraient signaler l'esprit dégagé de sa chair, n'existent pas encore.

Peu importe, je découvris avec Jacques qu'on pouvait s'amuser avec son esprit et accomplir (ou croire accomplir) ce genre de voyage. Cela m'ouvrit de nouvelles perspectives.

Ainsi, à 13 ans, j'accédai grâce à ce jeune maître yogi français, de 13 ans lui aussi, à de nouveaux objectifs pour le reste de ma vie, notamment celui d'utiliser mon cerveau pour faire des « trucs bien plus marrants que tout ce que je croyais possible jusque-là ».

Avec Jacques Padovani, nous avions aussi de longues conversations.

L'une des notions importantes de sa philosophie pouvait se résumer à une phrase : « Pas de désir, pas de souffrance. »

Selon lui, nous sommes toujours malheureux car nous voulons ce dont nous croyons manquer. Après avoir obtenu quelque chose, nous n'avons qu'une seule idée : obtenir autre chose que nous estimons encore meilleur. Sans son obtention, un sentiment d'injustice et de frustration nous anime. L'homme est une alternance d'ennui et de manque, et n'est jamais vraiment satisfait.

— Ce que tu proposes pour être heureux, c'est donc de vivre sans désir ? demandai-je.

— Exactement.

— C'est quand même un peu triste de ne plus avoir de désir.

— Non, c'est libérateur, répondit Jacques. Si tu ne désires rien, tu n'es ni déçu ni frustré, tu es porté par la vie et par ton aventure. Tu apprécies ce qui t'arrive, tu t'émerveilles de tout ce qui est nouveau, sans juger, juste en essayant de comprendre comment cela marche.

— « Pas de désir, pas de souffrance » ? Tu n'as pas envie, par exemple, d'avoir une petite amie ?

Je posai la question car, à cet âge adolescent, tenaillé par mes hormones, avoir une jolie fiancée me semblait l'objectif le plus important.

Il dodelina de la tête et déclara :

— Si, mais cela ne sera ni du désir ni de la possession. Nous nous retrouverons quand cela nous semblera agréable, c'est tout.

Il avait toujours ce petit sourire mi-sage, mi-moqueur.

— Je crois que pour l'instant je préfère encore avoir du désir même s'il est accompagné d'un peu de souffrance, reconnus-je alors.

En dehors de tous ses talents déjà cités, Jacques Padovani pouvait rentrer son ventre jusqu'à ce que cela forme une cavité.

— Cela sert à masser les intestins, m'expliqua-t-il. Si tu arrives à vraiment rentrer ton ventre, ton système digestif n'aura jamais de soucis.

Je creusai mon ventre avec difficulté. Pas simple de ranger toutes ses tripes pour faire se rejoindre son nombril et sa colonne vertébrale…

Puis je travaillai ma respiration. Je me mis à respirer de plus en plus lentement et amplement. Je sentais l'énergie entrer dans mes poumons.

J'eus l'impression de réussir parfois à ralentir mes propres battements cardiaques par ma simple volonté.

Jacques Padovani arrivait, lui, à rester au fond de la piscine, en position du lotus, sans remonter.

— Comment c'est possible ? Le corps se met automatiquement à flotter à la surface, il me semble.

— Eh bien justement, c'est l'air qui le fait monter. Mais en vidant bien complètement ses poumons, on peut rester au fond. Comme des ballasts pour un sous-marin.

— Mais si on se débarrasse de tout l'air qui est en nous, on ne peut plus respirer !

— Le corps sait faire ça : vivre quelques dizaines de secondes sans air. Il faut exercer un lâcher-prise sur la nécessité de respirer ou de stocker de l'air dans ses poumons.

En fait, je m'aperçus que je ne connaissais pas ce grand corps tiède que mon esprit habitait. Je ne connaissais ni ses possibilités ni ses limites.

Les asanas, ou postures de yoga, étaient ce qui m'intéressait le moins. Je m'ennuyais à rester immobile et tout tordu. En revanche, ce qui me fascinait, c'était la philosophie de vie que me proposait Jacques. Rien n'avait l'air de le surprendre, comme s'il avait décidé que rien ne pouvait le contrarier.

Un matin, alors que j'allais le rejoindre pour une séance de méditation face au soleil levant, un autre adolescent avec de larges épaules et une petite tête s'interposa sur mon chemin.

— Où tu vas comme ça ?

C'était Yannick, un garçon de notre âge qui était connu pour être champion de karaté junior. Il était accompagné de deux copains, très costauds eux aussi. Ils me regardèrent, goguenards.

Je tentai de passer sans répondre.

— Qu'est-ce que tu fous avec Padovani ? Vous avez l'air bizarres, tous les deux. Il est ton gourou et tu es son disciple, c'est ça ? ironisa-t-il.

J'essayai de contourner l'obstacle, mais il m'attrapa et me jeta violemment par terre.

— Il faut que vous arrêtiez, je ne sais pas ce que vous faites, mais il faut que vous arrêtiez parce que ça énerve tout le monde, tu m'entends ?

Yannick plaqua sa main sur ma gorge et fit mine de vouloir m'étrangler. Je tentai de me dégager, mais il était beaucoup plus grand, plus lourd et plus costaud que moi.

— Tu as compris ? Arrête tout de suite avec Padovani !

Je me relevai et rejoignis Jacques. Je lui racontai l'incident. Cela ne sembla ni le surprendre ni l'inquiéter outre mesure.

— Pourquoi Yannick m'attaque-t-il et pas toi ? lui demandai-je.

— Parce que toi, tu es à mi-chemin de ton évolution. Tu as quitté leur système ancien et tu n'es pas encore dans le nouveau système de pensée que je te fais découvrir. Tu es vulnérable. Comme la chenille qui se transforme en papillon. Elle a un temps de transition où n'importe quel crapaud peut facilement l'attraper. Quand on change d'état, quand on se transforme, on est plus fragile, tu viens de le vérifier, mais cette étape est nécessaire. Et puis maintenant tu le sais : lorsque tu as appris quelque chose d'important, cela énerve les ignorants qui sentent que tu as un truc en plus qu'eux. En fait, inconsciemment, ils te jalousent, mais, ne sachant pas comment l'exprimer, ils t'agressent.

Yannick ne m'attaqua plus, il se contenta de me faire des signes de menace en me montrant son poing fermé, de loin à la cantine.

Jacques m'expliqua :

— La pire chose que tu puisses faire à quelqu'un, c'est de ne pas t'intéresser à lui. Yannick veut que tu le regardes et que tu penses à lui. À sa manière, il est amoureux de toi, mais il ne sait pas comment l'exprimer.

J'éclatai de rire.

— Tu as bien dit qu'il est « amoureux » de moi ?

— Si tu l'ignores, il sera frustré. Pose-toi toujours la question : Pourquoi les gens se comportent d'une certaine manière, qu'est-ce que cela leur apporte personnellement ? Et tu verras que, souvent, ils veulent seulement qu'on leur prête attention.

Nous avons effectué encore deux envols en voyage astral assis en tailleur sur le bunker. Même si j'avais bien sûr toujours des doutes sur le réel de ce que mon cerveau percevait, j'avais l'impression de faire quelque chose de nouveau et de passionnant.

Je me montrais de plus en plus en demande de l'enseignement de Jacques. Il me fit prendre conscience que tout ce qui vivait était connecté et qu'on pouvait se brancher sur l'énergie de vie des autres, qu'ils soient humains, animaux ou végétaux.

— Ce que les Indiens nomment *prana*, les Hébreux la *roua'h* et les Chinois le *chi*, c'est l'énergie de vie qui parcourt l'Univers. C'est le lien de tout. Tu peux te brancher dessus.

Jacques Padovani encourageait mes maigres progrès dans tous ces domaines d'instruction, et puis arriva la fin de la colonie de vacances.

— Toi, tu vas rentrer à Paris, et moi à Toulouse. Comment vais-je faire pour continuer à apprendre ? le questionnai-je.

— Soit tu viens à Paris suivre les cours d'André Van Lysebeth, soit tu lis son livre, soit tu trouves une école de raja yoga à Toulouse.

Dans le tarot, comme je le comprendrais plus tard, Jacques Padovani fut donc l'arcane V. Le Pape.

Celui qui ouvre le chemin de la spiritualité.

N'ayant que 13 ans et ne pouvant décider de quitter ma famille sur un coup de tête pour aller à Paris, j'achetai donc le livre, que je trouvai surtout technique. Je m'inscrivis aussi dans une école de raja yoga.

Là, je tombai sur une classe uniquement remplie de femmes quinquagénaires. J'étais le seul homme et le seul jeune. À la fin du cours, elles s'échangeaient des tisanes et des recettes de tourte aux blettes. Le cours de yoga lui-même n'avait aucune dimension spirituelle, cela consistait à faire une sorte de gymnastique à base d'étirements. Dans ce cours, pas de méditation. Pas de maîtrise du cœur. Pas de philosophie de vie. Pas d'humour. Où était la connexion sur l'énergie de l'Univers ?

Je cherchai une autre école de raja yoga qui s'avéra tout aussi décevante, puis je testai d'autres formes de yoga : le hatha yoga, le kundalini yoga, etc.

J'appréhendai ensuite d'autres disciplines spirituelles : le zen, la méditation transcendantale, la sophrologie, mais je tombai chaque fois sur des professeurs qui me semblaient attachés au rituel, à la forme.

Tous ceux qui prétendaient s'adonner au yoga n'étaient visiblement pas dans le même esprit que Padovani.

Je finis donc par renoncer.

Je ne revis jamais Jacques, mais son enseignement m'inspira bien plus tard l'écriture des *Thanatonautes*, roman où les personnages pratiquent la décorporation volontaire pour aller explorer l'espace à la recherche du paradis.

Post-scriptum : Trente ans plus tard, alors que je donnais à Versailles une conférence précisément sur *Les Thanatonautes*, un petit monsieur rondouillard aux cheveux blancs se présenta et, au moment de la dédicace, me donna son nom :

— André Van Lysebeth.

— Vous êtes *le* André Van Lysebeth qui a écrit *J'apprends le yoga* ! m'exclamai-je.

— En effet. Vous connaissez mes ouvrages ?

— Bien sûr, c'est à vous indirectement que je dois tout. C'est un de vos élèves, Jacques Padovani, qui m'a fait découvrir à 13 ans cette spiritualité. Il m'a appris à respirer, à agir en pleine conscience, il m'a même montré comment rester immobile au fond de la piscine sans remonter.

Il me regarda avec un sourire bienveillant, mais semblait ne pas comprendre ce que je disais, alors j'insistai :

— Jacques Padovani... Vous vous souvenez forcément de lui, un garçon châtain clair, souriant, avec de grands yeux bleus.

Il afficha un air navré.

— Vous savez, j'ai eu tellement d'élèves que je ne peux pas me rappeler tous les noms.

— Jacques Padovani était quand même spécial.

André Van Lysebeth me fixa avec gentillesse, poliment, fit semblant de chercher dans sa mémoire, regretta de ne pas se rappeler cette personne qui semblait si importante pour moi. Il inspira et sourit encore plus largement.

— J'ai tellement aimé *Les Thanatonautes* ! Vous savez, pour moi, selon mon enseignement yogi, ce que vous avez mis dans ce livre, ce n'est pas de la science-fiction, c'est ce qu'il se passe réellement. Notre âme vole et à la fin monte jusqu'au continent des morts où elle est pesée. J'y crois. Pourriez-vous avoir l'amabilité de me dédicacer cet exemplaire ?

Il me tendit mon livre ouvert à la première page. Le feutre levé, je le regardai encore, cherchant un secret caché derrière ce regard. Puis je dessinai, comme à mon habitude, un ange qui tient une étoile dans la main et signai : « À André Van Lysebeth qui est indirectement à l'origine de cet ouvrage. Merci. B.W. »

15 ANS. LE SALUT PAR LA CRÉATION

« Tout ce qui nous arrive est pour notre bien. »

Je crois aujourd'hui que mon échec à passer en section scientifique fut ce qu'il pouvait m'arriver de mieux.

Alors que le collège Fermat était un lieu de compétition avec une majorité de garçons et des professeurs plutôt sévères, entretenant une discipline stricte, le lycée Ozenne était un lieu convivial avec une majorité de filles et des professeurs plus détendus. Dans ma classe, nous étions dix garçons pour vingt filles.

L'idéal.

La professeure de français, Mme Pupko, avait des allures de diva slave et parlait avec un accent russe en roulant les *r*. Plutôt que de me noter uniquement sur l'orthographe, comme c'était le cas des professeurs de français à Fermat, elle passait outre la forme et notait la qualité de l'intrigue. Elle m'encouragea à aller de plus en plus loin dans l'originalité de mes histoires.

Mme Pupko portait des robes en velours avec des motifs de fougères et de fleurs, elle tenait en permanence à la main un long fume-cigarette nacré qu'elle maniait avec grâce et avait toujours un petit sourire ironique.

Déjà à l'époque, je privilégiais le fond sur la forme, un avantage pour certains, un handicap pour d'autres. Cependant, encouragé par cette professeure de français, plutôt que de combler ma faiblesse, j'essayai au contraire d'améliorer mon point fort, de trouver des idées encore plus innovantes, des points de vue originaux, de développer des récits remplis de rebondissements. Si bien que mes histoires devinrent de plus en plus surprenantes, pour le plus grand bonheur de Mme Pupko.

Le lycée Ozenne proposait un cours de dactylographie (beaucoup des filles se préparaient à être sténodactylos), et je choisis cette option. Je me retrouvai du coup l'unique garçon à apprendre à taper à la machine à écrire.

Au début, les autres se moquaient :

— Et plus tard, tu veux être secrétaire, Bernard ?

Je crois qu'intuitivement il me semblait que c'était la meilleure chose à apprendre pour pouvoir écrire plus tard.

On nous enseignait à taper avec les dix doigts, un cache de carton posé au-dessus des mains pour ne pas voir les touches. Nous faisions aussi des courses avec un chronomètre et devions taper des textes le plus vite possible avec deux, quatre, six, huit puis dix doigts.

Ce fut probablement la meilleure préparation à ma future carrière. Grâce à la dactylographie, j'appris à écrire au rythme de la pensée. Un peu comme si je pouvais projeter sur la feuille (nous utilisions des machines électriques à boule IBM) mes idées à la vitesse où elles surgissaient.

Parallèlement, comme je m'ennuyais un peu dans ce lycée, je montai un groupe de rock avec un ami, Michel Pélissier.

Nous avions fabriqué des guitares électriques en plaçant des micros à l'intérieur de nos guitares classiques et j'avais fabriqué un amplificateur de 25 watts. Nous jouions les Beatles, Pink Floyd, Genesis et quelques compositions personnelles dans la ferme des parents de Michel face à un public de poules. De vraies poules qui caquetaient en nous écoutant. Mais le groupe se sépara le jour où l'amplificateur explosa et faillit mettre le feu aux bottes de foin.

Après le groupe, j'eus l'idée de monter un « club journal ». J'allai voir le proviseur qui me signala la présence dans le lycée d'une vraie imprimerie offset jamais utilisée. Le proviseur était même prêt à me payer des cours particuliers pour que je la fasse tourner et que je crée le club journal du lycée. Ce que je fis.

Nous avons baptisé le journal *La Soupe à l'Ozenne*.

Ainsi, à 15 ans, j'eus enfin l'impression de créer quelque chose à partir de rien. J'eus surtout la confirmation qu'il fallait inventer son propre système pour ne pas subir le système ancien, avoir de l'initiative pour ne pas subir le monde des autres.

Avec mon copain Fabrice Coget du lycée Saint-Sernin voisin, nous avons imaginé les bandes dessinées de *La Soupe à l'Ozenne*. Nous avons même inventé, afin de capter tous les sens, un nouvel art : «la bandessino parfumée-musicale», des BD à lire en écoutant des musiques suggérées (essentiellement, il faut le reconnaître, Mike Oldfield et des musiques de films). Mais aussi des BD à sentir ! Pour chaque histoire un «parfum» correspondait à l'ambiance. J'en parlai au proviseur qui consentit cette fois à me payer des cours de parfumeur. Notre professeur, Pierre Berdoues, était un industriel toulousain, spécialisé dans le parfum à la violette. Il m'offrit un orgue à parfums, une grosse boîte contenant une centaine de fioles d'essences pures classées par genres : fleurs, herbes, bois, animal (pour le musc).

J'installai donc mon «orgue à parfums» dans ma chambre, et je dois avouer que la manipulation de ces essences imprégnait tout. Cela sentait tellement fort que rares étaient ceux qui arrivaient à rester dans la pièce sans être indisposés. Moi, j'y dormais. Je parvins à synthétiser une sorte d'odeur de chocolat pour une de mes histoires, et un parfum de pluie pour une autre. Avec l'équipe du club journal, nous aspergions à la main des languettes de papier puis les disposions sous cellophane et les scotchions à l'intérieur du journal. Un travail fastidieux, d'autant que nous tirions à trois mille exemplaires pour couvrir le lycée Ozenne et le lycée Saint-Sernin.

Ce fut Fabrice Coget qui paracheva ma formation littéraire en me conseillant de lire *Fondation* d'Isaac Asimov. Une vraie révélation, puisqu'il allait bien au-delà de sa simple fonction récréative en proposant une vision « logique » de toute l'évolution de notre humanité. Grâce à Asimov, je compris que l'avenir appartenait à ceux qui étaient capables d'imaginer le futur avec le maximum de cohérence. Grâce à Asimov encore, j'établis ma propre grille de lecture de l'actualité, qui aboutissait à des prolongements probables, un peu comme les positions des pièces d'un jeu d'échecs aboutissent à des scénarios distincts.

Je compris que l'auteur de science-fiction a la même fonction que la vigie dans un bateau : il monte au sommet du mât pour voir loin et informer les autres de ses visions.

Tout cela m'inspirait des articles, des textes, des rubriques. Je commentais l'actualité, cherchais des prolongements aux dernières découvertes techniques. Avec Fabrice, devenu mon meilleur ami, nous avions de grandes conversations où nous rivalisions d'idées pour nous surprendre mutuellement.

Le premier numéro de *La Soupe à l'Ozenne* fut épuisé en quelques jours. Et, forts de ce succès, nous en avons produit d'autres avec l'aide de dessinateurs de l'École des beaux-arts, proche de notre lycée.

Avec le projet de *La Soupe à l'Ozenne*, soudain ma vie prit du sens.

Je me rappelle, par exemple, l'interview de Serge Gainsbourg pour le journal. Il était venu signer son roman *Evguénie Sokolov* à la librairie Privat, et personne n'osait l'approcher pour demander une dédicace. Je traversai l'espace et osai lui réclamer une interview. Il accepta. Il parlait très doucement, et il me fallait répéter plusieurs fois la question. À la fin de l'entretien, il me lança cette phrase : « Toi, un jour tu seras célèbre, et il faudra faire attention à ne pas créer un masque qui te colle au visage. C'est mon principal problème, entre Gainsbourg et Gainsbarre, je ne peux plus décoller le masque, il est soudé, mais toi, ne fais pas la même erreur, montre-toi tel que tu es vraiment. Tant pis si cela déplaît ou énerve les imbéciles. »

Après le succès de *La Soupe à l'Ozenne*, Fabrice Coget et moi avons fait une exposition de bandes dessinées au centre culturel toulousain de la rue Croix-Baragnon, et j'eus ainsi droit à mon premier article dans le journal local, *La Dépêche du Midi.*

Durant cette expo, je confiai à Fabrice une idée un peu décalée : faire une bande dessinée dont les héros seraient non plus des humains, mais des fourmis vivant dans une cité fourmilière. Il suffirait d'en parler comme d'une civilisation parallèle à laquelle on ne fait pas attention simplement parce qu'elles sont toutes petites, d'une société « aînée » qu'on ignore juste parce qu'on se croit supérieurs à elle de par notre taille. Alors que les fourmis vivent sur Terre depuis cent vingt millions d'années quand l'homme n'existe que depuis trois millions d'années.

Fabrice m'encouragea dans cette voie. C'est ainsi que j'écrivis une première histoire de dix pages intitulée simplement « L'empire des fourmis ».

Arriva l'année de terminale avec son cours de philosophie. Je l'attendais avec impatience. Le professeur était étrange, faisant sans cesse référence à des auteurs. « Comme disait Kierkegaard » ou « Comme l'a si bien évoqué Schopenhauer ».

Une vraie mitraillette à citations de défunts.

Je me fis la réflexion que ce type n'avait pas de pensée personnelle, il ne faisait qu'utiliser des bouts de pensée d'autres types morts.

Un jour, il m'interpella :

— Werber, je ne comprends pas pourquoi vous êtes le seul élève ici à faire des références aux philosophies orientales. Vous trouvez qu'il n'y a pas assez de philosophies en Occident ?

Rires des autres élèves, toujours contents quand la foudre ne tombe pas sur eux.

— Que trouvez-vous de si intéressant en Chine, en Inde et au Japon que nous n'avons pas ici ?

Je cherchai mes mots et tentai d'exprimer clairement ma pensée.

— La philosophie orientale comprend les ressentis du corps alors que la pensée occidentale telle qu'elle est présentée en général reste au niveau de l'intellect.

— Quelle expérience du corps ? Éclairez nos lanternes de pauvres Occidentaux, mon cher Werber, ironisa-t-il alors.

— La méditation permet de rester complètement immobile et de ralentir ses battements cardiaques.

— Mais on n'a pas besoin de ça. La philosophie est faite pour réfléchir, pas pour ralentir son cœur. Je vous le demande clairement : que trouvez-vous en Orient que nous n'avons pas en Occident ?

— Prétendre répondre à tout avec notre culture européenne me semble d'une grande prétention. D'ailleurs, il n'y a pas que l'Orient : dans les cultures amérindiennes, et notamment dans le chamanisme d'Amazonie, on trouve aussi des…

Je parlais dans le vide. Il avait l'air goguenard du type qui discute avec un imbécile prétentieux (ce que j'étais peut-être). Je ne me voyais pas lui expliquer en détail les voyages astraux que j'avais effectués avec Jacques Padovani.

— Eh bien, vous me ferez le plaisir de vous contenter, pour vos copies, des auteurs occidentaux au programme et de vous en tenir strictement à eux.

Je n'eus que des mauvaises notes en philosophie cette année-là.

Cependant, le jour du bac, j'obtins un 15 sur 20, ce qui me confirma que la philosophie est subjective et que cela dépend seulement du professeur qui lit la copie. D'ailleurs, je me demande comment un humain peut noter sur vingt la qualité de la pensée d'un autre être humain.

Ne note-t-il pas simplement la capacité à mémoriser les citations ?

À partir de cet instant, je m'autorisai donc à penser que certains philosophes manquent de philosophie, étymologiquement d'amour de la sagesse, remplacée par la simple capacité à étaler leur propre culture, composée de références mémorisées, pour impressionner d'autres philosophes.

ARCANE I : LE BATELEUR

Le Bateleur représente l'homme qui fait illusion.
Il est bien habillé et il fait des tours de magie pour épater la galerie, mais en réalité il n'est pas sûr de lui.
Il utilise son genou pour remplacer le quatrième pied de la table qui sinon s'effondrerait.
Il ne connaît pas les limites de la table qui lui sert d'établi, car celle-ci continue en dehors de la carte elle-même.
Le Bateleur sauve les apparences mais n'est pas dupe de ses propres lacunes. Il sait qu'il lui faut désormais commencer à apprendre pour savoir utiliser les outils qui sont placés devant lui.
C'est l'élève qui a envie de progresser.

« Vous allez rire. »

La phrase à ne pas dire pour ne pas tout gâcher.

De même, il vaut mieux éviter de rire de sa propre blague durant son énoncé pour tenter d'amorcer l'effet.

Pourtant, à l'instant précis où cette phrase a été prononcée, nous avions rudement besoin de nous décontracter, car l'atmosphère était vraiment tendue.

J'avais 16 ans. Nous étions partis dans les Pyrénées, au sud de Saint-Gaudens, pour rejoindre un pic en randonnée pédestre.

Au départ, cela ne devait être qu'une simple sortie organisée avec un groupe de lycéens. Nous étions seize, et une seule personne majeure avec nous, Jean-Claude, qui avait 18 ans.

Nous déjeunâmes et marchâmes trois heures pour arriver comme prévu à 17 heures au gîte où nous devions tous passer la nuit. Hélas, le gîte se révéla moins grand que nous ne le pensions. Seules dix personnes pouvaient y loger.

Jean-Claude, censé être le plus expérimenté dans ce genre de promenade en montagne, déclara alors :

— Il y a un second gîte un peu plus haut.

Sur la carte, il désigna un point précis.

— C'est à une heure de marche d'ici, on n'a qu'à dormir là-bas. On aura beaucoup plus de place. Et c'est plus élevé, on devrait avoir une plus jolie vue demain matin au réveil.

Il y avait avec lui sa fiancée, Samantha. S'ajoutaient David, un type jovial, Geneviève et Hubert, un couple qui espérait qu'il y aurait une chambre isolée dans le deuxième gîte pour dormir ensemble tranquillement.

Jean-Claude me rappela que j'étais le seul à avoir un brevet de secourisme.

— Il faut que tu viennes avec nous.

Il faisait beau, il faisait chaud, c'était le mois de mai, je n'étais pas fatigué, j'acceptai volontiers sa proposition.

C'est ainsi qu'après avoir bien repéré le chemin de randonnée sur la carte (il n'y avait pas encore de GPS), nous sommes partis en direction des cimes.

Nous chantions en montant pour nous donner de l'entrain.

À peine avions-nous commencé à grimper que le ciel s'obscurcit.

Un éclair. Un coup de tonnerre. L'orage.

Soudain, une lourde pluie tomba comme il n'en arrive qu'en montagne. Dès les premières gouttes, nous avons cessé de chanter. Nous avions des vêtements d'été et commencions à être mouillés, mais, persuadés que nous allions arriver bientôt, nous avons hâté le pas. Tout près de nous, la foudre s'abattit, faisant trembler le sol.

Nous avons utilisé les poches en plastique des sacs de nourriture et des élastiques pour faire des protections imperméables à nos chaussures. Nous avons ainsi perdu en adhérence mais au moins gagné en étanchéité.

— Ce n'est qu'un petit orage, cela ne va pas durer, affirma Jean-Claude pour rassurer les filles, inquiètes.

L'orage et la pluie durèrent, et le chemin indiqué sur la carte devint de plus en plus abrupt. Samantha commença vraiment à s'inquiéter et avoua être asthmatique.

J'étais secouriste, pourquoi ne me l'avait-elle pas signalé plus tôt ? Elle m'informa que ses crises ne se déclenchaient en théorie qu'à 1 000 mètres, or nous devions, à l'origine, rester en dessous de cette altitude.

La piste, au début très facilement visible, ne l'était plus désormais. Sous l'effet des ruissellements, le sol commençait à devenir une boue glissante. Cela faisait maintenant deux heures que nous marchions et la pluie se transforma en grêle.

Après une halte, Jean-Claude avoua qu'il ne trouvait plus les repères indiqués sur la carte. En résumé, nous étions complètement perdus.

Plusieurs pics nous faisaient face, et Jean-Claude ne savait plus par quel col passer pour rejoindre le gîte.

Dans le doute, il proposa que nous continuions à grimper tout droit. Une barrière de rochers nous en empêcha, nous fûmes alors obligés de bifurquer.

À cet instant, le ton monta entre les participants. Geneviève et Hubert se disputaient. Finalement, deux groupes se créèrent, le premier pour prendre à droite et l'autre à gauche, chacun persuadé d'avoir repéré une « piste » pour contourner l'obstacle rocailleux.

Toujours responsabilisé par mon titre de secouriste, je me joignis au groupe qui semblait le moins expérimenté, celui de Geneviève et d'Hubert.

La grêle ne cessait pas et Geneviève déclara préférer rentrer au premier gîte, mais, toute seule, elle n'osa pas mettre sa menace à exécution.

Quelques sanglots résonnèrent derrière moi, mais je n'osai me retourner. À un moment, nous avons retrouvé le groupe parti à droite. Ils avaient trouvé une astuce : marcher dans la rivière, car un chemin remontait forcément à une source.

La grêle cessa enfin, mais une pluie fine et régulière continua désespérément à tomber. Nous grelottions tous de froid malgré ce mois de mai qui semblait pourtant si clément à basse altitude.

Les dernières lueurs du jour fondirent progressivement.

Il était 22 heures et nous avancions dans l'obscurité en nous éclairant avec nos torches électriques. Quatre heures avaient passé depuis notre départ du refuge, et seule l'idée de ce deuxième refuge, plus proche que le premier maintenant, continuait à nous motiver pour avancer.

Geneviève murmurait comme un mantra : « On va tous crever. » Phrase qui, reconnaissons-le, n'arrangeait pas les choses. Jean-Claude lui dit :

— Si tu en es tellement persuadée, reste là, et nous on continue de monter.

La phrase eut le don de doper l'ensemble des participants de cette aventure. Nous marchions toujours sur la pente de plus en plus raide au milieu de la rivière qui, gonflée par la pluie, avait augmenté de débit et nous déséquilibrait parfois.

L'humidité semblait avoir traversé nos chairs, mais nous serrions les dents. Nous ne sentions plus l'extrémité de nos orteils.

La pluie finit enfin par cesser et, transis de froid, que n'aurions-nous pas donné à cet instant pour un pull sec ou un simple anorak étanche !

Plus personne ne parlait.

Les nuages se dispersèrent un peu et la lune apparut.

Il était 1 heure du matin et nous continuions à grimper en pataugeant, éclairant la rivière avec nos torches qui commençaient à faiblir.

Des phrases fusèrent derrière moi.

— Je suis tellement fatiguée que je ne peux pas continuer.

— Qui a eu la bêtise de lancer cette virée vers le deuxième gîte ?

— Je crois que j'ai entendu des loups.

— Et si on faisait demi-tour ?

Pour ma part, je ne pouvais maîtriser un irrépressible claquement de dents.

De fait, nous étions tous épuisés. Dans les sacs en plastique, nos pieds macéraient. Même nos doigts devenaient insensibles. Geneviève s'énerva de nouveau contre son compagnon. Un nouveau rugissement de l'orage la calma. La foudre, au loin, éclaira le sommet, et il nous sembla distinguer une maison en hauteur.

— Le gîte, regardez, c'est par là ! s'exclama Jean-Claude.

Nous avons repris espoir. Plus personne n'osait proposer de faire demi-tour. Le ciel s'emplit de nouveau de nuages et la pluie tomba encore, mais nous avions désormais une direction et un objectif.

Nous y sommes arrivés aux alentours de 2 heures du matin. La porte du gîte n'était pas fermée à clé, comme c'est l'usage. Nous avons franchi le seuil comme si nous venions de terminer un marathon.

Nous nous sommes effondrés dans l'entrée. Nous avons vite refermé la porte pour ne plus entendre la pluie.

Un carreau de la fenêtre était brisé et le vent pénétrait dans le chalet avec un sifflement.

Pas de nourriture, quelques assiettes et fourchettes en plastique sales dans l'évier, pas d'électricité, pas de source de chaleur, mais au moins nous étions à l'abri et il y avait un toit.

Nous avons enlevé rapidement nos chaussures pour découvrir la peau blanche et plissée de nos pieds pareille aux pages d'un vieux parchemin.

Nous avons partagé nos dernières barres chocolatées et quelques chips humides.

En slip dans nos sacs de couchage, nous avons apprécié ces uniques morceaux de tissu secs.

Geneviève et Hubert s'embrassaient et gesticulaient dans leurs sacs réunis.

Pour ma part, blotti, en position fœtale, je fermai vite les yeux et m'endormis.

Soudain, un râle me fit sursauter. C'était Samantha.

Il était 3 h 30 du matin. Je n'avais dormi qu'une heure et demie.

Elle s'étouffait.

— Elle est en train de faire une crise ! s'exclama son compagnon.

Nous nous sommes tous regardés, atterrés.

— Bernard, c'est toi le secouriste, qu'est-ce qu'il faut faire ?

Non sans difficulté, j'ai déclaré :

— Elle m'a dit que ses crises d'asthme étaient liées à l'altitude, donc il faut la redescendre.

Dehors, la pluie tombait dru. Les autres m'ont regardé, l'air dubitatif. Les râles de Samantha devenaient de plus en plus inquiétants.

— Et on fait comment pour la redescendre ? demanda David.

— Faut bricoler un brancard avec les morceaux de bois qu'il y a ici et rejoindre le gîte en bas le plus vite possible.

Ils n'eurent pas de mal à cacher leur désappointement. L'idée de devoir remettre nos vêtements mouillés pour retourner sous la pluie ne nous enchantait guère, mais nous étions conscients que nous ne pouvions pas la laisser mourir.

— Je pense que la descente devrait être plus facile que la montée, ai-je tenté pour me donner une contenance.

Les spasmes d'étouffement de Samantha devenaient de plus en plus spectaculaires. Je ne tardai pas à me rhabiller. Mes vêtements étaient non seulement humides, mais glacés. Je ne pus réprimer un claquement de dents. C'est alors que Samantha arriva à prononcer :

— Médicament.

Quel joli mot !

Sa main désigna la poche de son sac à dos. Je me précipitai dessus et découvris un brochodilatateur. Je le lui passai et elle retrouva progressivement sa respiration.

Nous n'avions plus envie de dormir, comme si le seul fait de fermer les paupières risquait d'engendrer un nouveau malheur.

Nous grelottions.

Nous nous sommes alors regroupés autour du réchaud qui produisait chaleur et lumière dans un feulement rassurant.

— J'ai peur, s'inquiéta Geneviève. J'ai entendu un bruit. Et s'il y avait vraiment des loups dehors ?

— Si c'est pour dire ça, tu ferais mieux de te taire, rétorqua Jean-Claude.

— Et si on se racontait des blagues ? proposa David.

— Tu en connais ? demandai-je.

— Bien sûr ! J'en connais une très bonne. Vous voulez que je vous la raconte ? Vous allez rire.

Devant l'assurance inattendue de David en ces instants pénibles, on ne se fit pas prier. Alors il raconta :

« C'est un élève qui vient de passer son brevet et termine premier de sa classe. Pour le récompenser, son père lui propose de lui offrir un vélo. Mais il dit :

— Écoute, papa, c'est très gentil, évidemment que j'ai toujours rêvé d'avoir un vélo, mais si tu veux vraiment me faire plaisir, ce n'est pas cela que je voudrais, c'est autre chose de très précis.

— Quoi donc ?

— Une balle de tennis jaune.

Le père s'étonne.

— Mais tu ne joues pas au tennis, il me semble.

— Non.

— Et tu ne veux pas plutôt une boîte contenant plusieurs balles de tennis ?

— Juste une balle de tennis, ce sera largement suffisant. Mais par contre je la veux de couleur jaune.

— Et tu vas en faire quoi, de cette balle de tennis jaune ?

— Papa, tu m'as demandé ce que je voulais, je te réponds, maintenant si cela te gêne de ne pas comprendre le sens de ce cadeau précis, tu peux m'offrir le vélo, mais ce n'est pas vraiment ce qui me ferait le plus plaisir.

Le père, déconcerté, obtempère et offre la balle.

Quelques années plus tard, le jeune homme réussit son baccalauréat avec mention très bien. Le père le félicite.

— Je vais te payer ton permis de conduire et une voiture. Ça te va ?

Mais le fils lui répond que, même s'il sait que tous les jeunes rêvent de cela, il préfère autre chose. Pour lui, l'idéal, c'est une balle de tennis jaune.

— Quoi ? Encore ça ? Mais qu'as-tu fait de la première ? Et puis, tu ne joues toujours pas au tennis, il me semble.

— Papa, ne me pose pas de questions, un jour je t'expliquerai. Mais si tu veux vraiment me faire plaisir, c'est la seule chose dont j'aie vraiment envie. Une balle et une seule, de tennis, de couleur jaune.

Le père obtempère de nouveau et offre l'objet convoité.

Le fils fait des études de médecine et sort premier de sa promotion. Le père veut lui offrir un studio pour qu'il s'installe près de son université. Mais, là encore, le fils signale qu'il préfère, plutôt qu'un studio, une balle de tennis jaune.

— Tu ne veux toujours pas me dire pourquoi ?

— C'est compliqué, mais je te promets qu'un jour je t'expliquerai et tu comprendras.

Puis le fils se marie, le père veut lui offrir un appartement plus grand pour son couple.

— Merci, papa. Évidemment, un appartement ce serait très pratique pour nous, mais si tu veux vraiment me faire plaisir, je préférerais… autre chose… je crois que tu sais quoi…

— Ne me dis pas… une balle de tennis jaune ?

— Exactement.

— Et tu ne joues toujours pas au tennis ?

— Non.

— Tu ne veux pas pour changer en avoir, allez, soyons fou… une blanche ?

— Non.

— Tu ne veux pas une boîte avec six balles jaunes ? Cela nous ferait peut-être gagner du temps ?

— Non, juste une. Mais par contre, il me la faut vraiment de couleur jaune.

— Il y a une raison précise à cela ?

— C'est un peu gênant et compliqué à expliquer. Désolé, mais je ne peux pas t'en parler pour le moment. Je te promets qu'un jour je te révélerai le secret de cette balle de tennis jaune et je suis sûr que tu comprendras ce choix très particulier.

Une fois de plus, le père, résigné, offre donc la balle jaune.

Quelques mois plus tard, le jeune homme traverse la rue et se fait percuter par un camion qui grille un feu rouge. Il est très grièvement blessé.

Le père fonce à l'hôpital et le médecin lui dit que le pronostic vital est engagé, le jeune homme ne passera probablement pas la nuit.

Le père, affolé, rejoint son fils qu'il découvre dans un piteux état, le corps recouvert de bandages, les bras branchés sur des tuyaux qui le relient à des appareils.

— Mon fils !

Sous les bandages, une voix faible murmure :

— Papa, je sais pourquoi tu es là. Je vais bientôt mourir, alors tu as le droit de savoir.

— Il faut que tu vives !

— Laisse tomber, papa, j'ai déjà parlé avec le médecin et, d'après les informations qu'il m'a données, il n'y a guère de chances que je survive longtemps. Par contre, tu as le droit de savoir. En fait, je t'attendais pour te révéler le secret de cette balle de tennis jaune.

— Mais non, mon fils, cela n'a aucune importance.

— Si, papa, toutes ces années où tu as voulu m'offrir un vélo, une voiture, un studio, un appartement et que, chaque fois, j'ai préféré une balle de tennis jaune, c'est pour une simple raison très précise. Approche ton oreille de ma bouche. Je vais tout te révéler. Voilà, si je voulais cette fameuse balle de tennis jaune, c'est parce que…

Le père se penche.

Et à ce moment le jeune homme lâche :

— … Argggghhhh !

Et il meurt. »

Quand David eut fini de nous raconter sa blague, il y eut un long silence dans le gîte. Personne ne rit.

Nous étions, comment dire ? stupéfaits.

Tout ça pour ça ?

Certains lui sautèrent dessus pour le punir de sa chute lamentable.

Je ne participai pas à ce défoulement post-blague.

En réalité, j'étais émerveillé. Durant tout le récit de David, non seulement nous avions écouté pour nous demander ce qui allait se passer, mais nous avions oublié tous nos soucis. Nous étions juste dans le questionnement : *Mais pourquoi une balle de tennis jaune ?*

Une simple succession de mots avait réglé des problèmes organiques.

Je ne claquais plus des dents.

Ce fut une révélation : une histoire qui tient en haleine est capable de faire oublier le froid, l'humidité, les rancœurs, la peur. Une simple petite histoire avec un héros dont on ne connaît même pas le nom peut nous apaiser et, au final, créer une diversion qui nous permet d'évacuer l'angoisse.

Car maintenant tout le monde plaisantait, riait, tout en insultant copieusement David qui, à mon avis, méritait surtout des félicitations. D'un coup, je compris le pouvoir d'une « histoire à suspense » jouant sciemment sur la frustration de celui qui l'écoute.

Ce jour-là, David, en tant que conteur de blagues, fut plus utile au bien-être de notre groupe que moi en tant que secouriste.

Je compris que le suspense fonctionnait sur ce mécanisme : il faut donner un peu, progressivement, mais pas tout trop vite, afin de créer une attente.

C'est de ce dosage du manque que vient le plaisir.

Poser les éléments très vite, puis peu à peu faire monter la tension pour capter l'attention du cerveau. Tout est ensuite lié au choix, à l'ordre et à la succession des informations qu'on donne et à celles qu'on cache afin de faire croître le désir pour amorcer une chute qui doit surprendre.

Si l'ensemble est bien mené, celui qui écoute devient comme un enfant qui attend une récompense, il retrouve sa capacité de curiosité et d'émerveillement. Il devient lui-même créateur de fins possibles.

Je compris alors cet héritage de tous les conteurs au coin du feu qui, depuis la préhistoire, tenaient toute la tribu en haleine en racontant une chasse, une bataille, une histoire d'amour.

Une simple légende peut avoir un pouvoir énorme, celui de détendre le groupe, de le souder, de lui donner une identité propre. Ceux qui écoutent le récit ensemble ressentent ensemble la même émotion.

Après tout, les Grecs ont trouvé leur identité dans l'*Odyssée* d'Homère, les Hébreux dans la Bible, les chrétiens dans le Nouveau Testament, les communistes dans *Le Capital* de Karl Marx.

Un simple livre, une simple histoire peut créer un *égrégore*, une sorte de nuage de pensées connectées.

Une fois que David se fut dégagé de ses assaillants, je vins vers lui et lui dis :

— Merci. Tu viens de me faire comprendre une chose déterminante.

David fronça les sourcils. Il n'était pas conscient de son pouvoir, mais il m'avait révélé le mien. Créer un manque, puis l'assouvir comme on ajoute de l'huile à la mayonnaise pour qu'elle prenne. Tout est une question de temps et de dosage, il ne faut pas aller trop vite, ni trop lentement, sinon on rate la mayonnaise.

Après cette histoire, je parvins à m'endormir.

Le lendemain, il faisait très beau. Notre redescente se fit d'autant plus facilement qu'on voyait bien le chemin et même le premier gîte tout en bas. Nous avions tous très faim, et le petit déjeuner partagé avec ceux du premier groupe eut un goût extraordinaire, preuve supplémentaire, si nécessaire, que la frustration et l'attente décuplent le plaisir de l'assouvissement.

En rentrant, je me mis à rédiger d'un jet une nouvelle qui s'appelait « La cave ».

Dans cette histoire, j'imaginais qu'une famille recevait en héritage une maison près de la forêt de Fontainebleau avec une cave sur la porte de laquelle il était inscrit : « Surtout ne pas franchir cette porte. »

Pendant un moment, il ne se passait rien, puis le petit chien passait sous la fente de la porte, on l'entendait hurler, puis il se taisait.

Première balle de tennis jaune.

Ensuite, le petit garçon, qui aimait son chien, franchissait la porte, et ne remontait plus.

Deuxième balle de tennis jaune. Puis le père disparaissait.

Troisième balle de tennis jaune.

Enfin, les policiers entraient en action. Un des policiers remontait, les yeux fous, et criait :

— N'y allez pas ! C'est terrible ce qu'il y a là-dessous.

Restait la chute, je ne voulais pas conclure par un « Argggh », alors je décidai que la dernière personne, la mère, descendait à son tour, et que nous la suivions. Derrière la porte, il y avait un escalier en spirale qui descendait très profondément, sur plusieurs dizaines de mètres.

Tout en bas, elle découvrait un laboratoire où le scientifique qui leur avait légué la maison était toujours vivant et, caché là, faisait des expériences de communication avec une autre espèce qu'il nommait les « intraterrestres », qui étaient en fait des… fourmis.

17 ANS. FACE À UNE ARMÉE DE LUTINS

« On va te faire la peau ce soir, on est peut-être plus petits, mais on est nombreux. »

Je tins à devenir très vite autonome financièrement. Pour commencer à gagner ma vie, je fis un stage pour obtenir le Bafa (brevet d'aptitude aux fonctions d'animateur). Cela me semblait un moyen d'avoir un premier salaire en travaillant durant les vacances.

Mon bac de français en poche en 1978, je fus immédiatement affecté, non loin de Toulouse, dans une colonie de vacances d'enfants de militaires où j'appris que j'étais le seul civil de la collectivité. Tous les autres moniteurs étaient soit des appelés, soit des soldats de carrière.

Je fus d'autant mieux accueilli que j'avais une guitare.

Après avoir connu rapidement, le premier soir, un moment de gloire en jouant des morceaux des Beatles, de Brassens, « Le Sud » de Nino Ferrer, l'album *Harvest* de Neil Young (mon répertoire à l'époque), je découvris les neuf jeunes adolescents, entre 10 et 12 ans, dont je devais m'occuper. Ils avaient reproduit dans leur groupe la hiérarchie militaire de leurs parents.

Le chef était un blondinet, fils de colonel.

Il avait pour bras droit un fils de capitaine qui lui obéissait au doigt et à l'œil. En dessous d'eux se trouvaient des fils de gradés inférieurs, lieutenant, sous-lieutenant, major, adjudant, sergent, jusqu'au souffre-douleur : un fils de gendarme. Le fait que ce dernier soit rouquin et plus chétif n'arrangeait pas sa situation.

Voyant que le groupe sous les ordres du fils du colonel multipliait les humiliations à l'encontre du fils du gendarme, je pris la défense de la victime et punis le bourreau en lui confisquant son couteau à cran d'arrêt à longue lame.

Que n'avais-je pas fait là ? Le blondinet devint dès lors mon ennemi personnel. Un matin, je découvris qu'on avait coupé une corde de ma guitare. Après une rapide enquête, je trouvai le coupable. Il s'agissait du fils du gendarme. Le blondinet lui avait dit : « Montre-nous que tu n'es pas le fayot du nouveau mono, et la seule manière de le prouver, c'est de couper une corde de sa guitare. » Sous la pression de tous les autres, il avait fini par obéir.

À partir de là, la guerre fut déclarée entre le blondinet et moi.

Je le privai des activités qui l'intéressaient et multipliai les menaces, quand lui exigeait toujours de récupérer son précieux couteau à cran d'arrêt.

Un autre moniteur me dit :

— Tu ne t'y prends pas de la bonne manière, il faut que tu les frappes, sinon ils ne te respecteront jamais. Ici, c'est l'armée. Les fils de militaires sont habitués à ce langage, et, si tu n'agis pas, tu seras considéré comme un faible.

Il me montra alors comment il profitait d'avoir des chaussures rangers à semelles lourdes et épaisses pour donner des coups de pied douloureux dans les fesses de ces garçons. Je n'avais pas appris cela au Bafa et ne disposais que de chaussures de jogging aux semelles souples, en mousse.

La tension monta chaque jour d'un cran, et je dus plusieurs fois prendre la défense du fils du gendarme rouquin, seul contre le blond et ses lieutenants qui s'acharnaient sur lui.

L'ambiance ne cessa de se dégrader. Je protégeais le rouquin et confisquai les couteaux et les autres armes de ses bourreaux : matraque, lance-pierre, etc. (Ils adoraient vraiment les armes, ce qui les préparait probablement à reprendre le métier de leurs parents.)

Et puis, le dernier soir, le blondinet me lança comme un anathème :

— Ce soir on te fait la peau, on est plus petits mais on est nombreux.

Je demandai, une fois de plus, leur avis aux autres moniteurs. N'ayant pas encore fait mon service militaire, je ne pouvais pas, à leurs yeux, être respecté par ces gosses. Il ne fallait donc pas hésiter à les sanctionner physiquement pour être entendu.

— Donc n'hésite pas, frappe vite et fort, sans même savoir si tu vas pouvoir entamer le dialogue avec eux, me conseilla un collègue.

Facile à dire. J'avais, je crois, quelques lacunes en psychologie enfantine militaire.

J'attendis donc le soir en me demandant s'ils allaient vraiment mettre leur menace à exécution. Au milieu de la nuit, j'entendis des bruits de pas. Le fils du gendarme vint m'avertir que les autres arrivaient.

Selon le principe de « faire face plutôt que de subir », je m'habillai prestement et partis à leur rencontre.

Je me retrouvai donc face aux huit persécuteurs du rouquin. Ils avaient trouvé la cache où je rangeais les armes que j'avais confisquées. Au premier rang se trouvait le blondinet, le fils de colonel, avec son couteau à cran d'arrêt, derrière lui, les autres avec des matraques ou des couteaux de taille plus réduite.

Et vint enfin la confrontation. Verbale pour commencer.

Il fallait trouver les mots appropriés ainsi que l'intonation.

— Rentrez tous vous coucher tout de suite ! ordonnai-je avec le maximum de conviction dans la voix.

Le petit blond ne répondit pas, mais afficha un rictus de défi en continuant de brandir l'arme qu'il avait enfin récupérée.

Les autres attendaient qu'il donne le premier coup pour suivre.

Il y eut un instant de flottement.

À nouveau, comme lors de la confrontation en Corse avec le patron de la paillote, chaque seconde sembla durer une éternité.

Et à nouveau, mon esprit sortit de mon corps et regarda la scène de l'extérieur.

Au même moment, j'avais en mémoire le fabuleux roman de William Golding, *Sa Majesté des mouches*, où des adolescents se rangent derrière un chef stupide parce qu'il impressionne par sa brutalité.

Qui a dit que les enfants sont des êtres innocents ?

Pour ces huit enfants, face à moi, il y avait l'idée de « se faire un mono ».

Je savais qu'il existait des rituels dans certaines tribus où affronter un adulte ou un fauve en combat singulier donnait le statut de guerrier.

Je fixai le blondinet sans ciller et répétai d'une voix plus ferme :

— Allez, ouste, au lit tout le monde, tout de suite !

Mais je n'ai pas pris de cours de théâtre et je n'ai pas une intonation qui impose automatiquement le respect. Ma voix est plutôt douce et apaisante.

À cet instant précis, il s'agissait d'un réel handicap.

Et puis, je suis un mauvais acteur et, comme me l'avait conseillé Gainsbourg, je n'ai jamais essayé de jouer un autre personnage que moi-même, et surtout pas celui d'un type autoritaire qui fait peur.

Face à moi, le blondinet ne bougeait toujours pas, la main crispée sur son arme, excité, respirant fort, prêt à frapper.

Les autres attendaient qu'il donne le signal de l'hallali.

Cela ressemblait à certaines nouvelles que je découvrirais plus tard chez Stephen King, comme « Les enfants du maïs », où des groupes d'adolescents attaquent en meute des adultes isolés.

Les secondes s'égrenaient et il ne se passait rien. Je répétai pour la troisième fois, mais toujours sans grande conviction :

— Allez tous vous coucher maintenant !

Un bruit retentit alors. Les gamins pensèrent que c'était un autre mono qui venait à la rescousse et décidèrent de renoncer.

Je ne connus jamais l'origine de ce bruit salvateur.

Je décidai pour ma part d'aller me recoucher, mais je ne parvins pas à m'endormir, la porte de ma chambre ne fermant pas à clé.

Ils pouvaient revenir et me frapper durant mon sommeil.

Le lendemain, le jour du départ, j'allai voir le directeur et lui racontai les faits de la veille. Je terminai en demandant :

— J'ai dû rater quelque chose, mais dites-moi ce que j'aurais dû faire.

Le directeur était un homme souriant aux cheveux gris lisses, plutôt affable.

— Vous auriez dû punir le rouquin, le fils de gendarme.

— Pardon ?

— Punir le rouquin et désigner le blondinet comme votre chouchou. Comme cela, vous auriez gagné sur tous les tableaux. Le blond aurait été très fier d'être choisi, du coup, il aurait été obéissant. Comme il avait l'autorité sur les autres, il aurait transmis chacune de vos directives. Vous auriez alors eu un groupe cohérent. Le fait de punir, même injustement, le rouquin aurait augmenté votre sympathie à l'égard de ce groupe qui aurait ainsi été confirmé dans son comportement. Et une fois le contrôle du groupe pris, vous auriez même pu vous débrouiller pour faire cesser les persécutions exercées sur le rouquin.

Je n'en croyais pas mes oreilles. Le directeur hochait la tête comme un grand sage qui informe un ignorant qui a commis une bêtise parce qu'il a un esprit limité.

— Je crois que je vais arrêter le monitorat, ce métier n'est pas fait pour moi. Mais je vous remercie pour la leçon, je viens de comprendre certains secrets de la politique…

Au final, je compris surtout que j'aurais du mal à m'insérer dans toute forme de groupe qui fonctionne selon des rapports de force ou de hiérarchie. Et je venais aussi de vivre un pur instant de suspense qui, plus tard, m'inspira pour des scènes de tension.

ARCANE XI : LA FORCE

L'arcane de la Force représente une femme qui avec ses deux mains tient écartée la gueule d'un lion, comme si elle l'avait dompté et pouvait enfin lui imposer sa volonté.
Elle a un grand chapeau en forme de 8 renversé qui représente l'infini.
Ayant enfin compris sa propre énergie, elle se contrôle et maîtrise sa force pour la doser exactement en fonction de chaque situation.

17 ANS. TOUS LES MATINS APPORTER SA PIERRE À L'ÉDIFICE

« Le secret pour être romancier : écrire tous les jours sans aucune exception à la même heure. »

À 17 ans, je lus une interview de l'écrivain Fréderic Dard (celui-là même dont les romans m'avaient aidé après mon échec à passer en seconde scientifique) où il expliquait qu'il fallait une discipline quotidienne pour être écrivain et que lui-même écrivait quatre heures tous les matins.

Par chance, après avoir eu mon bac, j'arrivai à la faculté de droit, où nous avions cours uniquement l'après-midi. Je décidai donc de me fixer cette même règle : tous les jours sans exception, écrire de 8 heures à 12 h 30 en essayant de faire dix pages par jour, que ce soit du plan ou de la narration proprement dite.

Ainsi, la nouvelle devant servir de scénario de bande dessinée parfumée-musicale, « L'empire des fourmis », se mit à grandir comme une plante. En quelques mois, elle se transforma en longue nouvelle de cent pages, puis en roman de cinq cents pages, puis en une saga de mille pages.

Pour servir de colonne vertébrale à cette masse d'aventures, j'introduisis une structure géométrique cachée en m'inspirant de la forme la plus harmonieuse qui soit, à savoir celle d'une cathédrale (en l'occurrence la cathédrale d'Amiens).

Je pensai au livre comme à l'architecture d'une cathédrale.

Je m'amusai, pour le plaisir, à créer un code constitué d'acrostiches. Chaque première lettre de chaque phrase permettait d'obtenir une histoire cachée dans l'histoire.

Mais, chaque fois que je donnais « L'empire des fourmis » à lire à mes amis, ils arrivaient rarement à dépasser les trente premières pages.

Force était de reconnaître que cela n'emballait personne.

Je ne voulais toutefois pas renoncer. Alors, une fois la première version de mille deux cents pages achevée, je la recommençai de zéro sans même me relire. C'est ainsi que je produisis une version B, elle aussi de mille deux cents pages, et je la donnai à lire à mes amis.

Elle ennuyait toujours autant ceux qui voulurent bien la lire.

Tant pis, je ne voulais pas pour autant abandonner.

Je recommençai encore de zéro une version C.

La différence entre l'écriture d'un roman et la chirurgie cardiaque, c'est qu'en cas d'échec on peut recommencer.

Entre-temps, je découvris *Salammbô*, de Gustave Flaubert.

Ce livre me donna le goût des batailles décrites dans un style flamboyant.

Je rédigeai donc huit grandes batailles chorégraphiées de milliers de fourmis en m'inspirant des stratégies de combat des batailles d'Hannibal le Carthaginois. Pour être encore plus précis, je dessinai un story-board qui indiquait les différents changements de valeur des plans de caméra : serré, moyen, large.

Nouveau test auprès de mes amis.

— Alors, vous en pensez quoi ?

L'enthousiasme n'était toujours pas au rendez-vous. Très peu avaient même réussi à dépasser la lecture des cent premières pages.

Je recommençai donc une nouvelle version sans reprendre une phrase de la version précédente.

Je la nommai version D.

Nouveau test de lecture. Cette version ne suscita pas plus d'intérêt auprès de mon entourage que la précédente.

J'avais une grande masse d'histoires de fourmis qui formaient les wagons d'un train, mais je n'avais toujours pas trouvé la locomotive qui les tirerait.

Où trouver cette locomotive ?

C'est alors que je me rappelai ma nouvelle « La cave », qui avait le mérite d'avoir suscité un intérêt immédiat chez tous ceux qui l'avaient lue.

Je me lançai donc dans l'écriture d'une nouvelle version de « L'empire des fourmis », que je rebaptisai plus simplement « Les fourmis », la version E. Elle commençait par l'arrivée d'une famille dans une maison où se trouvait une pancarte : « N'allez pas à la cave. »

Dans cette version, je mis en place un système de bascule. À chaque chapitre, on passait de notre vision du monde, à hauteur d'homme, à la vision des fourmis dans l'infiniment petit.

Le suspense de la cave formait la locomotive qui tirait enfin tous les wagons des chapitres.

Je venais de comprendre comment capter l'attention du lecteur. Soit l'arcane XI de la Force qui représente une femme qui tient ouverte la gueule d'un lion. Dès le moment où l'on trouve son mécanisme de suspense, on détient la maîtrise de sa narration.

« Les études de droit vont vous apprendre deux choses qui vous seront utiles dans la vie : séduire et tricher. »

À force de travailler sur mon projet de roman tous les matins, je ratai mon examen de première année de droit.

Une sanction logique.

J'entamai donc, en septembre 1979, ma deuxième première année de droit.

En dehors d'échauffourées estudiantines fomentées par des élèves d'extrême droite, les cours étaient assez détendus. Certains professeurs se contentaient de monter sur l'estrade de l'amphithéâtre pour lire mot à mot leur propre livre à voix haute en tournant les pages et nous conseiller de l'acheter pour ne même plus avoir besoin de venir en cours. Pas de petits profits.

Comme toujours, j'essayai de trouver un sens à tout ce que je découvrais.

Les cours de droit, matrimonial, pénal ou civil, consistaient à comprendre les problèmes d'héritage, d'adoption, de divorce, de violence conjugale ou de voisinage.

Bref, il me semblait que ce qu'on nommait « le droit » consistait principalement à apprendre à gérer la mesquinerie des autres pour y trouver un avantage personnel.

Là encore, l'essentiel des cours était un travail de mémorisation des lois. Comme tout cela ne m'amusait guère, je m'inscrivis simultanément à l'institut de criminologie. Cette fois, les cours se révélèrent bien plus passionnants.

On apprenait à être de véritables agents secrets quand les professeurs nous enseignaient à reconnaître les poisons, les méthodes pour crocheter les serrures ou encore comment faire de fausses signatures.

Un des cours les plus intéressants était celui de l'analyse psychologique du passage à l'acte. À quel moment les verrous de sécurité de l'éducation et de l'empathie sautent, ce qui rend les individus capables de détruire leurs congénères ?

— Notre matière première est incomplète, nous annonça un professeur de criminologie, car nous ne connaissons que les criminels qui se sont fait attraper, donc les moins intelligents. Les bons courent toujours et on ne sait pas comment ils s'y sont pris.

Pour mettre en lumière le sens pratique de mes études, et toujours avec l'envie de découvrir des personnages potentiels pour mes futures histoires, j'allais le mercredi aux procès au tribunal correctionnel de Toulouse.

Là, j'assistais à des scènes surprenantes : très âgés, les assesseurs en robe noire qui accompagnaient la juge dormaient en ronflant durant les audiences. Cela ne semblait gêner personne. Un collègue qui m'accompagnait me signala que la juge, placée au centre de la table, semblait prononcer ses verdicts en fonction… des vêtements des accusés. À tel point qu'avec cet ami, nous pouvions prévoir la sentence avant même que l'énoncé des accusations soit formulé. Si vous étiez mal habillé, c'était un an de prison ferme. Bien habillé, six mois avec sursis.

Hop ! un nouveau personnage utilisable pour l'écriture de romans.

Autre scène surprenante : alors que j'assistais à un procès d'assises, donc pour crime grave, l'accusé, un grand homme noir au visage allongé similaire à celui de Fernandel, arborant un smoking blanc avec nœud papillon rouge, afficha un large sourire à l'énoncé de son accusation. Il était serveur dans une brasserie située près de la gare Matabiau, à Toulouse. Il couchait avec sa patronne, qui l'avait licencié et avait pris un autre serveur comme employé et comme amant. Revenu de nuit, l'accusé les avait surpris au lit, puis les avait tués avec une machette. Il avait pris soin de disposer les intestins pour former une étoile. Au bout de chaque branche, il avait placé des bougies allumées.

Des photos circulaient de la scène de crime découverte par la police, et les jurés furent, au vu des images, sur le point de défaillir. Quand arriva le moment de la défense et que l'avocat commença à s'exprimer, l'accusé le fit taire d'un geste théâtral et se lança avec un grand sourire dans une tirade :

— Évidemment, si l'on regarde les photos et si l'on joue sur l'émotionnel, cela donne une mauvaise image de moi, de même que les propos stupides de mon avocat, qui n'y connaît rien, n'arrangent pas les choses. Maintenant, je vais vous dire le fond de ma pensée, messieurs les jurés et monsieur le juge. Normalement, je ne devrais pas être sur le banc des accusés, on devrait plutôt me donner une médaille, car en réalité, si j'ai tué ma patronne et son amant, c'est parce qu'ils étaient habités par des démons. En les tuant, je les ai non seulement libérés, mais j'ai protégé la communauté de l'influence néfaste qu'ils auraient pu avoir du fait qu'ils étaient hantés par ces entités néfastes. Dans mon pays, Haïti, on comprend très bien cela, et ce n'est pas un tribunal qui m'accueillerait, mais un président ou un ministre qui me féliciterait et me donnerait une récompense, mais ici… pfff ! on ne se base que sur les apparences et on se permet de juger des rituels étrangers qu'on ne comprend pas.

On sentait qu'il avait pitié de l'ignorance des juges qui ne pouvaient même pas comprendre la menace de ces démons.

Son avocat essaya de s'exprimer à nouveau pour signaler qu'il plaidait la folie. Son client rétorqua :

— Tais-toi, espèce de marionnette ridicule, toi aussi tu es un ignorant.

Il se mit à imiter les mimiques de son avocat en faisant des grimaces grotesques pour faire rire l'assistance.

Il fut condamné à sept ans de prison ferme pour ce double meurtre, mais il annonça en quittant son siège :

— Je suis très déçu. Cependant je ne vous en veux pas et je vous rassure tout de suite : dès que je sortirai de prison, je reprendrai ma mission sacrée de lutte contre les démons.

Ce type de scène ainsi que les affaires criminelles étudiées en cours me donnèrent envie de faire des sketchs sur ces thèmes. Je montai donc une troupe de théâtre, le Stac (satirique théâtre atroce et cynique), avec des amis acteurs et d'autres étudiants en criminologie. Hélas, la troupe n'arriva jamais à se réunir au complet. Tout comme le groupe de rock, ce fut un projet avorté, mais qui m'apprit mes limites. Je ne sais pas imposer aux autres la moindre discipline.

Je continuais en parallèle à diriger *La Soupe à l'Ozenne*, rebaptisée *Euphorie*, toujours avec des bandes dessinées, des languettes de parfum, des nouvelles, et quelques nouveaux dessinateurs comme Michel Dezerald, un vétérinaire toulousain surdoué en dessin.

Si mon ami Fabrice Coget m'avait permis de découvrir *Fondation* d'Asimov, Dezerald me fit lire *Dune*. Je dus m'y reprendre à trois fois tant ce roman était déconcertant, mais, quand j'entrai enfin dans ce monde, ce fut une révélation.

Dune n'est pas qu'un roman, c'est une expérience physique. Chaque personnage parle et simultanément sont rédigées ses pensées, ce qui donne des échanges très longs, mais permet d'accéder aux intentions derrière chaque parole. L'auteur de *Dune*, Frank Herbert, était un chercheur qui avait étudié les mouvements des dunes dans les déserts. De cette étude, il a déduit un écosystème basé sur l'absence totale d'eau. Je lus donc tous les volumes d'un trait, et cela modifia ma manière de penser. Derrière chaque dialogue, je me posai la question : *Quel est le décalage entre ce qui est dit et ce qui est pensé par la personne qui prononce ces mots ?*

Entre-temps, j'avais rédigé la version H des *Fourmis*. Pour cela, je m'étais servi d'une partie de mes cours de criminologie.

J'avais amélioré la psychologie des personnages pour rendre le récit un peu plus inquiétant et le suspense plus prenant.

Je savais désormais que j'allais devoir recommencer plusieurs fois l'écriture complète du livre. Je vis cela comme une partie de Mastermind, ce jeu où il faut tester des combinaisons de clous colorés jusqu'à trouver la bonne formule.

Pareil pour l'écriture romanesque. On teste une intrigue. On regarde ce qui ne va pas et on rectifie en élaborant une intrigue complètement différente pour voir si cela marche mieux.

En même temps, je lisais beaucoup, mais ce n'était plus une lecture de loisir, c'était une lecture technique. Je tentais de comprendre comment tel enchaînement de scènes précises entraînait telle émotion particulière.

Une fois de plus, il me semblait que deux connaissances étaient complémentaires à celle du simple métier d'écrivain : la mécanique des blagues et celle des tours de magie.

Pour capter l'attention du lecteur, il fallait donc :

1) poser la situation ;

2) développer la narration tout en cachant quelque chose ;

3) révéler progressivement de petits éléments pour conserver l'attention ;

4) et, finalement, dévoiler d'un coup la solution pour stupéfier ;

5) une fois le tour de magie terminé, l'effet de surprise produit et la trajectoire des personnages accomplie, on ajoute un dernier petit élément qui semble non indispensable, la touche finale qui rend l'ensemble encore plus surprenant. Ce qu'on pourrait appeler « la cerise sur le gâteau ».

Je réussis, non sans mal, à valider ma première année de droit et ma première année de criminologie, mais je n'avais pas le feu sacré pour ces matières.

Un professeur de sociologie, durant un cours, nous avait glissé cette phrase qui me marqua :

— Le droit vous apprendra deux choses : séduire et tricher.

Cela me fit comprendre que, ces lois retenues par cœur, nous ne les apprenions que pour trouver un moyen de les contourner…

Séduire et tricher ? Cela ne me semblait pas des idéaux de vie épanouissants.

19 ANS. L'AMÉRIQUE SANS ARGENT

« Vous êtes sûr que vous voulez que je retourne cette carte ? »

Après cette nouvelle année de droit, durant les vacances, je travaillai comme archiviste au quotidien de Toulouse, *La Dépêche du Midi*, puis, avec le salaire obtenu, je partis avec un ami, Éric Le Dréau, pour deux mois, faire un périple de la côte est à la côte ouest des États-Unis.

Nous avions en tout et pour tout chacun 2 000 francs (à peu près 300 euros) et nous espérions trouver là-bas des emplois de serveur grâce au réseau des restaurateurs français, qui étaient pour la plupart d'origine bretonne, comme Éric. Cependant, les restaurateurs français, fussent-ils bretons, n'avaient pas la fibre solidaire. Non seulement ils ne nous prirent pas comme serveurs, mais ils nous dénoncèrent à la police de l'immigration car nous n'avions pas la fameuse *green card*.

Nous ne pouvions donc pas compter sur cette source de revenus.

Un jour, alors que nous marchions sur la Cinquième Avenue, à New York, nous avons été intrigués par un homme qui faisait un tour avec des cartes. Il proposait de donner sept fois la somme misée si nous trouvions où se trouvait l'unique carte rouge parmi trois cartes.

Nous ne le savions pas encore, mais c'était le fameux « tour du bonneteau ».

Une première personne arriva et misa 10 dollars, trouva la carte rouge et repartit avec 70 dollars, une deuxième personne fit de même, et enfin une troisième. Nous décidâmes de miser nos économies en espérant les voir naïvement multipliées par sept.

En repérant bien la rouge, Éric mit, par sécurité, le doigt sur la carte qui, en plus, était suffisamment écornée pour qu'on la reconnaisse facilement.

Une dame vint me chuchoter : « Fuyez, ce sont des voleurs », mais nous étions trop fascinés pour en tenir compte.

Éric était sûr de lui.

Je cherchai dans ma ceinture de voyage les derniers billets que j'avais sur moi et les posai sur la table. Et enfin, lorsque vint le moment de révélation, la carte écornée sur laquelle Éric avait posé son doigt se révéla… noire.

Un instant, la planète s'arrêta.

Je me frottai les yeux en espérant que ce que je voyais allait changer.

Mais non.

Par la suite, je me dis que perdre avait été une bonne chose, car, au cas, peu probable, où nous aurions gagné, ce joueur de bonneteau, qui n'était pas un bienfaiteur d'association caritative, nous aurait suivis (avec probablement ses complices, qu'on nomme « barons », les faux gagnants qui nous avaient précédés) puis rattrapés dans un coin pour nous faire rendre l'argent et probablement nous délester, en plus, de tout ce qu'il nous restait, comme montres, passeports, etc.

Certaines défaites vous sauvent.

Toujours est-il que nous étions à New York et que nous n'avions plus que la réserve d'argent laissée dans notre valise, soit 500 francs (environ 80 euros) pour faire, à deux, le tour des États-Unis durant deux mois.

Nous avons alors mis au point une discipline de vie restreinte. Un seul repas par jour, toujours le même, un hamburger d'une marque célèbre qui, à cette époque, faisait une promotion : deux pour le prix d'un. Avec ce tarif réduit, je n'ose imaginer quels pouvaient être les ingrédients. En tout cas, ce n'était certainement pas du bœuf. Nous dormions dans les gares en nous relayant pour éviter d'être détroussés par les autres SDF.

Parfois, des policiers nous donnaient des coups de matraque dans les côtes pour nous faire comprendre que les sièges étaient réservés aux passagers et non pas aux clochards.

Je me souviens d'avoir dormi chez mon cousin américain, lui aussi prénommé Éric, dans sa communauté de punks. Une communauté de jeunes gens où – chose étrange – tous les placards étaient cadenassés car ils se volaient entre eux. Le matin, quand on se lavait, les lavabos et les baignoires étaient remplis de mousses issues des teintures mauve, verte et orange fluo qu'ils utilisaient pour teindre leurs crêtes de cheveux. Ils écoutaient à cette époque essentiellement les Clash.

Les filles s'habillaient déjà de façon gothique et ressemblaient à des corbeaux étonnés.

Je pris une fois de plus beaucoup de notes pour ma collection de futurs personnages.

Puis nous avons trouvé à Greenwich Village un système de covoiturage en échange d'une participation aux frais d'essence.

Notre conducteur était un professeur de mathématiques d'origine iranienne. Nous avons fait le trajet New York-Los Angeles en nous relayant lui et moi au volant (mon ami Éric n'ayant pas le permis). Cependant, à un moment, alors que nous roulions sur une route peu fréquentée, une abeille pénétra dans l'habitacle. Notre conducteur se mit à paniquer, lâcha le volant et donna des grands coups pour essayer de tuer l'insecte qui le narguait.

Éric eut le réflexe de le ceinturer.

Assis à l'arrière, je n'eus que le temps de me pencher en avant pour saisir le volant et remettre la voiture dans l'axe, car elle commençait à foncer dans le décor essentiellement formé d'arbres.

L'Iranien se débattait :

— IL FAUT TUER CETTE ABEILLE ! IL FAUT LA TUER !

Je parvins à m'avancer, à saisir le frein à main et à tirer très fort.

Enfin, la voiture fit une embardée et s'immobilisa.

J'ouvris alors tranquillement la fenêtre et l'abeille repartit poursuivre sa promenade à la recherche de fleurs gorgées de pollen.

Il n'était toujours pas calmé.

— CETTE ABEILLE AURAIT PU ME PIQUER ! VOUS AURIEZ DÛ ME LAISSER LA TUER ! IL FALLAIT LA TUER !

Nous avons attendu qu'il se calme pour reprendre la route.

L'irascible Iranien nous en voulut beaucoup de cette intervention musclée et la suite du trajet se passa dans une tension extrême. Pour nous punir, il décida de faire le trajet en quatre jours (au lieu des six prévus, ce qui nous empêchait de faire une halte à Las Vegas où nous espérions nous refaire aux machines à sous…).

À la fin, il décida d'augmenter notre participation aux frais d'essence. Alors que nous refusions, il nous menaça et nous insulta. Mais comme nous étions deux garçons jeunes et sveltes, et qu'il était très gros et pas bien costaud pour nous affronter physiquement, il céda.

Bien plus tard, cette scène m'inspira la scène d'ouverture de *La Prophétie des abeilles*, où un chevalier brutal s'affole lors de la prise de Jérusalem en 1099 parce qu'une abeille est entrée sous son heaume.

À Los Angeles, nous avons à nouveau tenté de devenir serveurs de restaurant français. On nous conseilla de proposer nos services dans une boulangerie française.

Les lieux sentaient bon les croissants chauds et nous avons été très bien accueillis. Cette fois-ci en effet, le propriétaire était prêt à nous engager tout de suite sans *green card*. Étrangement, nous n'avions aucun croissant à vendre : nous devions être affectés à la cueillette dans un champ de la banlieue de Los Angeles... mais ce n'était pas du raisin californien.

Il nous précisa :

— Ne vous inquiétez pas. Il y a des tourelles pour se protéger des hélicoptères de la police.

Nous avons préféré décliner cette dangereuse proposition. Nous étions hébergés par ma cousine Abby, la charmante sœur d'Éric. Elle travaillait comme accessoiriste à Hollywood et était mariée à un scénariste de la série télévisée de science-fiction *V*. Un jour, alors que nous tentions d'entrer par la fenêtre parce que nous avions perdu les clés de sa maison, a surgi une milice de quartier composée de cinq retraités armés de carabines et de revolvers. Ils tenaient de gros chiens en laisse. Après nous être expliqués, et avoir appelé Abby, ils consentirent à nous laisser continuer. On ne plaisante pas avec la sécurité de l'autre côté de l'Atlantique.

Autre pays, autres mœurs.

J'intégrai, dans la version des *Fourmis* qui suivit la version I, cette notion : le héros voyage et change de mentalité en changeant de décor. À chaque étape, il voit quelque chose de surprenant et comprend une autre manière de vivre. Je crois qu'on ne peut pas être un bon raconteur d'histoires si on reste dans sa tour d'ivoire. Il faut se déplacer, aller vers les gens qu'on ne connaît pas, et qui pensent peut-être différemment, voire le contraire de vous, il faut tenter les expériences nouvelles, et tout digérer en prenant des notes.

Le joueur de bonneteau de la Cinquième Avenue, le prof de maths iranien qui a peur des abeilles, les punks qui craignent de se faire voler par les autres punks, les SDF de la gare de New York, la milice de retraités de Los Angeles m'ont tous servi de personnages dans des nouvelles ou des romans.

Je les en remercie.

20 ANS. UNE FOURMILIÈRE DANS LA BAIGNOIRE

« Je te préviens, c'est elles ou moi ! Pas question que je dorme avec un nid de fourmis à proximité. »

Sans surprise, je ratai mon examen de deuxième année de droit.

De nouveau, j'eus une grande crise de rhumatismes SPA qui me cloua au lit. Je dus attendre quelques jours avant d'arriver à remarcher.

Échec dans mes études, échec dans mon corps : une fois de plus, j'avais l'impression d'être en phase basse.

Toutefois, pour moi cette nouvelle défaite était encore un signe. Je devais changer de chemin. Je décidai donc, du jour au lendemain, de laisser tomber le droit, ma famille, mes amis, mes projets de journaux de bande dessinée, de création de troupe de théâtre, et je quittai Toulouse. Direction Paris pour m'inscrire dans une école de journalisme, l'École supérieure de journalisme (ESJ), la seule qui acceptait les inscriptions tardives.

Je me retrouvai sous les toits dans une chambre de bonne de 15 mètres carrés, au sixième étage sans ascenseur, au 16, boulevard de Strasbourg, dans le 10e arrondissement. Les murs étaient peu épais. Il faisait très froid en hiver et très chaud en été. Il y avait certes une salle de bains avec baignoire, mais les WC étaient sur le palier.

Retour à la case départ.

Je n'étais plus le « fils du magasin Sylva », j'étais un simple jeune provincial « monté » à la capitale parmi des centaines de milliers.

Comme mes cours de journalisme me laissaient beaucoup de temps de libre, je me recentrai sur mon activité romanesque.

Je contactai un groupe de myrmécologues (les spécialistes des fourmis), et ceux-ci me firent cadeau d'une fourmilière entière de fourmis rousses des bois issue de la forêt de Fontainebleau, avec son terrarium et ses reines reconnaissables à leur taille bien supérieure à celle de leurs ouvrières.

Il y avait à peu près deux mille individus et trois reines.

J'installai cette petite ville dans ma baignoire.

Un des avantages de ne plus habiter chez mes parents, c'était que je pouvais installer ma documentation pour mon roman directement dans ma salle de bains.

Je restais des heures à observer ma cité sous tous les angles grâce aux vitres transparentes du terrarium.

J'avais de nouveau cette impression étrange d'être une « divinité » observant un monde de taille réduite où j'avais tous les pouvoirs. Ce qui m'inspira plus tard *Nous, les dieux*.

Après tout, je pouvais décider du jour ou de la nuit (en allumant l'interrupteur), de la pluie, de la nourriture, de la température, voire de la mort de ce petit monde qui était enfermé sous verre.

J'avais face à moi les personnages de mon roman.

Mieux que les pièces d'un échiquier : ils vivaient et faisaient leurs propres choix. Après l'observation des arbres des forêts et des étoiles du ciel, le suivi de ma fourmilière devint ma troisième source de compréhension de la nature.

Impossible de ne pas songer que nous avons nous aussi un dieu (ou un écrivain) qui nous observe.

Je me lançai dans l'écriture de la version J des *Fourmis*, en utilisant des scènes « fourmis » que j'observais en direct. Un peu comme si mes personnages jouaient devant moi pour m'inspirer.

À force de les observer, je parvins même à en reconnaître certaines.

Je constatai en tout cas que, même si la plupart des humains considèrent que la société des fourmis est composée de travailleuses infatigables soumises aux ordres de leur reine, il n'en est rien.

Les reines ne font que pondre, elles n'ont pas de pouvoir politique.

Quant au travail, je distinguai trois groupes bien différenciés.

1) Les fourmis qui ne fichent rien. Elles se promènent, elles mangent, elles s'arrêtent pour se reposer, elles ne soignent pas les larves, ne transportent pas les

brindilles, ne creusent pas de tunnels. Je les nommai les « fainéantes ».

2) Les fourmis qui accomplissent des actes qui ne servent à rien ou qui gênent tout le monde. Genre : elles transportent une brindille dans un couloir, mais la brindille bloque le passage des autres. Ou alors elles transportent de la nourriture, mais pas au bon endroit. Je leur donnai le nom de « maladroites ».

3) Enfin, le troisième tiers était composé d'un groupe très actif qui réparait les erreurs des précédentes et travaillait suffisamment pour nourrir tout le monde. Ainsi naquirent dans mon esprit les « opérationnelles ».

Fainéantes, maladroites, opérationnelles : ces trois groupes formaient une société qui fonctionnait parfaitement et depuis longtemps.

Je ne pouvais m'empêcher de penser que nos sociétés humaines avaient pratiquement le même ratio : un tiers d'inactifs, un tiers d'incompétents et un tiers d'efficaces qui comblait les lacunes des deux précédents.

Un soir, j'entendis du bruit dans ma fourmilière. Il y avait une agitation inhabituelle. J'éclairai avec une lampe de poche et j'assistai à la lutte entre les trois reines. Deux s'unirent pour amener la troisième jusqu'à l'abreuvoir où elles la noyèrent en lui maintenant la tête sous l'eau. Les ouvrières et les soldates regardaient sans intervenir. Puis, ayant commis leur régicide, les deux reines survivantes luttèrent entre elles à coups de mandibules pour qu'il n'en reste qu'une.

J'assistai à ce drame en miniature sans intervenir. Après tout, qui étais-je pour décider des gentils et des méchants dans ce mini-univers clos ?

Elles ne faisaient pas de politique, mais elles tenaient à être les seules à transmettre leurs gamètes particuliers aux prochaines générations.

En dehors des cours de journalisme, de l'observation des fourmis et de l'écriture de cette version J du roman, je vivais une période très solitaire où je lisais et tentais de refaire de la méditation à la manière de Jacques Padovani. Mais je n'arrivais guère à dépasser les dix minutes d'immobilité et de silence.

Je tentais aussi de gagner un peu ma vie en jouant de la guitare dans le métro. Un seul morceau : « Stairway to Heaven » de Led Zeppelin. Mais comme je répugnais à la mendicité, cela ne me rapportait pas grand-chose. En revanche, ce fut l'occasion de devenir ami avec d'autres musiciens du métro qui voulaient bien jouer avec moi.

À cette époque, je fis aussi la connaissance de Francis Frydman, une rencontre qui allait beaucoup influer sur ma vie.

Francis était étudiant en informatique, spécialisé en intelligence artificielle, discipline encore peu connue. Il travaillait sur le neuroconnexionnisme, à savoir des systèmes d'intelligence artificielle capables d'étudier et de s'améliorer tout seuls.

Il me confia qu'il avait une ambition : faire une copie informatique exacte de son esprit afin de devenir immortel par l'entremise d'un ordinateur qui penserait exactement comme lui. J'évoquerais bien plus tard cette idée dans *Depuis l'au-delà*, où l'éditeur recopie la pensée de son écrivain vedette dans un programme d'intelligence artificielle afin qu'il continue d'écrire des romans après sa mort.

Francis m'encouragea à réunir toutes mes économies pour acheter un ordinateur. Il s'agissait d'un ordinateur de la marque anglaise Oric, doté d'un simple clavier avec de la mémoire vive. On le branchait sur son téléviseur pour avoir un écran et sur une chaîne hi-fi pour pouvoir enregistrer les programmes sur des cassettes à bande audiophoniques. Sur les conseils de Francis Frydman, j'appris les rudiments du langage Basic. C'est ainsi que j'ai créé mon premier traitement de texte et mes premiers jeux de type bombardier.

Je retrouvais le même plaisir que j'avais eu avec Michel Vidal : avoir un mentor pour explorer une zone d'expérimentation complètement nouvelle.

La programmation informatique était addictive. Dès qu'on commençait à y mettre les pieds, on en voulait plus. Après l'Oric, j'achetai un lecteur de disquettes souples 5 pouces ¼, puis des mini-disquettes rigides 3,5 pouces, puis une grosse imprimante. Chaque progrès technologique provoquait un petit plaisir et un grand trou dans mes finances.

La découverte du Basic influença encore l'écriture de la nouvelle version des *Fourmis* : je décidai, après avoir conçu le livre comme une architecture de cathédrale, de l'imaginer comme un programme informatique.

Des chapitres se connectaient à d'autres chapitres comme des indications de Basic de type « *goto* » (ce point précis est connecté à un autre point précis du roman. Ce qui pour moi correspondait à faire vibrer un passage avec un autre passage) ou « *if then* » (si quelque chose se passe à un endroit du roman, alors autre chose est déclenché dans un autre endroit du roman ; il fallait donc trouver des liens de causalité entre des scènes parfois très éloignées).

La vision informatique de cette nouvelle version des *Fourmis* me poussait à poser le système des parenthèses ouvertes, parenthèses fermées. Cela consistait à vérifier que tout ce qui a été posé comme élément d'intrigue au début (parenthèse ouverte) trouve une résolution à la fin (parenthèse fermée).

Cela semble évident, mais, si vous êtes attentif, vous verrez que dans certains romans ou films des problématiques sont posées au début et n'aboutissent à rien. Ou présentent parfois une fin qu'on ne pouvait pas trouver parce que l'élément clé n'a pas été présenté. C'est ce qu'on nomme le *deus ex machina* : vous ne pouviez pas trouver l'assassin car il surgit de nulle part à la fin du roman.

Cela m'incita à enlever tous les personnages non indispensables à l'intrigue, à souder en un seul personnage ceux qui font la même chose ou qui s'expriment de la même manière. Sur la masse des mille cinq cents pages de ma version K, cela se révéla très utile.

Autre point commun : Francis Frydman jouait aux échecs.

Nos parties étaient d'autant plus plaisantes que nous avions le même niveau et le même style. Nous jouions non pas avec les lignes de pions qui avancent lentement et bloquent tout, façon « guerre des tranchées de 14-18 », mais plutôt avec des coups inattendus, spectaculaires. Ce qu'on appelle aussi les « échecs romantiques ».

Une autre chose m'intrigua dans le comportement de Francis. Il ne lisait qu'un seul et unique écrivain : Philip K. Dick.

Si bien que lorsque je lui parlais d'Isaac Asimov ou de Frank Herbert, mes deux découvertes en littérature, il me répondait que rien ne pouvait de toute façon égaler son maître : Dick.

Cela m'énervait de rencontrer quelqu'un qui ait l'esprit étriqué au point de ne lire qu'un seul écrivain.

Juste pour lui prouver qu'il se trompait, je me mis à lire mon premier Philip K. Dick : *Le Maître du Haut Château*, une uchronie qui imaginait précisément comment serait le monde si les Alliés avaient perdu la Seconde Guerre mondiale et si les nazis et les Japonais s'étaient partagé la carte du monde comme les Américains et les Russes l'ont fait après la guerre.

Ce fut là encore un choc.

Cet auteur avait une pensée en avance sur son temps.

Dick percevait tout plus loin, plus fort. Même ses structures romanesques étaient complètement originales par rapport à tout ce que je connaissais.

Ce fut donc mon troisième coup de cœur après Asimov et Herbert. Là où le premier montrait la puissance de l'intelligence, le deuxième la puissance de la spiritualité, le troisième montrait la puissance de la… folie. Et la folie surpassait parfois l'intelligence et la spiritualité.

À partir de ce jour, je devins moi aussi « dickien exclusif ».

Je trouvais tous les autres auteurs fades, prévisibles, et déplorais que souvent ils se contentent de copier leurs prédécesseurs. Je me mis à lire les nouvelles de Philip K. Dick, mais aussi ses conférences.

Grâce à Dick, je me posais des questions inédites jusqu'à présent pour moi : « Qu'est-ce que le réel ? », « De quoi suis-je vraiment sûr ? » ou : « Et si tout autour de moi n'était qu'une illusion ? », « Qu'est-ce qui définit un humain ? », « À quel moment s'aperçoit-on qu'on est soi-même devenu fou ? », « Et si nous étions tous fous et que nous faisions semblant d'être normaux pour sauver les apparences ? », « À partir de quel moment une machine peut-elle être considérée comme égale à un humain ? ».

Dans ses préfaces, Dick prétendait écrire certains de ses romans d'un jet, en quatre jours, sans manger ni dormir, mais en se soutenant avec des amphétamines pour ne sentir ni la faim ni la fatigue. Il expliquait que le LSD lui avait fait entrevoir des mondes parallèles. Il avait aussi une formule qui me séduisit tout de suite : écrire des nouvelles rapides d'un seul jet, puis les allonger pour faire de chaque idée qui lui semblait originale une histoire courte, une histoire moyenne et une histoire longue. Dick, lui aussi, tapait très vite à la machine à écrire, pour se laisser porter par la force d'une idée originale sans être ralenti par le mouvement des doigts.

Au niveau des concepts d'intrigues, il me semblait en avance sur tout ce que j'avais lu jusque-là.

Dick n'avait pas eu une vie facile. Il était hanté par le souvenir de la mort de sa sœur jumelle, Jane, à l'âge de un mois. Il s'était mis en couple avec des femmes compliquées (souvent des junkies), il était pauvre, il prenait lui-même des substances hallucinogènes et il souffrait de ne pas être reconnu comme écrivain par le milieu littéraire officiel américain. Étonnamment, il était surtout apprécié par le public français, auquel il offrait chaque année une conférence-événement à Metz.

Nul n'est prophète en son pays.

La lecture de Dick me provoqua des frissons de plaisir comme jusque-là seuls la musique de Genesis, la lecture de Poe, Jules Verne, Asimov et Herbert m'en avait provoqué. Je m'intéressais, grâce à lui, à des sujets philosophiques et ésotériques comme le zoroastrisme, la kabbale, la gnose, le manichéisme.

Ainsi Philip K. Dick, mort en 1982, fut mon maître d'écriture.

Si la pensée d'un écrivain pouvait atteindre une telle puissance, je devais tenter de m'en approcher, d'une manière ou d'une autre.

Je mis en place, en plus de mes quatre heures et demie d'écriture matinale, une nouvelle discipline quotidienne : écrire une histoire courte, d'un jet, en une heure, avec une fin surprenante.

La rédaction de ces nouvelles fut le laboratoire où je pus expérimenter de nouveaux sujets, de nouvelles techniques de narration, de nouvelles constructions. Je testai ainsi la poésie, le texte uniquement basé sur les dialogues ou sur le montage parallèle. Et, en dehors de mon temps d'écriture romanesque, j'analysais ce qu'il m'arrivait dans la journée pour trouver l'idée de la nouvelle du lendemain.

J'écrivis donc des centaines de ces petites nouvelles. Elles n'étaient évidemment pas toutes bonnes, loin de là. Bien plus tard, je sélectionnai celles qui me semblaient les vingt meilleures pour en faire deux recueils : *L'Arbre des possibles* puis *Paradis sur mesure*.

La nouvelle demeure, à mon avis, l'exercice indispensable pour devenir écrivain, pareille aux gammes du futur pianiste. L'imagination est un muscle : plus on le sollicite, plus il réagit vite et se révèle performant.

Dick m'a libéré de l'envie de plaire pour me donner juste l'envie de surprendre.

21 ANS. AVENTURE DANS LA JUNGLE AFRICAINE

« Tu as une idée de sujet vraiment dingue ? »

Dans l'école de journalisme où j'étudiais, un étudiant me parla d'un concours proposé aux jeunes reporters par la marque de cigarettes News, qui avait en partie fondé sa communication sur le slogan : « News, la cigarette des jeunes journalistes qui vont sur le terrain ».

Pour ce concours, il s'agissait de proposer une idée de reportage la plus audacieuse possible et, si elle était sélectionnée, on obtenait son financement. Cinq minutes avant la clôture des inscriptions, je proposai un reportage sur… les fourmis. Mais, pour pimenter un peu le sujet, je proposai un reportage sur les « fourmis magnans », espèce légendaire qui détruit tout sur son passage et qu'on ne trouve que dans la jungle tropicale.

J'envoyai ma proposition de sujet comme une bouteille à la mer.

Et, par chance, je fus l'un des trois lauréats, et je reçus la somme qui me permettait de réaliser ce reportage.

Je pensais partir dans la forêt amazonienne au Brésil pour aller sur les traces de ces fourmis qui avaient notamment inspiré le film *Quand la Marabunta gronde* (film avec Charlton Heston consacré à l'invasion de ces fameuses fourmis magnans), mais j'appris que trois jours plus tard une équipe du CNRS française allait partir précisément les filmer en Côte d'Ivoire.

Avec mes dernières économies, je n'eus que le temps d'acheter un gros appareil photo Nikkormat d'occasion, un appareil très lourd réservé aux reporters de guerre, auquel je rajoutai un macro-objectif tout aussi lourd. Ensuite, je remplis deux valises et filai prendre l'avion pour Abidjan.

C'était en mars 1982, j'avais 21 ans.

Je raterais quelques cours à l'ESJ, mais je comptais expérimenter le métier de grand reporter sur le terrain. En outre, j'étais conscient que j'allais obtenir de la documentation exclusive pour mon sujet de roman. Déjà, dans mon esprit se profilait la version suivante des *Fourmis*, où j'ajouterais des scènes avec des fourmis magnans.

Mon arrivée à l'aéroport d'Abidjan fut déroutante. Un groupe de gens à l'arrivée lançait des : « Taxi ! », « Taxi ! ». En criant ce mot, un des hommes m'arracha la valise contenant l'appareil photo et partit vers la droite. Je m'apprêtais à le suivre, mais un second taxi m'arracha ma deuxième valise contenant mes vêtements et partit vers la gauche. Je vis toutes mes affaires s'éloigner simultanément, dans deux directions opposées, alors que la foule compacte des autres taxis m'empêchait de les poursuivre.

Instant de solitude : je venais à peine d'arriver en Côte d'Ivoire et j'avais déjà tout perdu.

J'hésitai à tenter de poursuivre l'un des deux taxis pour au moins tenter de récupérer mon appareil photo.

Ce fut alors que surgit un grand type roux en tenue coloniale qui fendit la foule, récupéra ma valise de gauche puis ma valise de droite et me les brandit sous le nez.

— Vous, c'est la première fois que vous venez en Afrique, n'est-ce pas ? me lança-t-il, l'air goguenard.

Je remerciai mon sauveur qui demanda si je savais où dormir. Devant mon silence, il m'indiqua un endroit tenu par une amie. Je m'aperçus le lendemain en me réveillant qu'il s'agissait d'un hôtel de passe dirigé par une vieille dame marseillaise très sympathique. Elle me raconta le bonheur des Français installés en Côte d'Ivoire qui vivaient ici au paradis. Encore un personnage.

J'arrivai à joindre par téléphone un responsable du CNRS du centre de Lamto, où l'équipe de scientifiques et les cinéastes du documentaire devaient se réunir.

Nous avons pris l'autoroute qui partait de l'ancienne capitale, Abidjan, pour remonter vers le nord en direction de la ville qui deviendrait bientôt la nouvelle capitale, Yamoussoukro. Nous avons ensuite quitté l'autoroute pour rejoindre la nationale, puis la départementale. Autour de nous, on voyait beaucoup d'amoncellements de pneus, car bon nombre de voitures crevaient sur les routes abîmées.

La départementale devint une piste. La piste se réduisait sans cesse. Heureusement, la voiture était une 504 Peugeot équipée de pneus, certes rechapés, mais adaptés pour avancer dans la broussaille. Nous nous sommes enfoncés dans une zone de plus en plus chaotique avant d'aboutir au village proprement dit de Lamto.

Il s'agissait d'une clairière de terre battue avec des cabanes de bois d'où dépassaient des antennes de télévision. À l'entrée, des femmes pilaient des céréales dans des mortiers. Elles chantonnaient à chaque coup et semblaient vraiment joyeuses.

Je distinguai une maison moderne en bois blanc. C'était là que vivaient les scientifiques français et que je devais être hébergé.

Le professeur Leroux m'accueillit en chemise à carreaux. Son fils tenait dans ses bras une mangouste qu'il me présenta et m'expliqua qu'elle se nommait Tarzan, car ici, après tout, on vivait dans un décor similaire à celui des films. Dans de petites cages, le garçon faisait l'élevage de scorpions et d'araignées de la taille de ma main, en plus velues. C'était différent de mon élevage de fourmis rousses des bois à Paris.

Leroux m'expliqua qu'il ne fallait pas trop approcher de la zone des marécages derrière le village, car la veille un gamin s'y était fait happer par un crocodile. Je demandai si l'enfant s'en était tiré. On l'avait cherché en vain, me répondit-il, et il ajouta qu'en Côte d'Ivoire, les crocodiles faisaient partie des petits tracas quotidiens, il fallait juste être prudent.

J'étais étonné qu'il prenne cela avec autant de désinvolture.

— Tu vas voir, le pire, ce n'est pas les crocodiles, ce sont les « simulis », précisa-t-il.

— C'est quoi des « simulis » ?

— Eh bien tu vois, en France les moustiques font *bzzz* et quand ça pique, ça gratte. En fait, ce qui gratte, c'est leur salive qui désinfecte en même temps la plaie. Ici, c'est le contraire. Les simulis ne font aucun bruit, et quand ça pique, ça ne gratte pas. Et comme la plaie n'a pas reçu cette salive, elle s'infecte. À quoi s'ajoutent de petits vers parasites que les simulis te glissent dans le sang. Tu verras, ici il y a beaucoup de problèmes de parasites. Regarde parfois les gens au fond des yeux, tu comprendras.

Et, en effet, plus tard je remarquerais un vieil homme avec des vers beiges derrière les pupilles, comme des poissons dans un aquarium, sauf qu'il s'agissait de l'iris de ses yeux.

— Que faire pour s'en protéger, alors ?

— La parade, c'est d'avoir, malgré la chaleur, des pantalons et des chemises à manches longues. Surtout pas de short ni de tee-shirt.

Je compris d'un coup pourquoi, alors que le soleil était très présent, aucun des Français n'était bronzé. Pourtant, même avec cette protection de tissu, je constatai tous les soirs des taches de sang sur l'étoffe claire, signe que ces insectes étaient parvenus à me piquer.

Le premier soir, un collègue de Leroux me dit :

— Il te faut prendre un boy.

— Pour quoi faire ?

— Il te le dira lui-même.

Il me présenta un nommé Kouassi Kouassi (ce qui signifie dans le langage de son village « le troisième enfant »). C'était un grand type aux dents blanches étincelantes, souriant et sympathique.

— Monsieur, vous vous levez le matin, qui va faire votre lit ?

— Eh bien, je le fais moi-même.

— Non, ce n'est pas à vous de le faire, il vous faut un boy, me dit Kouassi Kouassi. De même, vous mettez vos chaussures, qui va faire les lacets ?

— En général, je n'ai aucun problème pour faire mes lacets.

— Cela prend du temps, vous avez probablement des choses plus importantes à accomplir, *toubabou*.

J'appris plus tard que « *toubabou* », dérivé de « *toubib* » (médecin), est l'appellation générale respectueuse utilisée pour dire « monsieur qui a l'air d'un scientifique ».

— De même, vous sortez d'une pièce : comment allez-vous faire ?

— Je ne comprends pas.

— Il vous faut quelqu'un pour fermer la porte.

Cela me fit l'effet d'une blague.

Je me tournai vers le collègue de Leroux et lui dis que je n'étais pas du tout convaincu de la nécessité d'avoir un boy. Cela me semblait même un peu gênant.

Il me prit à part et m'expliqua :

— En fait, il a besoin de 10 francs pour s'acheter une onzième femme. Il en a déjà dix et sa première femme a accepté le choix de cette onzième, mais cela coûte 10 francs.

— Eh bien, je peux lui offrir les 10 francs sans le prendre comme boy.

— Ce serait humiliant pour lui. Il faut que l'argent corresponde à un travail effectif.

Je commençais à trouver cela compliqué.

J'allai voir Leroux qui me confirma :

— Ce sont des susceptibilités locales que tu dois connaître. Tu sais, en Afrique, tout est différent. Contente-toi de faire comme tout le monde en oubliant tous tes repères du monde parisien. Écoute les gens d'ici, observe-les et, surtout, ne les juge pas avec tes critères d'Occidental. Essaie seulement de les comprendre dans leur contexte.

C'était un conseil plein de sagesse, et j'acceptai de prendre Kouassi Kouassi qui se révéla aussitôt ravi de cette collaboration.

Par la suite, je sympathisai avec ce jeune homme que j'admirais déjà pour sa joie de vivre permanente. De fait, nous n'avions pas des rapports de patron à employé, mais plutôt d'amitié. Tout ce qu'il faisait m'intéressait. Il utilisait un bâton, similaire à un bâton de réglisse, qu'il suçotait sans cesse pour se laver les dents, et je lui demandai qu'il me fournisse le même pour avoir des dents aussi blanches que lui.

— Ah non, me lâcha-t-il, cela ne marche que pour nous. Pour vous, les Blancs, cela vous ferait déchausser les dents.

Kouassi Kouassi était passionné par les feuilletons américains, qu'il suivait grâce à l'antenne qui sortait de sa cabane, et tout spécialement la série *Dallas*.

— Moi, ce qui me navre le plus, c'est que Sue Ellen soit alcoolique, me confia-t-il un jour. OK, J.R. n'est pas très sympa, mais Sue Ellen, elle boit trop, ça la rend complètement folle. Il faut qu'elle arrête.

J'adorais ce décalage entre la jungle, la mangouste, les crocodiles, les simulis, les scorpions et la série *Dallas* qui se déroulait dans le monde aseptisé des milliardaires du pétrole texans.

Je lui demandai si ce n'était pas trop compliqué d'avoir dix femmes, et il me répondit qu'en plus de ses dix femmes, il avait pratiquement une nouvelle maîtresse tous les jours. Il m'expliqua sa technique de drague. Il repérait une jolie femme en se promenant, il la bousculait, elle rechignait et, pour s'excuser, il lui proposait d'aller au fast-food. Là, il lui offrait un soda, puis ils faisaient l'amour sur le parking derrière le restaurant.

Son énergie vitale m'impressionnait.

— Et tu n'as pas peur d'attraper une MST ? questionnai-je.

— Non car j'ai ça.

Il désigna sa cheville, où se trouvait une amulette dans un tube de cuir.

— C'est un grigri fabriqué par notre marabout, il contient un talisman avec une formule anti-maladies sexuelles. C'est très efficace.

— Et tu n'as jamais essayé les préservatifs ?

— Le grigri, c'est de la magie pour les Noirs, les préservatifs, c'est de la magie pour les Blancs. J'ai essayé une fois votre préservatif (parce qu'il y a une capote qu'on lave et qu'on se passe entre nous pour ceux qui sont curieux d'essayer les trucs magiques des

Blancs), mais c'est nul : on ne ressent rien. De toute façon, je préfère prendre le risque d'être malade plutôt que d'utiliser un de ces trucs en plastique et ne rien ressentir.

Une fois de plus, je me remémorai la phrase de Leroux : « Ne pas juger avec nos repères occidentaux, juste observer et essayer de comprendre. »

Je compris d'ailleurs qu'ici la magie était le centre du village. Le marabout servait de psychanalyste, d'herboriste, de prêtre et, accessoirement, de professeur pour les enfants. Leur société avait l'air de bien fonctionner. Objectivement, tous ces gens avaient vraiment l'air heureux, vivant au milieu de la nature, sans se prendre la tête avec des problèmes d'Occidental stressé. Pas de pollution, pas d'embouteillages, pas de coups de klaxon, pas de gens nerveux, pas de police, et tout le monde était disponible pour tout le monde sans que cela pose de problèmes.

Le soir, on se retrouvait avec le groupe des scientifiques français à discuter tout en dînant. De manière étonnante, les cinq Français présents avaient reproduit les clivages politiques. Il y avait le communiste, le socialiste, le centriste, le républicain et le nationaliste. Tous se disputaient en commentant les dernières actualités entendues à la radio. Le Belge, spécialiste des termites, et moi, le petit jeunot, restions spectateurs de ces joutes oratoires. Paradoxalement, le plus agressif était le réalisateur du CNRS aux tendances présentées comme socialistes, qui ne supportait aucune contradiction et piquait de grandes colères.

Cela créait une ambiance digne des romans d'Agatha Christie.

Un jour, on nous signala la mort du marabout.

Une cérémonie allait avoir lieu pour désigner son remplaçant.

Ce jour-là, Kouassi Kouassi fut absent. On entendit des tam-tams résonner toute la nuit. Le lendemain, Kouassi Kouassi vint me rejoindre et me proposa un bout de brochette marron qu'il disait provenir de la cérémonie de la veille. Il m'informa qu'il s'agissait du Mossi et qu'il fallait que je goûte si je ne voulais pas mourir idiot. Je préférai m'abstenir.

Je demandai à Leroux :

— Le Mossi, c'est un plat local ?

— C'est le nom de la tribu du Nord, cela signifie les Hommes-Gazelles. Celle où nous nous trouvons se nomme elle-même les Hommes-Lions.

Je ne sais pas si Kouassi Kouassi en me tendant cette brochette était sérieux ou s'il voulait me faire une blague. Je ne le saurai jamais. Et, en fait, je crois que je préfère ne pas le savoir.

En dehors de ces péripéties étonnantes de la vie quotidienne à Lamto, il y eut bien sûr l'expédition pour suivre les fourmis magnans.

Un des boys de l'équipe de scientifiques, à force de ratisser la brousse, avait repéré une éruption de colonnes de fourmis un peu à l'est du village.

Nous étions préparés. J'avais mis de la pellicule sensible 400 ASA dans mon Nikkormat et repéré que les autres membres de l'expédition enfilaient de grandes bottes d'égoutier en plastique, enduites d'un produit blanc répulsif pour les fourmis. J'avais demandé si je pouvais recevoir le même équipement, mais, alors que je signalais ma pointure, 43, ils m'annoncèrent qu'il ne restait qu'une paire de bottes taille 38. Je l'essayai, en vain.

— Tant pis, ferme bien ton pantalon et fais attention à ce que les fourmis ne puissent pas entrer dans tes orifices.

— Mes orifices ?

— Trous de nez, oreilles, bouche, et puis serre les fesses. Les magnans ont des mandibules tranchantes comme des rasoirs et, une fois qu'elles ont pincé, elles ne lâchent plus. À tel point qu'ici ils s'en servent de points de suture. Ils font mordre le blessé par des magnans puis arrachent le corps de la fourmi et laissent la tête qui ferme la plaie.

J'enfonçai mon bas de pantalon dans mes chaussettes et ajoutai des élastiques pour serrer autour des mollets. J'enfilai ma chemise épaisse à longue manches.

Nous sommes partis vers le point repéré par le boy.

Et ce fut enfin la grande rencontre avec les intraterrestres. Quelle vision !

J'avais en face de moi une rivière noire bruissante, qui coulait entre les herbes, montait sur les rochers ou les racines, qui avançait lentement mais inexorablement.

À l'avant, il y avait un front de guerrières qui formaient un triangle ratissant tout ce qui se trouvait face à elles : lézards, serpents, araignées, oiseaux. Tous ces êtres qui avaient le malheur d'être sur leur chemin et de ne pas fuir assez vite se faisaient rejoindre, recouvrir, absorber puis finalement débiter en fines tranches qui filaient, portées à bout de pattes, vers l'arrière de la procession.

Leurs proies, à leur niveau, au ras du sol, semblaient rattrapées par une meute semblable à des centaines de milliers de loups voraces.

Et, lorsque les chasseuses magnans étaient fatiguées de tuer, elles étaient remplacées par des congénères plus fraîches.

— Ne t'inquiète pas, Bernard. Elles avancent tout au plus à 5 kilomètres-heure, la vitesse d'un homme qui marche, m'expliqua le professeur Leroux. Donc, il n'y a pas de danger pour un homme en bonne santé. Le problème, c'est quand elles arrivent sur un village. En général, les gens quittent le village et abandonnent leurs maisons. Ils mettent les pieds des tables dans des seaux d'eau vinaigrée et dessus les aliments qu'ils veulent préserver. Il arrive quand même des accidents lorsqu'ils n'évacuent pas assez rapidement, notamment pour les nouveau-nés ou les personnes âgées qui n'arrivent pas à marcher assez vite.

— Il y a des morts ?

— C'est très rare. Avant, ils attachaient les prisonniers de leurs guerres tribales sur leur chemin. Une autre légende veut que ces fourmis aient construit un bivouac en hauteur, sorte d'énorme grappe sphérique accrochée à une branche. Un chien, intrigué, s'est approché, et elles lui sont toutes tombées dessus et l'ont transformé en squelette.

L'équipe du CNRS filmait en gros plan les scènes au ras du sol. Ils pataugeaient dans la rivière grouillante de mandibules. Leroux me déconseilla d'approcher, vu que je n'avais pas les fameuses bottes protectrices avec le produit répulsif.

— Ce qui pourrait être intéressant pour toi, c'est de photographier la reine, m'indiqua ce spécialiste. Il y a une reine mère pour cinquante millions de fourmis, et elle fait dix fois la taille de ses enfants. Mais elle est très protégée.

— Alors, comment faire ?

— Vers 12 heures, quand il fera très chaud, elles vont construire un bivouac pour faire une sieste et se protéger de la chaleur. Alors nous pourrons agir.

Nous avons suivi la rivière des fourmis magnans qui se faufilait entre les herbes hautes comme un long serpent noir et, en effet, lorsqu'il commença à faire vraiment chaud, elles s'arrêtèrent dans une clairière et creusèrent pour installer un nid temporaire souterrain.

Nous avons attendu qu'elles aient fini. Quand enfin il n'y eut plus la moindre fourmi visible en surface, Leroux fit signe aux boys qu'on allait pouvoir agir.

Alors, tous ensemble, nous avons creusé avec des pelles un fossé d'un mètre de profondeur pour entourer tout le nid. C'était un travail pénible, mais bientôt toutes les fourmis furent encerclées dans un périmètre défini.

Puis, doucement, sur les conseils de Leroux, nous avons donné de petits coups de pelle pour avancer vers le centre où était censée se trouver la loge royale.

À peine avions-nous commencé à fendre les tunnels remplis de fourmis en pleine sieste digestive que l'alerte fut donnée. Elles foncèrent vers nous et commencèrent à vouloir nous escalader. Mes collègues, ayant les fameuses bottes d'égoutier, étaient évidemment bien protégés. Les fourmis ne trouvaient à escalader que… moi. Elles s'étaient frayé un passage sous mes couches de protection. C'était la nouvelle écrite à 8 ans, « Souvenirs d'une puce », que je vivais en direct. Si ce n'est que ce n'était pas un, mais des milliers d'insectes qui m'escaladaient.

Je les sentais se faufiler sous mon pantalon, gravir mes jambes, mon dos.

Certaines avaient déjà planté leurs mandibules dans ma peau, comme des aiguilles.

Je restai concentré sur mon projet, obtenir une photo de la reine, alors je continuai de creuser vers le centre du nid.

— Bernard, dégage-toi vite ! cria Leroux, ça commence à être dangereux.

— Encore quelques secondes.

Je creusai et la trouvai enfin. La reine était facilement reconnaissable, bien plus volumineuse que ses millions d'enfants. Je pris les photos en serrant les fesses et en donnant des tapes du plat de la main sur mes oreilles pour protéger mes orifices.

— Sors de là tout de suite, Bernard, ça craint vraiment !

Je réussis quelques clichés, alors que je sentais une multitude de chatouilles et de petits pincements.

Finalement, Kouassi Kouassi m'attrapa sous les bras, me souleva et me dégagea d'un coup du fossé maintenant rempli d'un magma noir vivant, formé de millions de fourmis magnans énervées tentant de protéger leur unique reine pondeuse.

Kouassi Kouassi me traîna pour me déposer un peu plus loin. Leroux me tendit une machette avec laquelle je raclai mon épiderme pour arracher les centaines de fourmis plantées dedans.

Il y en avait partout. Même dans le caoutchouc de mes chaussures.

Mais j'avais ma photo.

Le soir, je commençai à rédiger à chaud mes impressions. Enfin, j'avais une vraie scène vécue et extraordinaire pour enrichir mon roman *Les Fourmis*.

Je notai : « Pas la peine d'extrapoler : plus c'est vrai, plus c'est impressionnant. »

22 ANS. JOURNALISTE LOCALIER

« Ici, tu vas pouvoir découvrir les coulisses du vrai monde. »

Après mon entrée à l'école de journalisme et mon premier grand reportage en Afrique, je fis un stage de deux mois dans un quotidien de province. C'était en 1983.

J'avais été sélectionné pour plusieurs raisons : j'avais mon permis de conduire et j'étais bon photographe. Je pouvais donc faire des reportages seul sans être accompagné d'un photographe ou d'un chauffeur. La tendance était déjà aux équipes légères pour réduire les frais.

La première demande du rédacteur en chef fut un reportage à la gare.

— Mets-toi en contact avec Christian, c'est un policier, il te dira ce qu'il faut faire.

Le fameux Christian m'amena sur la voie de chemin de fer où un accident s'était déroulé :

— C'est un jeune scout. Il a traversé la voie sans voir le train qui arrivait. Une dame s'est précipitée pour sauver l'enfant et c'est elle au final qui a été percutée par le train. Le scout est sain et sauf, la dame n'a pas survécu.

— Et cela arrive souvent, des gens écrasés par des trains ?

— En fait, c'est un problème de politique locale. La SNCF est traditionnellement à gauche, la ville a un maire de droite, alors la SNCF refuse de creuser des souterrains pour aller d'un quai à l'autre. Tous les mois, on compte ce genre d'accident de gens qui ont perdu l'habitude de franchir les voies de chemin de fer et qui oublient de regarder à droite et à gauche avant de traverser.

Ainsi commença ma première journée dans ce quotidien, et je dois avouer que, passé les premières surprises du « vrai monde », je trouvai cela passionnant.

Nous étions sept journalistes à la « locale ». Le photographe de l'équipe m'apprit à fabriquer moi-même mes pellicules noir et blanc. Je compris rapidement que les deux reporters partaient le matin chercher des infos à l'endroit où on les trouvait le mieux, c'est-à-dire… au bistrot en bas de la rédaction.

Ils y restaient jusqu'à 18 heures.

Le temps du stage, je fus logé chez madame Violette, une octogénaire qui vivait en osmose avec son amie de l'immeuble mitoyen. Cette dernière, madame Rosalie, était recluse depuis dix ans, au point que sa porte, gonflée par l'humidité, n'ouvrait plus. Elle vivait dans son petit appartement avec ses chats. Les deux octogénaires se parlaient par téléphone et madame Violette faisait les courses, qu'elle transmettait par un panier accroché à un fil remonté par Rosalie pour pouvoir se nourrir et surtout nourrir ses nombreux chats.

Rapidement, je m'organisai.

Le matin, je déjeunais en passant par la boulangerie, où j'écoutais la boulangère discuter avec les clients des derniers cancans. Elle finit par savoir que j'étais le « nouveau journaliste stagiaire » et bientôt me signala ce qu'elle pensait de mes articles en même temps qu'elle me vendait une gaufre au sucre.

J'allais ensuite consommer ma gaufre avec un grand crème au bistrot, où j'entendais, là encore, d'autres rumeurs. J'y lisais le journal fraîchement sorti et examinais comment ils avaient utilisé mes photos pour illustrer mes articles.

Puis je passais au journal prendre les ordres du rédacteur en chef.

Le matin, le maire de la ville m'appelait pour connaître mon emploi du temps et réglait le sien sur le mien afin d'être sûr de donner l'impression d'être présent partout. Le baromètre de sa popularité variait chaque jour, selon que j'acceptais qu'il soit sur la photo, cité ou pas. Je comprenais mieux les liens de la presse et de la politique.

J'entamais souvent la journée par un mariage. J'étais convié chaque fois à prendre un petit verre de champagne ou de mousseux à la santé des heureux époux. « Allez, monsieur le journaliste, cela porte bonheur aux mariés, vous ne pouvez pas refuser ! », puis j'enchaînais sur les inaugurations d'expositions culturelles (« Vous prendrez bien le petit verre de l'amitié ? »), les réfections de clochers (« Allez, un petit verre de vin de messe pour fêter l'événement, vous verrez, il pique mais c'est du bon »), puis les accidents de voitures, ou les suicides de clochards, où je me retrouvais avec les équipes de la police. (« Ah là là, c'est affreux ce qui leur est arrivé à ces pauvres gens, allez, venez, on va prendre un petit verre pour se remonter le moral »), sans oublier les sauvetages de chats et les destructions de nids de guêpes avec les pompiers. (« Merci d'avoir sauvé mon chat – ou de m'avoir débarrassé de ce maudit nid de guêpes. Allez, pour fêter ça, je vous offre la tournée, et le journaliste doit venir aussi. »)

Vers 17 heures souvent, je rentrais en titubant et je retrouvais les autres journalistes qui titubaient eux aussi. Cela dit, ils tenaient bien mieux l'alcool. À ce niveau-là, reconnaissons-le, je manquais un peu de professionnalisme.

Je commençais ensuite la rédaction des articles.

— Selon toi, quels sont les articles les plus lus ? me demanda le rédacteur en chef.

— La météo ?

— Non, les nécrologies. Tous les gens ici veulent savoir qui est mort. C'est pour cela qu'il te faudra toujours faire bien attention à ce que tu écris dans cette rubrique.

Mon métier avait du sens. Je devais mesurer l'impact de chaque information, car j'en mesurais les effets en direct sur des gens que je rencontrais ensuite.

En plus de la météo et de la nécrologie, je pris l'habitude d'écrire trois gros articles par jour, ce qui correspondait à deux pages de la locale.

J'adorais ce métier. J'améliorais mes connaissances en technique photo, en journalisme de terrain, et découvrais par la même occasion la vraie vie d'une ville de province de taille moyenne.

J'étais au centre du tissu social. Tout le monde voulait me montrer les choses les plus intéressantes, que ce soit le concours de la plus grosse citrouille ou l'arrivée d'un cirque itinérant.

Soit le principe de physique quantique : « L'observateur, par sa seule présence, modifie ce qui arrive à ce qu'il observe. »

Un jour, alors que je partais faire un reportage dans une ville voisine, je m'endormis au volant, probablement du fait de l'alcool. Entre le moment où je fermai les yeux et le moment où je me réveillai, le décor de l'autoroute avait complètement changé. Combien de kilomètres ai-je parcourus les paupières closes, la tête posée sur le volant, le pied sur l'accélérateur… je ne sais pas. Des secondes ? Des dizaines de secondes ? Cela m'affola. Je décidai d'arrêter complètement l'alcool, quitte à vexer les mariés, les prêtres, les policiers, les collègues, etc.

Dès lors, je carburai au jus de tomate, et tant pis si cela faisait ricaner, je ne tenais pas à me prendre un platane ou une autre voiture au nom de la convivialité.

Parmi les reportages, durant mon stage, certains m'ont marqué : en particulier celui concernant madame Angelina, une Lilliputienne qui se produisait dans une attraction de fête foraine itinérante.

Elle arriva pile à l'heure au journal, dans une berline noire Mercedes étincelante, un peu à la manière d'une star. Le chauffeur, qui faisait office de garde du corps, ouvrit la portière arrière, d'où sortit une voix étrange, aussi aiguë que celle d'une petite fille et chevrotante comme celle d'une vieille dame.

Puis elle apparut, petite fille au visage de vieille dame.

Elle portait une robe blanche, à petites perles brillantes, similaire à une robe de mariée. Elle se laissa porter dans les bras de son garde du corps-chauffeur, inquiet, qui regarda autour de lui pour vérifier qu'il n'y avait pas le moindre « danger ». Son garde du corps m'expliqua alors qu'elle avait été effrayée par un gros berger allemand lors de sa dernière venue au journal. Cela avait été la « trouille de sa vie ». Il devait donc tout faire pour que cela ne se reproduise plus.

Au premier étage de nos locaux, je fis asseoir madame Angelina directement sur mon bureau et lui donnai un gros dictionnaire rouge qui lui servit de siège.

Mon magnétophone prêt, elle commença à me raconter sa vie. En préambule, elle précisa qu'elle ne voulait surtout pas être confondue avec une naine.

— Les nains ont de grandes mains et de grands pieds alors que, regardez-moi, j'ai des mains fines et des petits pieds proportionnés.

Je ne m'attendais pas à ce qu'il y ait un racisme des Lilliputiens envers les nains, mais là encore je ne jugeai pas.

Elle me signala avec fierté ses mensurations. Elle faisait 80 centimètres, pesait 13 kilos et chaussait du 22.

À sa naissance, elle faisait 24 centimètres et pesait 250 grammes.

Elle se disait descendante du vrai peuple lilliputien, qui avait inspiré Jonathan Swift pour son roman *Les*

Voyages de Gulliver. Un peuple qui aurait vécu dans une forêt d'Europe centrale, en Hongrie, découvert par hasard dans les années 1800.

Elle avait 42 ans et avait déjà divorcé d'un mari lilliputien avec lequel elle avait eu une fille.

Elle était fière d'être l'une des dernières Lilliputiennes et se disait descendante des Lilliputiens présentés à l'Exposition universelle de 1937 à Paris. Ils avaient à l'époque pu en réunir soixante pour l'occasion et reconstituer un village miniature qui avait étonné tous les visiteurs de l'époque. Les Lilliputiens n'étaient plus qu'une centaine dans le monde. Sa propre fille jouait dans une troupe au Japon, seul pays où ils étaient considérés, selon elle, comme des êtres magiques.

Elle possédait une villa à Saint-Tropez avec une aile lilliputienne pour recevoir ceux de sa famille, mais aussi une zone d'accueil pour ce qu'elle nommait « les grands ». Elle me proposa d'ailleurs de venir lui rendre visite lors de mon prochain passage dans la région et me laissa sa carte.

Puis nous avons posé pour la photo. Dans mes bras, j'eus la sensation de tenir une poupée.

Cette rencontre fut probablement à l'origine de mon roman *Les Micro-Humains*, où j'imaginerais de réduire notre taille pour limiter notre impact sur l'écosystème.

ARCANE III : L'IMPÉRATRICE

L'Impératrice correspond à la rencontre avec une femme énergique assise sur un trône de pouvoir.
Son regard est tourné vers la droite, signe qu'elle observe le futur.
Elle a un bouclier avec une aigle et un sceptre.
Elle peut protéger, conseiller, aider.
Derrière elle, un rideau : elle agit dans la discrétion.

22 ANS. RENCONTRE AVEC UNE FEMME REMARQUABLE

« Ce que veut le public, ce sont des anecdotes croustillantes. »

Retour à Paris. Après mon stage de journaliste localier, je trouvai un emploi de pigiste régulier dans un magazine à tirage réduit. La rédactrice en chef me commandait des portraits de personnes célèbres sur deux pages toutes les semaines.

Elle se nommait Reine Silbert.

Elle avait de très épaisses lunettes et une moue désabusée qui me fit penser au premier contact qu'on aurait des difficultés à s'entendre.

Durant les réunions de rédaction, elle donnait des ordres secs, sans contestation possible, mais au moins ils étaient très clairs. Au début, je dois l'avouer, elle m'impressionnait au point de m'intimider.

Mais, dès notre première conversation en tête à tête, elle se montra pleine d'humour. Je m'aperçus que cette femme était d'une intelligence prodigieuse. Elle avait une connaissance aiguë du monde de la politique et des médias.

Je rendais chaque semaine mon portrait de deux pages avec la photo.

Cela me permettait de payer mon loyer.

Reine avait un charisme étrange qui me subjuguait et qui fascinait tous les membres de la petite rédaction de cet hebdomadaire.

Elle semblait tout comprendre plus vite que les autres.

Une amitié naquit.

Elle me raconta sa vie, leader lors des manifestations de Mai 68, défendant la cause des femmes, militante pour la libération des intellectuels enfermés dans les goulags en URSS, écrivaine à succès avec deux romans, *L'Inexpérience*, où elle évoquait le thème de l'avortement, et *Il faut toujours quitter la Pologne*, où elle racontait l'histoire de sa famille.

Elle avait été l'amie de plusieurs grandes figures, françaises et américaines, des mouvements intellectuels contestataires nés après Mai 68.

Reine Silbert fut l'une des premières personnes à Paris à lire le manuscrit des *Fourmis* à un stade vraiment mature, la version L.

Elle le lut très vite et me convoqua à déjeuner pour m'en parler.

— Personnellement, les animaux, et tout particulièrement les insectes, ne m'intéressent pas. Mais là, en fait, tu fais passer autre chose. Tu tiens un « grand projet ». Surtout, ne le laisse pas tomber.

Venant de sa part, cela me motiva.

Reine Silbert a été le Lapin blanc qui guide Alice au pays des merveilles du monde des romanciers. Étant elle-même de la profession, son avis m'importait plus que celui de tous mes amis néophytes.

Reine n'était pas qu'une sorte de première lectrice, elle fut aussi ce qu'on appellerait maintenant une « coach de vie ». Elle avait toujours un avis subtil sur tout. Elle m'a notamment appris cette règle : « Si ton bonheur dépend des choix d'une autre personne, prépare-toi à être malheureux. »

Reine correspond à l'arcane du tarot de Marseille numéro III : la rencontre avec l'Impératrice. Celle qui a l'intelligence et le pouvoir.

Parmi les portraits réalisés pour ce petit magazine, l'un d'entre eux me marqua, celui de Claude Klotz (alias Patrick Cauvin). J'avais lu ses ouvrages et notamment son best-seller *E = mc², mon amour*, l'histoire de deux enfants surdoués qui essayent de comprendre le monde des adultes, mais aussi d'autres ouvrages remarquables quoique moins connus, comme *Nous allions vers les beaux jours*, une vraie histoire arrivée en 1940 durant l'occupation nazie, celle de deux jeunes acteurs forcés de feindre d'être heureux pour faire croire dans un film de propagande pour la Croix-Rouge que les camps de concentration étaient des lieux de vacances où l'on se détendait en faisant du sport, ou encore *Les Innommables*, le récit hilarant de la vie d'une tribu d'hommes préhistoriques.

Pour l'interview, l'auteur m'invita chez lui dans son appartement de Montmartre, rue Caulaincourt. Il m'expliqua qu'il avait pour discipline d'écrire tous les matins de 8 heures à 12 h 30 (exactement comme Frédéric Dard). Tous les après midi, il allait au cinéma. Durant l'interview, un chat était venu se lover sur ses genoux, il le caressait machinalement alors que l'animal ronronnait. À ce moment précis, je pensai : « Cet homme a l'air heureux. »

J'avais enfin trouvé un idéal de vie qui correspondait à l'équation :

ÉCRITURE LE MATIN + FILM L'APRÈS-MIDI + CHAT
= BONHEUR

Je voulais accomplir tout ce qui pourrait me rapprocher de cet objectif.

Post-scriptum : Quelques années plus tard, je retrouvai Claude Klotz et je lui confiai qu'il m'avait donné envie de me donner du mal pour avoir la même vie que la sienne, qui me semblait une vie parfaite.

— Tout n'est quand même pas aussi sympathique que cela peut sembler de l'extérieur au premier abord, m'a-t-il répondu. Tu verras, il y a un revers de la médaille.

— Lequel ?

— Je te laisse le découvrir par toi-même avec le temps, a-t-il conclu avec un clin d'œil mystérieux.

Claude Klotz s'est éteint en 2010. J'ai vu peu d'articles dans les journaux qui signalaient son décès. Comme s'il avait été rapidement oublié. Je ne saurai jamais quel était le revers de cette médaille auquel il avait fait allusion.

22 ANS. UN SEUL CERVEAU POUR TOUTES LES FOURMIS DU MONDE

L'article sur les fourmis magnans était mon passeport pour tenter de pénétrer dans la citadelle du journalisme parisien.

Je le présentai à différentes rédactions.

Dans plusieurs magazines à grand tirage, on me demanda de retourner en Côte d'Ivoire pour rapporter des photos plus spectaculaires où l'on verrait, par exemple, des fourmis dévorer des humains.

Je tentai en vain d'expliquer que cela n'arrivait plus de nos jours. On me refusa le sujet s'il n'était pas accompagné d'images chocs.

Ce fut finalement Jean-Francis Held, un des directeurs de l'hebdomadaire *L'Événement du jeudi*, qui accepta de le prendre et de me laisser signer de mon nom. Je fus tout de suite impressionné par le charisme de ce journaliste. C'était une sorte d'Ernest Hemingway français, un grand reporter ayant été sur le terrain de plusieurs guerres. Il tenait toujours une pipe qui sentait bon le tabac Amsterdamer.

— On ne peut pas t'engager parce qu'on n'a pas beaucoup d'argent, mais on pourra t'acheter ponctuellement des articles. Fais-moi des propositions comme ton sujet sur les fourmis magnans, qui est exactement le genre d'articles qu'on recherche, me confia-t-il.

L'article parut donc tel quel sous le titre « Un seul cerveau pour toutes les fourmis du monde » (un titre trouvé par Jean-Francis Held lui-même). Enfin, je disposais d'un espace d'expression : quatre vraies pleines pages dans un grand hebdo national.

Une semaine après la publication, je reçus une lettre d'un certain Francis Esménard : « Je suis le P-DG des éditions Albin Michel, j'ai lu votre article sur les fourmis et j'aimerais vous proposer d'en faire un livre. »

Il faut préciser qu'à l'époque cela faisait déjà six ans que j'avais commencé à envoyer le manuscrit aux éditeurs parisiens. Envois qui jusque-là n'avaient reçu pour seules réponses que des lettres types du genre : « Désolé, votre projet ne correspond à aucune de nos collections. » Et j'avais déjà reçu deux lettres de refus issues de cette même maison d'édition, Albin Michel.

Je m'empressai donc de me rendre au 22 de la rue Huyghens, siège de l'éditeur. Je fus accueilli par un certain Marcel, qui confirma l'intérêt de son P-DG pour le projet, après l'article paru dans *L'Événement du jeudi*.

— C'est-à-dire que, ce livre, je l'ai déjà écrit, signalai-je.

— Vraiment ? Dans ce cas, c'est parfait.

— À une petite nuance près : c'est un roman et non un essai.

— Un roman sur les fourmis !?

— C'est l'histoire d'une exploratrice appartenant à une cité de fourmis rousses des bois qui déduit progressivement la présence d'une autre civilisation de géants sur sa planète. Elle voyage au ras des herbes pour enquêter. Elle arrive au bord de son monde, qui n'est autre qu'une route. Cette route est un enfer où chaque fourmi est automatiquement broyée. Elle comprend que ces géants existent vraiment, qu'il s'agit des humains, et leur parle grâce à une machine transformant les phéromones de ses antennes en sons intelligibles par les humains. C'est une rencontre entre nos deux civilisations.

L'éditeur me regarda alors différemment.

— Vous êtes un spécialiste des fourmis, non ? questionna-t-il.

— Je ne suis pas un scientifique, juste un journaliste.

— Ah, alors je ne comprends pas pourquoi Esménard a pensé à vous, mais bon… peu importe… Donc, on vous commande un essai sur la vie des fourmis. Vous allongez juste votre article de *L'Événement du jeudi*, ce sera largement suffisant.

J'essayai de garder le sourire.

— Disons que je n'ai pas du tout envie de faire un essai, cela a déjà été parfaitement réalisé par des scientifiques spécialisés et je ne pense pas pouvoir rivaliser. D'ailleurs, n'étant pas moi-même myrmécologue, je n'ai aucune légitimité pour écrire cela. Ce qui m'intéresse, c'est de publier un roman d'aventures dont les héros sont des fourmis.

Il afficha un air navré face à un jeune borné.

— Désolé, nous voulons seulement un essai, tout simple. C'est un essai sur les fourmis ou… rien.

Son sourire avait complètement disparu. Cela commençait mal.

— Et si je veux malgré tout publier ce roman, je fais quoi ?

— Adressez-vous à un autre éditeur.

— Et chez vous, puisque votre P-DG m'a écrit, il n'y aurait pas moyen de lui en parler ou tout du moins de le lui proposer ?

Il lâcha un soupir désabusé.

— Si vous tenez tant que ça à publier votre roman sur les fourmis chez nous, il faut repasser par la case départ, donc vous l'envoyez par la poste au service des manuscrits. Mais je vous préviens, ils en reçoivent quarante par jour. Le vôtre rejoindra à l'accueil la haute pile qui monte jusqu'au plafond.

J'envoyai donc le manuscrit et je reçus ma troisième lettre de refus d'Albin Michel.

ARCANE XV : LE DIABLE

Le Diable est la carte de la dépendance. Il représente un démon pourvu de seins et d'un pénis, donc à la fois femme dans sa partie supérieure du thorax et homme dans sa partie inférieure. Il est ailé comme une chauve-souris. Il tient un fouet tout en souriant et tirant la langue.

Deux personnages nus le regardent, admiratifs, les mains dans le dos alors qu'ils sont tenus en laisse à un anneau placé aux pieds du Diable.

Cette carte évoque la situation de perte de son libre arbitre du fait de ses envies ou de ses peurs.

Les deux sujets ne sont pas malheureux, ils sourient car ils ont accepté leur statut de dominé. Ils se réjouissent de leur dépendance.

Il n'y a plus la moindre morale. Cela peut être l'attachement à l'alcool, à la drogue, au sexe, au jeu, à l'argent ou tout simplement le désir de s'intégrer dans une entreprise au point de renoncer progressivement à tous ses principes moraux.

23 ANS. ENTRÉE DANS LE SYSTÈME

Il me sembla que j'étais, du fait de l'état du marché du journalisme à cette époque, condamné à une vie d'errance en tant que journaliste free-lance, vendant un à un mes articles comme un marchand de cravates au porte-à-porte.

Pourtant, un jour, le chef de la rubrique scientifique du *Nouvel Observateur* me dit qu'il pouvait m'engager pour un poste régulier.

Il se nommait Florian et avait la même pipe que Jean-Francis Held. Et tous deux utilisaient l'ustensile pour ponctuer leurs phrases.

— Personne ne veut être journaliste scientifique de nos jours. On a besoin de quelqu'un avec ton profil. Je te fournirai un bureau à côté du mien et on pourra travailler côte à côte. Il faut juste attendre que l'autre journaliste scientifique, un vieux de la vieille qui écrit des articles rébarbatifs et incompréhensibles pour impressionner ceux qui n'y connaissent rien, prenne sa retraite. Mais cela ne saurait tarder. Alors tu seras titularisé.

J'en parlai à Jean-Francis Held qui me conseilla de saisir cette formidable opportunité.

Ainsi, en plein mois de juillet, j'arrivai au *Nouvel Observateur*, le journal qui me semblait le plus en phase avec mes opinions politiques d'alors.

Florian commença par me présenter le chef de service adjoint, Franck.

— Ici, tu vas voir, tout le monde se tutoie, on te laissera faire tous tes projets, tu es arrivé à bon port. L'ambiance est très conviviale. Et puis, avec Florian, on en a parlé, on pense pouvoir t'engager d'ici peu. Le temps de se débarrasser de l'autre vieux. Mais d'abord, il faudrait que tu voies Christine.

Christine se trouva être une femme aux longs cheveux roux presque orange et à la mine fermée.

— Tout d'abord, m'expliqua-t-elle lors de notre première entrevue, sachez que, pour ma part, je ne m'intéresse pas du tout à la science. Et puis, vous m'avez l'air un peu jeune pour prendre un poste avec une telle responsabilité. Vous avez quel âge ?

— Vingt-trois ans.

— C'est ça. Je m'en doutais. Vous êtes beaucoup trop jeune.

Elle guetta mes réactions. Je ne bronchai pas.

— Bon..., temporisa-t-elle. Florian a insisté pour être aidé, et je veux bien lui accorder cela, une sorte d'assistant. Cependant, sachez que je n'ai aucune confiance dans quelqu'un que je ne connais pas.

J'évoquai la rencontre à Florian et lui demandai qui était cette personne.

— Christine ? C'est la big cheffe ! C'est elle qui dirige tout le service société.

— Elle est en dessous de Franck ?

— Non, au-dessus. Franck n'est que sous-chef de service. Ici, c'est l'armée mexicaine. Tout le monde est chef ou sous-chef, ironisa-t-il. Cent vingt journalistes et cent chefs. Et tu verras, plus ils ont de titres, moins ils travaillent. Mais il faut que tu distingues les directeurs de service, les sous-directeurs, les rédac-chefs, les grands reporters, les éditorialistes et les… pigistes, enfin les simples soldats de première ligne comme toi, désolé. Mais je vais tout faire pour que cela ne dure pas.

— Pour tout t'avouer, la « big cheffe » n'a pas l'air très enthousiasmée par ma présence.

Il fit une grimace.

— Christine ? T'inquiète. Ici, tout le monde la déteste. Elle est aussi méchante qu'incompétente. Elle n'a jamais écrit d'articles, alors elle en fait des tonnes pour faire croire qu'elle y connaît quelque chose en journalisme.

— Et c'est elle qui dirige le service ?

— Ça, c'est un grand mystère. En tout cas, c'est sûrement pas pour ses compétences qu'elle est là.

Il me raconta ensuite les querelles de chapelle et la façon extraordinaire dont Christine semait la terreur dans tous les services. Pourtant, après la première impression très bizarre qu'elle provoqua chez moi, le fait d'avoir enfin « mon bureau » dans la rédaction nationale d'un hebdomadaire de gauche et de travailler avec Florian, qui était vraiment quelqu'un de sympathique, me rassura.

Vint ensuite mon premier article accepté. Cependant, à la publication, je découvris qu'il avait été complètement tronqué et ne voulait plus rien dire. Il manquait parfois des verbes aux phrases.

J'allai voir Florian pour tenter de comprendre.

— On dirait qu'elle a coupé au hasard dans l'article, c'est normal ?

— C'est ce qu'elle fait en utilisant un gros marqueur noir sur tes feuillets afin que ceux de la maquette ne puissent pas lire par transparence.

— Quel intérêt ?

— Elle te montre son pouvoir. Elle peut rendre tes articles incompréhensibles et c'est toi qui passes pour un mauvais journaliste. Rassure-toi. Ce n'est pas avec toi qu'elle est la pire. Elle déteste les femmes, tu vas voir, elle va saboter encore plus l'article de Clémence, la responsable de la rubrique écolo, juste parce que c'est une femme. Elle méprise les jeunes comme toi, parce que cela lui rappelle qu'elle n'a plus 20 ans, mais elle hait encore plus les femmes parce qu'elle les considère comme des rivales.

Les réunions du service société se déroulaient le mardi à 11 heures. Christine posait ses pieds croisés sur la table de marbre lui servant de bureau. Elle allumait un énorme cigare et lâchait des bouffées par intermittence d'un air agacé. Nous étions tous autour, les vingt journalistes du service société, et chacun devait à tour de rôle proposer son idée d'article.

Quand on arriva à la rubrique écologique, elle dit :

— Clémence, qu'allez-vous nous proposer comme sujet ?

La journaliste exposa un sujet de reportage.

— On l'a déjà fait il y a deux mois. Vous avez oublié ? Allons, je suis sûre que vous avez mieux à nous proposer. Je vous écoute.

Clémence proposa une autre idée.

— Alors ça, c'est vraiment le genre de sujet sans le moindre intérêt. Autre chose de plus adapté à notre magazine ?

À chaque sujet, la réponse tombait.

« C'est nul », « Ça n'intéressera pas nos lecteurs », « Vous avez déjà essayé de me le vendre la semaine dernière et je vous avais déjà dit non ».

Enfin, quand la journaliste exsangue eut épuisé sa liste de propositions de sujets, Christine lâcha une bouffée de fumée de cigare dans sa direction.

— Vous êtes minable, ma pauvre Clémence, pourquoi perdez-vous votre temps dans ce métier ? Vous savez que vous ne serez jamais titularisée dans ce journal, pourquoi ne partez-vous pas de vous-même pour pratiquer un autre travail plus adapté à vos talents ? Ou alors trouvez-vous un mari riche. Vous n'êtes pas vilaine. Je suis sûre qu'il y a des hommes qui voudront bien de vous.

Ricanement repris par quelques journalistes fayots.

Clémence mit son visage dans ses mains pour cacher ses larmes.

— Et voilà, elle pleure, maintenant. Une pleurnicharde, on avait bien besoin de ça.

Clémence quitta la salle.

— Cette fille n'a vraiment aucun humour. Je fais ça pour son bien, conclut la cheffe pour éviter toute expression de compassion envers sa victime, plus tôt elle partira, plus tôt elle pourra s'épanouir.

Ensuite venaient les chouchous. À commencer par un journaliste dont la spécialité consistait à se moquer des bobos parisiens. Son cynisme stigmatisant les habitudes des pseudo-intellos de la capitale avait fait sa réputation et sa gloire. Il écrivait de longs articles pour exiger une pétition afin d'accélérer la disparition de la feuille de salade fanée dans les steaks-frites ou se moquer des hommes qui se faisaient épiler.

Florian m'avertit qu'il s'agissait du délateur du groupe, prompt à informer Christine des moindres médisances à son sujet.

— C'est censé être l'humoriste du service, et pourtant, étonnamment, il est fasciné par les gens autoritaires.

Encore un papillon à ajouter à ma collection de personnages surprenants.

Celui qui s'occupait de la rubrique consommation ne travaillait que pour avoir des cadeaux qu'il étalait dans son bureau comme autant de trophées de guerre.

Un autre humoriste à la rubrique régulière que j'aimais bien lire, grand pourfendeur des valeurs libérales et de l'hégémonie américaine, se révélait dans le privé être uniquement motivé par l'argent nécessaire aux travaux de réfection de son château.

— Parce que tu croyais vraiment que notre journal était rempli de gens de gauche ? ironisa un jour Franck.

— Eh bien, c'est ce qu'il y a dans les éditos et sur les couvertures, il me semble.

— Ils ont des salaires si élevés qu'ils sont surtout soucieux de leur patrimoine et de la gestion de leur parc immobilier. Au moment de l'élection Mitterrand-Chirac, on avait fait un vote interne à l'aveugle et on s'était aperçus que la grande majorité des journalistes votaient à droite. Ils sont comme les radis : rose à l'extérieur, blanc à l'intérieur, quand ce n'est pas noir…

— Mais les gens qui achètent le journal pensent que…

— Nos lecteurs sont pour l'essentiel des fonctionnaires, des cadres moyens. On leur dit juste ce qu'ils ont envie d'entendre.

Franck saisit le journal.

— Tiens, regarde les dernières pages. C'est quoi ? Maisons et Châteaux. C'est l'agence immobilière du patron, qui vend des hôtels particuliers et des villas avec plage privée. Cela ne t'a jamais paru bizarre, dans un journal censé être de gauche, de proposer ça ?

Au bout d'un an, le vieux journaliste scientifique aux articles soporifiques prit finalement sa retraite. Alors que j'attendais ma titularisation, j'eus la fâcheuse surprise de voir que mes articles étaient moins bien payés. Renseignement pris, la direction avait suggéré de réduire le budget « piges » du service société pour faire des économies. Pure coïncidence, cette semaine-là, la une du magazine portait sur le scandale des… salaires trop bas.

J'avais pourtant l'impression d'être à ma place en tant que journaliste scientifique. J'attendais simplement que ladite promesse de titularisation se réalise.

Je me régalais à visiter les laboratoires, à interviewer les scientifiques. Je pensais d'ailleurs rester toute ma vie dans ce magazine.

Il y avait dans mes publications cinq formats.

1) Les articles courts, ou brèves de la page science. Là, Florian et moi devions trouver chaque semaine des

informations scientifiques originales que nous traitions en quelques lignes.

2) Les gros dossiers « marronniers », c'est-à-dire les rendez-vous récurrents annuels : le mal de dos, bien dormir, bien manger, les Français et le sexe, le cholestérol, les nouveaux régimes de l'été, les nouveaux remèdes contre le cancer (comme me disait Florian : « Ne te complique pas la vie, tu recopies le dossier de l'année précédente, tu changes juste le titre, le premier chapitre et le dernier, et puis on change les illustrations et les intertitres. C'est cela, l'avantage des marronniers »).

3) Les dossiers d'actualité chaude : notamment le sida et Tchernobyl (il me semblait bizarre que le nuage radioactif ait été arrêté par la chaîne des Alpes et ait contourné la France, comme on nous le signalait officiellement ; mais, n'étant pas encore titularisé, je n'avais évidemment pas le droit d'exprimer mes doutes).

4) Les sujets un peu originaux que j'arrivais à trouver tout seul. Par exemple le clonage, la rudologie (la science qui consiste à analyser les ordures), l'intelligence artificielle, les voiliers de l'espace à propulsion photonique (sujet qui allait m'inspirer *Le Papillon des étoiles*) ou des sujets plus humoristiques comme la loi de Murphy (loi que l'histoire de la tartine qui tombe toujours du côté beurré illustre bien).

Un jour, je proposai un concept de gros dossier : « Dieu et la science ». Mon idée était de comparer la vision des scientifiques et des religieux sur les grands mystères comme : l'origine de l'Univers, le sens de la vie, l'après-mort, et montrer les similitudes et les différences de points de vue. Mon dossier fut accepté, traité en couverture du journal, et ce numéro battit le record des ventes (à l'époque, cela n'avait jamais été fait ; par la suite, ce devint un marronnier).

Je me souviens d'avoir aussi proposé en réunion plénière avec tous les services un article sur « Le phénomène *Seigneur des anneaux* ». C'était bien avant que le film de Peter Jackson sorte. La réaction des journalistes (donc à peu près une centaine à cette époque) fut dubitative. Je demandai :

— Vous connaissez le livre *Le Seigneur des anneaux* ?

Tous firent des signes de dénégation.

— Quelqu'un ici a entendu parler de ce livre ? Ne serait-ce que par ses enfants, ou ses amis ?

Je me tournai vers ceux de la rubrique littéraire.

— Non, désolé, Bernard, on ne sait même pas de quoi tu parles.

— Dis-nous de quoi il s'agit, demanda un journaliste.

— Eh bien, c'est un roman écrit par un auteur né en 1892 en Afrique du Sud qui se nomme J.R.R. Tolkien et…

— Afrique du Sud ? Il était pour ou contre l'apartheid ? s'enquit immédiatement un journaliste.

— Il était anglais, mais ses livres ne parlent pas de ça.

— Attends, s'il vivait en Afrique du Sud, il avait forcément une position pour ou contre l'apartheid.

— C'est-à-dire que *Le Seigneur des anneaux* ressemble davantage au monde des contes de fées, avec des elfes et des dragons. Cela a inspiré pas mal de jeux de rôle. Et justement, on pourrait aussi traiter de la passion des jeunes pour ces jeux de rôle de type « Donjons et dragons » liés à cet ouvrage.

— Ah, les jeux de rôle, il paraît que c'est un truc auquel jouent beaucoup les fils des petits fachos. Donc, si c'est lancé par un Sud-Africain pro-apartheid, cela s'explique.

J'étais étonné du manque de curiosité de mes collègues, mais je ne pus m'expliquer plus, le sujet était clos.

Quelques années plus tard, je connaîtrais la même déconvenue en parlant du romancier Pierre Boulle, cette fois-ci directement avec le chef de la rubrique littéraire.

— Désolé. Nous ne parlons pas de littérature « de genre ». Donc ni de science-fiction ni de fantastique, encore moins de thrillers, polars, livres pour enfants ou bandes dessinées. Nous, nous ne parlons que de la « grande littérature sérieuse ».

Après le dossier « Dieu et la science », je tentai de me faire remarquer avec une autre idée de gros dossier.

Le stress.

Je proposai d'interviewer le professeur Henri Laborit. C'était le grand spécialiste des mécanismes du stress. Il était aussi un excellent vulgarisateur scientifique, s'était illustré grâce à son livre *Éloge de la fuite* (qui inspira ensuite le film d'Alain Resnais *Mon oncle d'Amérique*).

Cet ouvrage m'avait appris que face à toute épreuve il n'y a que trois choix :

1) Le combat. C'est-à-dire le choix d'utiliser l'agressivité et la force pour gagner. Mais on finit toujours par tomber sur un plus fort qui nous écrase.

2) L'inhibition. Ce qui consiste à ne rien faire, rien dire, serrer les dents. Mais cela entraîne des problèmes psychosomatiques comme les ulcères à l'estomac, les migraines, le mal de dos. Notre corps nous punit de notre lâcheté.

3) La fuite. Elle peut se faire sous forme physique par la démission, les voyages, le divorce, mais elle peut aussi se faire par la création de mondes imaginaires.

Dans *Éloge de la fuite*, Laborit prétendait que nos sociétés, interdisant le combat physique et rejetant la fuite comme une forme de démission ou un signe d'asociabilité, nous proposent surtout la solution numéro 2. On ne dit rien, on ne fait rien, et on serre les dents. Et, quand cela devient physiquement douloureux, on prend des produits chimiques : tranquillisants, analgésiques ou somnifères. C'est en lisant cet ouvrage que je finis grâce à lui par assumer le choix principal de mon existence, ne pas vivre dans le conflit, mais fuir en utilisant mon imaginaire plutôt que combattre ou inhiber.

La rencontre avec Henri Laborit se déroula à l'hôpital Boucicaut.

Il y dirigeait un service entier dédié à ses recherches sur les mécanismes du stress.

Quand je lui indiquai que son *Éloge de la fuite* était devenu mon livre de chevet, il me répondit :

— Ce n'est pas mon meilleur livre. Si vous voulez vraiment lire un livre que j'assume et dont je suis fier, lisez plutôt ce nouvel essai que je viens juste de publier.

Je lus le titre évocateur : *La Colombe assassinée.*

Cela me parut bizarre que l'un de mes auteurs préférés dénigre son propre travail, mais je fis un article très élogieux.

Le jour de la parution, tout l'article était tronqué, des passages importants avaient été supprimés, des titres et des sous-titres ajoutés qui signifiaient le contraire de ce qu'il y avait dans le corps du texte. Pire : une autre journaliste avait récupéré des phrases de mon interview pour prouver dans son propre article que Laborit était complètement dépassé et se trompait.

Pour la première fois de ma vie, je me mis en colère (ce qui est un comble pour un dossier sur le stress). J'étais très gêné pour le professeur Henri Laborit qui m'avait accordé pendant une heure d'interview sa confiance et se retrouvait avec un article déformant sa pensée.

Je montai voir le rédacteur en chef, Félix, et lui expliquai mon exaspération de voir la vérité tronquée pour que des journalistes se fassent mousser en déformant le travail des autres. A fortiori le mien.

À la suite de ce premier coup de gueule, j'eus aussitôt ma première augmentation et un statut non plus de simple pigiste, mais de « pigiste permanent ».

Je n'étais toujours pas titularisé, mais j'avais un salaire régulier pour rassurer ma logeuse.

Je me mis à chercher d'autres sujets innovants susceptibles de faire de grands dossiers de couverture, en espérant être définitivement engagé au *Nouvel Observateur*. L'un d'entre eux fut consacré aux « NDE », les fameuses *near death experiences* (ou en français « EMI », expériences de mort imminente »).

J'avais adoré le livre de Patrice Van Eersel, *La Source noire*. L'ancien reporter d'*Actuel* fut l'un des premiers à évoquer ce sujet tabou.

Je fis trois mois d'enquête dans les hôpitaux, les centres de soins palliatifs, je rencontrai des neurologues, des patients « miraculés », mais aussi des lamas tibétains et des prêtres de toutes les religions, et je produisis un gros dossier que j'intitulai : « La mort, cette inconnue : une nouvelle frontière à explorer sans peur ni préjugés ».

Le dossier, lu par mon collègue Florian, approuvé par le sous-chef de rubrique, Franck, fut aussi accepté par la cheffe de la rubrique société, Christine. Ce dossier devait faire la couverture du journal, mais Christine eut au dernier moment une proposition de dossier sur des vêtements d'une marque féminine, proposition associée, selon Franck, à plusieurs robes offertes en cadeau. Mon gros dossier fut donc réduit comme peau de chagrin.

J'eus le sentiment d'avoir fait tout ce travail pour rien. Pourtant, ce dossier me servirait de base pour écrire *Les Thanatonautes* sept ans plus tard.

En parallèle de mon activité de journaliste, je continuais à écrire une nouvelle version de mon manuscrit sur les fourmis. La version M.

J'en parlai à Franck.

— Je travaille depuis longtemps à un projet de roman sur le thème des fourmis. J'avais écrit un reportage dessus au tout début. Tu t'en souviens ? J'en ai fait une sorte de saga où les héros sont des fourmis.

Franck se mit à lisser ses grosses moustaches aux pointes qui remontaient. Signe d'intense réflexion.

— Cela n'intéressera personne. Tu ferais mieux de choisir un thème plus accessible. Fais comme tout le monde ici. Tu réunis dix de tes meilleurs articles, tu trouves un point commun, une sorte de fil directeur, et tu les relies pour en faire un seul texte. Genre tes articles sur la nourriture, sur le mal de dos ou sur l'origine de l'humanité. Ça, c'est fédérateur. Ensuite, le seul fait d'être journaliste à *L'Obs* suffit pour que les éditeurs prennent ton manuscrit parce qu'ils se doutent que tu vas automatiquement avoir des articles de la part de tes collègues, mais aussi des journalistes des autres hebdomadaires, qui espéreront que tu leur renvoies l'ascenseur. Cela te paiera tes vacances.

Anecdote. Florian me raconta avoir croisé le big big chef, le directeur du journal, monsieur Justinien, qui lui aurait dit :

— J'étais la semaine dernière en croisière dans les îles grecques. À un moment, alors que nous naviguions de nuit et qu'il n'y avait pas de lune, le bateau continuait d'avancer dans l'obscurité totale. Or j'avais pertinemment repéré que l'endroit était rempli de petites îles et de récifs affleurants. Je suis allé voir le capitaine du bateau, et je lui ai demandé : « Comment est-il possible de naviguer si vite alors qu'il n'y a aucune visibilité et que nous risquons à tout moment de percuter un rocher ? » Eh bien, il m'a dit qu'il y avait une machine qui permet au bateau de détecter les obstacles dans le noir ! C'est un appareil extraordinaire, et je pense qu'il serait dans l'intérêt de nos lecteurs d'en savoir plus sur cette nouvelle invention.

Ce à quoi Florian lui a répondu :

— Je pense qu'il s'agit d'un radar.

— Oui, c'est exactement ça, radar, c'est le mot technique qu'il a utilisé en effet pour décrire cette fabuleuse machine. Ce serait bien que nos lecteurs sachent que cela existe. Ils seront étonnés comme moi.

Et Florian a conclu :

— Désolé, mais il s'agit d'une invention mise au point en 1935. Je pense que la plupart de nos lecteurs sont déjà au courant de son existence.

Dire que le journal s'appelait *Le Nouvel Observateur*... Le monde est décidément rempli de paradoxes.

27 ANS. HIÉRARCHIE CHEZ LES RATS

Alors que je demandais aux scientifiques ce qui les amusait le plus dans les travaux de leurs collègues, l'un d'entre eux me parla du professeur Didier Desor, du laboratoire de biologie du comportement de la faculté de Nancy.

Son étude consistait à étudier la capacité des rats à nager.

Il avait constitué pour cela des cages spéciales en prolongation desquelles un tunnel grillagé menait sous l'eau. Cela forçait les rats qui avaient faim à nager pour rejoindre une mangeoire remplie de croquettes placée à l'autre bout de la mini-piscine.

Les rats devaient donc descendre dans le tunnel et nager en apnée pour attraper les croquettes.

Cependant, Didier Desor s'aperçut que tous les rats ne nageaient pas.

Il était apparu une répartition des rôles parmi les six rats de la cage.

Il y avait d'abord des rats qui nageaient sous l'eau, attrapaient la croquette puis la rapportaient. Toutefois, au moment de revenir dans la cage, d'autres rats les attendaient à la sortie du tunnel et leur enfonçaient la tête dans l'eau jusqu'à ce qu'ils suffoquent et lâchent la croquette. Ceux qui s'étaient fait voler le fruit de leur travail furent surnommés par Didier Desor les « exploités ».

Ceux qui leur volaient la nourriture, de fait, devenaient du coup les « exploiteurs ».

Pourtant, sur les six rats, l'un d'eux, analysant la situation, trouva une solution. Il prit plus d'air dans ses poumons au départ, nagea sous l'eau, prit la nourriture et, au moment où les exploiteurs tentaient de lui piquer sa croquette, les bouscula pour franchir la sortie et pouvoir la consommer tranquillement. Didier Desor le nomma l'« autonome ».

Enfin, le chercheur repéra un rat qui ne nageait pas et qui se contentait de manger les miettes que les autres laissaient. Ce dernier recevait de temps en temps des coups de patte agacés des exploiteurs, mais aussi des exploités. Le scientifique le nomma le « souffre-douleur ».

Donc la répartition des rôles pour six rats d'une même cage était :

- deux exploiteurs,
- deux exploités,
- un autonome,
- un souffre-douleur.

Didier Desor reproduisit l'expérience sur plusieurs cages, et dans toutes il apparut exactement la même répartition de rôles.

Intrigué, le chercheur réunit dans une même cage six exploiteurs. Ils se battirent toute la nuit pour reproduire le lendemain la même répartition hiérarchique : deux exploiteurs, deux exploités, un autonome, un souffre-douleur.

De même avec les six exploités réunis. Tout comme pour les six autonomes et pour les six souffre-douleur. Toujours la même répartition : deux exploiteurs, deux exploités, un autonome, un souffre-douleur.

Cela semblait être la « formule sociale » de l'espèce.

Didier Desor tenta l'expérience sur une cage plus grande avec trois cents rats. Après une nuit de remue-ménage, au petit matin il découvrit que des souffre-douleur avaient été écorchés. Ensuite, il était apparu des super-chefs qui utilisaient des barons pour transmettre leur domination sans même avoir besoin de se fatiguer à l'exprimer.

Avec le nombre avaient augmenté les injustices, et de nouvelles catégories étaient apparues : celles des super-exploiteurs, des super-exploités et des super-souffre-douleur. Le tout géré par une administration zélée, motivée pour satisfaire ses maîtres en écrasant le plus possible les esclaves.

Le supplice spectaculaire des souffre-douleur servait d'exemple pour terroriser les dominés récalcitrants ou tentés par des idées de rébellion.

Un groupe d'autonomes se tenaient calfeutrés dans un coin, ne laissant personne les approcher.

Les autonomes étaient donc encore plus méfiants et éloignés des autres.

Donc plus le nombre d'individus augmentait, plus les riches étaient riches, plus les pauvres étaient pauvres, plus les souffre-douleur étaient martyrisés.

Le professeur Didier Desor me montra malgré tout une exception : les rats capucins. Ils étaient considérés comme plus intelligents et étaient utilisés dans les attractions de cirque.

Ceux-ci n'échappaient pas à la répartition des rôles, mais avaient trouvé un moyen de réduire la violence entre eux. Les exploités faisaient une réserve de nourriture-offrande pour les exploiteurs. Ainsi, ils pouvaient se nourrir tranquillement sans que qui que ce soit les stresse. C'était le principe de *Dune* : « Se soumettre pour dominer ».

Conséquence indirecte : chez les rats capucins, le nombre d'autonomes était plus grand, le nombre des souffre-douleur plus réduit et les exploiteurs étaient moins violents.

J'en déduisis que mon objectif premier était de devenir autonome, la seule place qui me semblait gérable sur le long terme, en résonance avec la fameuse phrase de Reine : « Si ton bonheur dépend des choix d'une autre personne, prépare-toi à être malheureux. »

Didier Desor me confia enfin sa dernière découverte : en analysant les cerveaux des rats, il s'était aperçu que les plus stressés étaient… les exploiteurs. Ceux-ci avaient probablement peur de perdre leurs privilèges en cas de révolte des exploités.

À mon retour à la rédaction du *Nouvel Observateur*, quand Christine lut mon article, sa réaction fut immédiate :

— Mais c'est exactement ce qu'il se passe dans notre rédaction, ce que vous décrivez là !

Elle ne croyait pas si bien dire.

Christine m'inspira plus tard le personnage de la Thénardier dans le roman *Le Père de nos pères*, une cheffe de service tyrannique et incompétente d'un journal de gauche, que je baptisai *Le Guetteur moderne*. Je dus pourtant atténuer les vraies caractéristiques de son personnage pour le rendre crédible.

En dehors de Christine, j'eus l'occasion au cours de ma carrière de rencontrer deux ou trois autres individus similaires. Qu'on les nomme « pervers narcissiques » ou « toxiques », ils avaient souvent des postes de pouvoir et tous usaient d'un mode de séduction identique qui consistait à se montrer en apparence très sympathiques. Christine était, paraît-il, une très bonne cuisinière et faisait de grands dîners où le Tout-Paris était invité. Elle se montrait la plus charmante et la plus attentionnée des hôtesses.

Cependant, d'un point de vue personnel, je n'étais pas encore « autonome », plutôt même dans la catégorie des « exploités ». J'essayai pourtant, à mon niveau, de positiver. J'avais un bureau. J'assistais aux réunions de rédaction, où l'on avait des infos sur l'actualité cachées au grand public.

Et, pour un passionné de sciences comme moi, il s'agissait d'un accès privilégié aux dernières découvertes, présentées chaque fois par le meilleur expert en la matière.

Je voyageais souvent pour faire des reportages.

Cela donnait un sens à ma vie. En fait, non seulement je ne me plaignais pas, mais je finissais par me convaincre que ma fonction d'exploité était supportable. En plus, je touchais un salaire mensuel régulier qui me permettait de payer mon loyer.

J'étais tellement fier du joli collier de «journaliste scientifique au *Nouvel Obs*» qui me serrait le cou. Le Diable me tenait en laisse. Il me faudrait un bouleversement pour me libérer et devenir enfin autonome.

Il ne tarda pas à se produire.

ARCANE XVI : LA MAISON-DIEU

La Maison-Dieu représente une tour frappée par la foudre. Les flammes venant du ciel la font s'effrondrer et font tomber ceux qui étaient installés à son sommet.
C'est l'arcane de la rupture et du bouleversement. C'est la carte du divorce, du licenciement, de l'accident de voiture, du déménagement forcé, de la défaite militaire.
Celui qui tire cette carte va tomber de haut. Et cela va faire mal.

28 ANS. LA FIN DES HARICOTS

Si les années passaient, ma situation au sein de la rédaction n'évoluait guère. J'attendais maintenant depuis six ans cette fameuse titularisation promise.

— Ne t'inquiète pas, Bernard, on sait ce que tu fais ici, on le sait tous, et on apprécie ton travail, mais tu sais comment ils sont là-haut. Continue à faire des coups, avec des idées originales, ils seront bien forcés de reconnaître que tu es indispensable au sein de cette rédaction.

Je proposai donc de faire un article sur Singapour, une idée de mon amie Reine Silbert. Elle m'avait dit :

— Singapour, c'est un sujet que les gens connaissent peu, mais il y aurait beaucoup à raconter sur cette ville surgie de rien et installée sur un marécage insalubre jadis infesté de moustiques.

Christine refusa de me payer le voyage, je le finançai donc moi-même.

Sur place, je connus un état d'étonnement permanent et je rédigeai d'un trait un gros article. Je racontai comment le Premier ministre Lee Kuan Yew, ancien ingénieur en informatique, avait inventé un système politique original et bizarre qui semblait ravir sa propre population. Il avait pensé sa cité-État comme un ordinateur. Un quartier entier pour les buildings-dortoirs. Un quartier pour le centre financier. Un quartier pour les centres commerciaux. Un autre pour le port. Comme sur une plaque électronique, on trouvait d'un côté la batterie, de l'autre la puce calculatrice, la mémoire de stockage, le système de refroidissement, l'entrée et les sorties pour le son et l'image.

Tout était proprement regroupé et rien n'était mélangé.

Pour servir son projet d'une ville-ordinateur, il y avait beaucoup d'interdictions strictes. Interdiction de cracher, de traverser en dehors des passages cloutés, de rouler à plus de 40 kilomètres-heure (il était obligatoire d'installer à l'intérieur de sa voiture une sirène qui vous assourdissait au cas où vous rouliez trop vite), interdiction d'arroser ses plantes (ce qui risquait de faire des flaques pouvant attirer les moustiques qui avaient jadis donné la malaria aux premiers colons), interdiction de laisser son chien aboyer (sur simple dénonciation, la police venait chercher le chien et lui coupait les cordes vocales). Il était interdit de se garer en ville : on devait aller dans des parkings. Quant aux délits pénaux, ils étaient rapidement punis de peines très lourdes avec peu de nuances. La peine de mort était encore en vigueur pour les trafiquants de drogue.

Déjà à l'époque, en 1988, des caméras vidéo filmaient tous les faits et gestes de la population. Il y avait en outre une obligation de dénoncer les mauvais citoyens. En parallèle, le gouvernement garantissait pour chaque famille « vertueuse » un appartement, des soins médicaux, une retraite.

Lee Kuan Yew avait pris tous les problèmes à bras-le-corps, sans fioritures. Le pragmatisme chinois incarné.

Il avait par exemple remarqué que les hommes intelligents allaient avec des femmes belles mais… peu diplômées. Du coup, il voulut inciter les hommes intelligents à aller avec les femmes à fort QI, même si elles n'étaient pas très jolies. Le critère de l'intelligence se mesurant, selon lui, à l'aune des diplômes universitaires, il offrit, pour encourager les jeunes diplômés à se marier entre eux, une prime et une prise en charge des études de leurs enfants. Et si un homme muni d'un diplôme épousait une femme sans diplôme, il avait une amende. L'idée de Lee Kuan Yew étant que l'on pouvait ainsi augmenter le niveau général d'intelligence de la population.

Mais, comme les hommes instruits continuaient d'épouser des femmes sans diplôme (notamment à cause de cette tradition chinoise qui demande aux femmes d'être soumises à leur mari), les femmes diplômées restaient célibataires. Lee Kuan Yew créa des charters réservés aux célibataires diplômés. Si durant le séjour (en général à Bali ou dans des îles paradisiaques proches) un couple se formait, il bénéficiait automatiquement d'une prime et ses futurs enfants recevraient des bourses leur permettant d'accéder aux plus prestigieuses universités d'Angleterre et des États-Unis.

Les mariages de diplômés ne restant pas encore suffisamment nombreux à son goût, Lee Kuan Yew, pragmatique, se lança dans une augmentation des amendes et des récompenses.

La carotte et le bâton.

À sa manière, le Premier ministre voulait forcer sa population à devenir plus intelligente, malgré les attirances naturelles et les traditions.

Mon article parut sous le titre : « Singapour : la ville des enfants gâtés ».

Il eut un retentissement dans toutes les revues de presse radio et je reçus beaucoup de courrier (même si Christine ne remboursa jamais ni mon billet d'avion ni mes frais d'hôtel à Singapour).

Après le succès de ce reportage et espérant toujours être enfin titularisé, je proposai cet article pour le prix

Mumm du meilleur reportage de l'année. Mon article fut sélectionné en finale. Une fois de plus, un prix semblait le marchepied pour franchir l'obstacle.

Le sous-chef de service, le fameux Franck, me convoqua dans son bureau.

— Je crois que tu as fait la bêtise de ta vie. Qu'est-ce qui t'a pris de te présenter à ce prix ? Tu sais que Florian s'est présenté également, ainsi que la plupart des grands reporters de ce journal. Et eux n'ont pas été sélectionnés…

Franck lâcha un long soupir.

— Tu n'as donc pas compris comment cela fonctionne, ici ? On s'en fout que tu écrives bien ou que tu travailles. Tout ce qu'on veut, c'est que tu ne fasses pas de vagues. C'est comme cela qu'on intègre une rédaction : en assurant à ses chefs qu'on ne va pas compliquer les choses. Et là, tu les as compliquées. Voilà, c'est trop tard, tu as fait la connerie qu'il ne fallait pas faire. Et tu vas en payer les conséquences. Car il faut que je te le dise : là-haut, Josiane, qui a aussi le titre de rédac-chef, était persuadée qu'elle allait être sélectionnée et, quand elle a vu que tu as été pris, elle a considéré que tu lui avais « volé » sa place. Elle est très remontée contre toi. Elle a demandé que tu sois viré. Je suis sérieux. Elle a demandé personnellement ta tête au big big chef Justinien.

Je repensai à Salomé dans la Bible, demandant la tête de Jean Baptiste.

Franck était très sérieux.

— Il faut que je te dise encore quelque chose. Hier soir, quand on a appris la nouvelle de ta sélection, il y a eu une réunion du service société. Et on a demandé à chacun s'il voyait une objection au fait que tu sois… viré.

— Pour quelle raison ?

— Pas de raison. Tu les as vraiment énervés sur ce coup-là, c'est tout.

— Il y avait Florian ?

— Bien sûr.

— Il m'a défendu ?

— Je t'ai dit qu'il s'est présenté lui aussi au prix Mumm. Donc, en toute logique, il a été agacé de ne pas être sélectionné.

— M'a-t-il défendu ? insistai-je.

— Non seulement il ne t'a pas défendu, mais il a déjà proposé le nom de quelqu'un pour te remplacer.

Je déglutis.

— Un certain Maximilien.

Je connaissais son nom. Il s'agissait de l'ancien journaliste scientifique de *L'Événement du jeudi*.

— Je ne te crois pas.

— Mais enfin, qu'est-ce qui t'a pris de te présenter à ce concours ! Je t'avais dit de rester tranquille et qu'avec le temps ils allaient finir par t'engager. Pourquoi es-tu aussi impatient ?

— Cela fait sept ans que Florian m'a promis ma titularisation et que rien ne bouge.

— Eh bien, maintenant ça va bouger, et pas forcément dans la direction que tu souhaitais. Selon un proverbe japonais, « le clou qui dépasse attire le marteau ».

J'avais à nouveau l'impression que tout s'effondrait. Tout proche du but, j'étais en train de tout rater.

C'est alors que je fus convoqué par Françoise Giroud, la très prestigieuse éditorialiste de *L'Obs*, ancienne ministre de la Culture. Elle m'invita chez elle, rue de la Tour, dans un décor somptueux rempli de sculptures et de tableaux de maîtres. Son appartement ressemblait à un vrai musée.

Je savais qu'elle avait fait partie des jurés du prix Mumm.

— Je voulais vous rencontrer parce que j'ai adoré votre article sur Singapour. J'ai beaucoup ri avec les charters pour forcer les hommes intelligents à épouser les filles intelligentes mais pas très jolies. J'en ai parlé à Claude Perdriel, je lui ai fait lire votre article et il a aussi beaucoup aimé. Vous êtes jeune. Vraiment jeune. C'est bien qu'il y ait dans ce journal une relève de jeunes journalistes qui vont sur le terrain pour rapporter des sujets comme ça.

— Je ne suis pas vraiment du journal. J'ai un statut de pigiste régulier.

— Mais vous êtes inscrit comme « journaliste scientifique » dans l'ours…

— C'est juste un titre, cela ne correspond pas à mon statut réel.

— Je peux arranger ça. Je vais en parler à Claude.

Claude Perdriel était le propriétaire du *Nouvel Observateur*.

Et, de fait, je fus convoqué la semaine suivante dans le bureau de Perdriel en vue de ma titularisation. M'accompagnaient le nouveau directeur de la rédaction, un certain Lucien, et un autre directeur.

Claude Perdriel me reçut très aimablement et me dit qu'il regrettait que la science soit si peu défendue dans le journal. Il me signala que, lui-même étant ingénieur et scientifique de formation, il se passionnait pour ce domaine. Il me proposa un engagement avec un système progressif d'augmentation de salaire. Je commencerais avec à peine plus que mon salaire actuel, mais il devrait augmenter avec l'ancienneté.

C'est à ce moment que Lucien intervint :

— Je pense qu'il ne faudrait pas que Bernard ait un salaire trop significatif, cela pourrait alourdir la masse salariale du service société, qui nous coûte déjà très cher.

Je n'osai pas dire qu'il suffirait de réduire les notes de frais de restaurant de Christine pour alléger le poids financier du service.

L'autre directeur parut gêné :

— Écoute, Lucien, Bernard a été sélectionné en tant que finaliste du prix Mumm, il a fait ses preuves, on ne peut pas le payer moins que les secrétaires.

Perdriel dit à ses deux employés :

— Françoise Giroud m'a demandé personnellement de l'engager, elle pense que c'est un journaliste qui a de l'avenir. Alors, rien que par respect pour elle, je souhaite qu'on le titularise.

Nous sortîmes, et le même Lucien se retourna vers moi et me dit :

— Tu as vu, c'est grâce à moi que tu as été engagé, tu peux vraiment me dire merci.

L'ayant vu en direct essayer de faire baisser mon salaire, j'étais un peu abasourdi, mais c'est peut-être cela qui fait aussi la qualité des chefs : même pris en flagrant délit de mensonge, ils restent imperturbables.

Je partis rejoindre Franck.

— Je viens d'être titularisé, annonçai-je. C'est officiel.

— Ça m'étonnerait, Florian est déjà en train de négocier pour le contrat d'engagement de Maximilien. C'est encore plus officiel.

— Je sors du bureau de Perdriel, c'est Françoise Giroud qui a demandé ma titularisation.

— Eh bien, je peux te dire que Josiane a demandé ton licenciement à Justinien et que celui-ci le lui a aussi accordé.

Franck semblait sûr de lui.

— Tu sais, Bernard, il faut que tu saches une chose, tu serais mieux en dehors de ce journal. Ici, il n'y a pas de journaliste heureux. Tu as vu les collègues ? Ce sont pour beaucoup des épaves. Ils sont titularisés, mais est-ce qu'ils sont contents ? Non, ils en veulent toujours plus et sont prêts à tout pour obtenir encore plus de privilèges. Même moi, tu crois que travailler avec Christine me ravit ? Si tu savais ce que je vis tous les jours ! J'ai envie de l'étrangler. J'en rêve la nuit. Va-t'en, envole-toi loin de ce bourbier, trouve un autre journal où tu pourras mieux t'épanouir.

— Donc, si je t'écoute, pour mon cas, il y a simultanément une procédure de recrutement *et* une procédure de licenciement ?

Il hocha la tête d'un air désolé.

— Eh bien, je ne vais rien faire. Je vais continuer à travailler comme avant et je verrai bien ce qu'il se passe. Que le meilleur gagne, dis-je.

Je fus donc convoqué par le directeur, le grand et célèbre Justinien. Si Claude Perdriel était le propriétaire, Justinien était la vitrine du journal. Dans son bureau, il y avait à droite une cabine fermée (et j'apprendrais plus tard qu'il s'agissait de ses WC personnels, car l'idée de poser ses fesses sur le même siège que ses employés lui semblait inenvisageable). Justinien croisait et décroisait les doigts, signe d'intense gêne. Il fuyait mon regard.

— Monsieur Werber, il paraît que cela fait sept ans que vous travaillez ici, mais… vous faites de la science et moi, la science, ce n'est vraiment pas mon truc.

— Nous faisons cela à deux, Florian et moi. Ensemble, nous traitons un tiers des couvertures du journal.

— Moi, je ne m'intéresse qu'à la politique et à la culture parce que ce sont mes domaines de prédilection. J'ignorais votre existence jusqu'à cette malheureuse histoire du prix Mumm. Vous avez beaucoup vexé mon amie Josiane, qui considère que vous lui avez pris sa place de finaliste dans ce concours. Qu'est-ce qui vous a pris de vous présenter ?

Il dodelina de la tête.

— Évidemment, vous ne pouviez pas prévoir que vous seriez sélectionné, mais quand même… Qu'est-ce qui vous a pris ? Enfin bon. Elle m'a demandé comme une faveur personnelle de vous licencier. Et je ne vois pas comment je pourrais lui refuser ce service.

Une semaine plus tard, alors que la procédure de recrutement n'avait pas démarré, je fus donc convoqué par la DRH pour être licencié.

— Qu'ont-ils indiqué comme raison de licenciement ? demandai-je

— Euh… il n'y a rien écrit.

— Ah, je croyais qu'il fallait mettre quelque chose.

— Je vais trouver. Mais il faut que tu saches que dans ton service personne n'a pris ta défense, ils t'ont tous laissé tomber et tu sais que Florian a déjà engagé ton remplaçant.

Elle était vraiment navrée.

— Enfin non, ce n'est pas tout à fait exact. Il y a quelqu'un qui a pris ta défense. Mais il n'est pas du service société. C'est François Schlosser.

— Schlosser, le chef du service étranger ?

Je le croisais dans les couloirs, on se disait bonjour, mais je le connaissais à peine. Il avait une allure austère, semblable à celle d'un clergyman.

— Oui, lui seul a dit que c'était vraiment dégueulasse ce qu'ils te faisaient. Il est allé regarder tes comptes et il s'est aperçu qu'on ne t'avait jamais payé ton treizième mois ni tes vacances, et il a exigé qu'on te donne ce qu'on te doit. Bref, il a défendu ta cause et a obtenu des résultats. Grâce à lui, tu auras tout ce que le journal a « oublié » de te payer.

La DRH m'a regardé avec inquiétude.

— Je comprendrais que tu sois énervé par cette situation. Je le serais à ta place. Hum… Et… hum… Tu vas faire un procès aux prud'hommes ?

— Non. Je veux juste continuer mon chemin.

La DRH sembla soulagée, elle me confia plus tard qu'elle savait que, si j'étais allé aux prud'hommes, le magazine aurait dû me verser une indemnité plus conséquente.

Peut-être par fierté, je considérai que je n'avais plus de temps à perdre dans ce magazine. Ainsi se termina mon aventure au *Nouvel Obs*, et je venais de découvrir le seul journaliste avec un vrai code moral qui allait au-delà de ses intérêts. Schlosser.

Après mon licenciement officiel, j'allai le voir, et nous avons sympathisé. Il m'expliqua qu'il avait fait pour moi ce qu'il aurait fait pour tout le monde au nom de ses valeurs protestantes, qui lui donnaient une certaine vision de ce qu'il faut faire et ne pas faire.

Puis mon remplaçant, Maximilien, arriva. Étant lui-même un scientifique déchu, il détestait les scientifiques et faisait preuve de zèle pour essayer de les discréditer. Il avait notamment connu une petite célébrité en insultant le professeur Jacques Benveniste, l'inventeur du concept de la mémoire de l'eau, et sorti un livre, un an plus tôt, sur les impostures de la science, dédié à… Florian.

L'avenir appartient aux courtisans et aux lèche-bottes.

Il fut immédiatement engagé avec un contrat et un salaire mensuel équivalent au quadruple du mien.

Franck avait raison. Maximilien était à sa place, et je devais partir.

C'est l'arcane XVI : la Maison-Dieu. La foudre vient de s'abattre sur la bâtisse qui s'effondre de toute sa hauteur.

Je garde malgré tout une grande gratitude au *Nouvel Obs* pour m'avoir permis de faire des dizaines de reportages passionnants et aussi de comprendre comment fonctionnait une grande entreprise avec sa cour de barons, d'exploiteurs, d'exploités, de souffre-douleur. Ce n'était après tout qu'une cage de rats comme les autres, et je crois que ma place est en dehors de ce système.

Franck avait raison : heureusement que je n'avais pas été titularisé, j'aurais probablement fini comme eux.

Comment disait Leroux en Afrique : « Ne pas juger mais essayer de comprendre… » En me donnant un coup de pied aux fesses, ils m'ont rendu le meilleur des services : m'indiquer que mon chemin devait continuer ailleurs.

ARCANE VIIII : L'ERMITE

La carte de l'Ermite représente un homme seul qui marche avec un bâton. C'est la carte de la solitude, de l'isolement, de la traversée du désert.
Cependant, l'Ermite tient haut dans sa main une lampe qui éclaire le chemin, c'est sa propre lumière qui lui permet d'avancer seul dans les ténèbres.

29 ANS. RETOUR À LA CASE DÉPART

Tout homme doit connaître dans sa vie une dizaine d'années de démarrage laborieux, une trahison-surprise, une traversée du désert.

Après avoir été journaliste à *L'Obs* de 1983 à 1990, à 29 ans je connaissais ma première traversée du désert.

La situation d'autonome a un prix.

Crises de SPA, difficultés à marcher, peu de réserve financière, et ma propriétaire qui commençait à s'inquiéter sur le fait que je puisse continuer à payer le loyer.

Je me mis à perdre progressivement pied.

J'économisais sur tout, comme un voilier qui réduit la voilure quand la météo est difficile.

Heureusement, il y avait le chômage qui m'assurait un minimum pour vivre (encore merci à François Schlosser d'avoir régularisé tout ça).

Il fallait que je me reprenne en main.

Je me mis à manger tous les jours le même plat : des pâtes-sauce tomate lyophilisées dans un bol en plastique. Retour à la case étudiant.

J'avais l'impression d'être un alpiniste que rien ne retient dans sa chute.

Il me restait encore quelques mois de répit où je pouvais payer mon loyer, et je tentai de me renflouer en vendant des articles à la pige.

Le dessinateur Georges Wolinski, avec lequel j'avais sympathisé au *Nouvel Obs*, alors qu'il travaillait lui aussi au service société, me dit :

— Va voir un copain, Hervé Desinge, c'est le rédacteur en chef de *L'Écho des savanes*. Lui, il pourrait être intéressé pour te prendre des piges. C'est possible de publier de gros articles entre les bandes dessinées.

Je rencontrai donc Hervé Desinge, personnage au rire tonitruant, qui me prit, dans cette période difficile, tous les sujets que je lui proposais. Enfin, je retrouvais une rédaction où j'avais du plaisir à venir.

Je vendais aussi à la pièce des articles au journal *VSD*. Les chefs de ce magazine ne comprenaient pas pourquoi un journaliste du si prestigieux *Nouvel Obs* se proposait de travailler pour leur magazine qui visait une clientèle plus populaire. Ils pensaient que j'avais dû commettre quelque chose de très grave pour être viré. Pourtant, même s'ils avaient une image plus « grand public », force fut de constater que *VSD* donnait plus de moyens à ses journalistes pour qu'ils enquêtent sur le terrain.

Ils me payèrent notamment un billet et une nuit d'hôtel pour que j'aille enquêter à Londres sur l'un des sujets qui me passionnaient à l'époque : les premiers casques de réalité virtuelle, bien avant les casques Oculus, qui permettaient l'immersion dans des décors de synthèse.

Le chef du service société de *VSD* était plus curieux, plus informé des nouveautés de son époque, et encourageait les initiatives.

Parallèlement, je démarrai une nouvelle version des *Fourmis*, beaucoup plus engagée. La version N, la bien-nommée (« haine ») : la version de « révolte » contre un système qui me semblait obsolète.

Après avoir écrit dans un journal politiquement engagé à gauche, de socialiste j'étais passé à… anarchiste.

Ni dieu, ni maître, ni supérieur. Ni chef incompétent.

Mon premier héros, Jonathan Wells, était chômeur. J'ajoutai dans l'*Encyclopédie du Savoir Relatif et Absolu* un extrait censé avoir été écrit par son oncle Edmond Wells, une trouvaille récente : la « loi de Parkinson ».

Rien à voir avec la maladie homonyme, mais elle existe vraiment, et voici son principe : « Plus une entreprise grandit, plus elle a tendance à se débarrasser de ses éléments créatifs dynamiques sous-payés pour les remplacer par des éléments incompétents peu actifs surpayés. Tout simplement parce que les premiers inquiètent. Les créatifs risquent de vouloir remettre en cause le système déjà établi, a fortiori s'ils sont sous-payés. Alors que des employés incompétents surpayés vont forcément tout faire pour que l'ancien système perdure. Ils sont donc rassurants et stabilisants pour tous leurs collègues et leur hiérarchie. »

Ainsi mon licenciement faisait partie d'une forme de normalité, et d'autres gens ont dû connaître la même expérience (peut-être vous, lecteur, qui me lisez actuellement…).

Je continuai alors d'écrire tous les matins avec enthousiasme.

Ma version N devint de plus en plus dure. Je voulais dénoncer en filigrane, à travers mes histoires de fourmis, cette société humaine qui préférait stagner qu'évoluer par peur de la nouveauté.

Le soir, je restais de longues heures à observer mes fourmis dans le terrarium de la baignoire de ma salle de bains. Elles semblaient vivre dans une société plus harmonieuse que la mienne : une sorte de « république des initiatives personnelles », où n'importe qui peut proposer quelque chose à tout le monde et où l'on ne juge que la qualité de son idée et non sa place officielle ou son âge.

ARCANE IIII : L'EMPEREUR

L'arcane de l'Empereur représente un homme de profil assis sur un trône. Tout comme l'Impératrice, il a une couronne sur la tête, un sceptre dans la main et un blason représentant un aigle, signe qu'il détient le pouvoir reconnu de tous.

Il regarde vers la gauche, donc vers le passé.

Il a un pied au sol, comme s'il descendait de son trône pour agir. C'est un homme de terrain.

Rencontrer l'Empereur, c'est rencontrer quelqu'un qui détient le vrai pouvoir de changer le monde et qui l'utilise.

29 ANS. LA LUMIÈRE AU BOUT DU TUNNEL

« Écoute, Bernard, ne perds plus ton temps dans le journalisme, ton vrai truc, c'est écrivain. »

Mon amie Reine Silbert venait de lire ma version N des *Fourmis*.

— Enfin tu as trouvé le bon ton. La mécanique du suspense fonctionne.

Elle me donna le contact d'une de ses amies, Francine, qui était directrice de collection chez l'éditeur Olivier Orban.

C'était une femme ravissante et très sûre d'elle.

— Il faut que tu saches, Bernard : même si Reine m'a dit beaucoup de bien de ton manuscrit, pour moi ce n'est encore qu'un brouillon. Il va falloir beaucoup travailler pour obtenir quelque chose de publiable. Et puis, dans ce genre précis, le « fantastique science-fiction », il n'y a pas beaucoup de lecteurs et encore moins de lectrices en France. Donc, même si on te publie, il n'y aura pas d'argent, cela sera juste pour l'honneur d'être publié, on est bien d'accord ? Alors, pour commencer, regardons quels titres marchent actuellement dans ce genre particulier.

Francine prit le journal des éditeurs, *Livres Hebdo*, regarda la liste des meilleures ventes et annonça :

— Stephen King. C'est lui qui occupe le terrain. Voilà comment on va procéder. Tu commences par lire un Stephen King ; pour moi, le meilleur, c'est *Différentes saisons*. Et, une fois que tu as compris ce qui marche chez cet auteur, tu recommences tout ton travail de zéro en ayant comme objectif cette qualité de tension dramatique, OK ? Reine m'a dit que ça fait douze ans que tu travailles sur ce manuscrit. C'est vrai ? Tu l'as entièrement réécrit combien de fois pour l'instant ?

— C'est la version N, donc quatorze fois, répondis-je.

— Chaque fois, tu reprends tout de zéro, sans relire l'ancienne version ? C'est bien ça ?

— Il y a une décantation naturelle d'une version à l'autre. Tout ce qui n'est pas indispensable est oublié.

Francine sembla étonnée, et a sans doute pensé que je devais être un de ces laborieux qui ont du mal à terminer leur version définitive.

— Dans cette prochaine version, j'aimerais que tu travailles davantage la psychologie des personnages, fourmis comme humains. On ne creuse jamais assez ses personnages. Tu verras, Stephen King est très fort dans ce domaine. Et n'aie pas d'hésitation à aller vers ce qui fait peur.

Et, de fait, la lecture de cet auteur fut encore une révélation.

Différentes saisons regroupe quatre *novellas* parfaites, des textes de taille médiane entre la nouvelle et le roman. Je compris alors qu'on pouvait augmenter le principe d'addiction au « tourner de page » en utilisant la terreur. Stephen King fut à ce moment-là mon nouveau maître d'écriture. Je regardai comment fonctionnait sa mécanique de suspense.

La première nouvelle, « Rita Hayworth et la rédemption de Shawshank », est une sorte de *Comte de Monte-Cristo* à l'américaine. La deuxième, « Le corps », raconte un événement tragique survenant dans la vie d'une bande de gosses. La troisième, « Un élève doué », est une réflexion sur la fascination du mal. La dernière, « La méthode respiratoire », réunit un club de personnes qui aiment se faire peur entre elles.

Tout cela était nouveau pour moi. Avouons-le tout net : je n'avais jamais été intéressé par la littérature d'épouvante, pour moi Edgar Poe et Lovecraft suffisaient à me fournir ma dose de frissons. Avec Stephen King, je compris qu'il fallait devenir plus exigeant.

Dans un de ses ouvrages autobiographiques, *Écriture. Mémoires d'un métier*, Stephen King confie travailler sans faire de plan. Je remarquai qu'il peinait souvent pour conclure, précisément parce qu'il n'avait rien prévu. Il s'en tirait souvent avec une pirouette finale. Mais, comme il avait toujours un super-démarrage et un art maîtrisé des relances, ses romans fonctionnaient souvent à merveille. Cela m'inspira une nouvelle titrée « Le tribunal des fins de romans réussis » (non publiée à ce jour) dans laquelle un groupe d'écrivains notaient comme des figures de patinage artistique la qualité des fins de romans, qu'ils soient classiques ou contemporains, en dénonçant vigoureusement les tricheurs qui font le coup de « l'assassin avait un frère jumeau » ou du « mais ce n'était qu'un rêve ».

En revanche, Stephen King possède un talent extraordinaire d'empathie pour les humains. Il sait se mettre à la place d'une vieille femme de ménage comme d'un père alcoolique ou d'un enfant incompris. Et on ressent tout. Même le comportement des personnages « méchants » est expliqué.

Philip K. Dick affirmait que ce qui différencie l'homme des robots réside dans cette capacité à ressentir la souffrance des autres. King le prouve. En évoquant les peurs de notre enfance, il saisit mieux que personne la source de la psychologie de l'âge adulte.

Dans chaque être humain, il y a un enfant blessé ou effrayé. Chez King, pas ou peu d'histoire d'amour, mais une analyse fouillée de la psychologie, qui permet de comprendre parfaitement les raisons des personnages, fussent-ils des tueurs.

Il me fallait maintenant métaboliser ce nouvel enseignement dans mon propre projet.

J'ai tout d'abord travaillé à part mon histoire de la cave pour rendre la famille Wells plus attachante et mon suspense plus effrayant. Puis j'ai fait évoluer l'odyssée de la fourmi 103e pour la rendre visuellement plus spectaculaire et plus violente (avec notamment une scène où des fourmis pénètrent dans un pic-vert par son fondement pour le manger de l'intérieur sans qu'il puisse même les atteindre : l'occasion d'utiliser ma hantise de l'expérience des magnans en Côte d'Ivoire pour rendre cette scène plus réaliste). De même, je soignai la scène de l'araignée et les chorégraphies compliquées de combats pour qu'il y ait une alternance de plans serrés et de plans larges. Là encore, je dessinai un *story-board* pour obtenir une vision cinématographique. J'ajoutai aussi des scènes de poursuite, de combat et de sexe lors de l'envol d'essaimage.

Ainsi apparut la version O.

O comme l'exclamation de surprise « Oh ! ».

Si N était la version révolutionnaire, la version O fut celle où je privilégiais les émotions. Il ne suffisait plus de décrire les personnages et de les faire parler dans les dialogues, il fallait ajouter leur ressenti profond.

— C'est mieux, mais ce n'est pas encore au point, m'annonça Francine au cours d'un déjeuner après sa lecture. Recommence. Je suis sûre que tu peux aller plus loin. Surtout au niveau des dialogues des humains.

En parallèle de mon travail de journaliste pigiste à *L'Écho des savanes* et à *VSD*, je me remis donc au travail, puisque j'avais le temps.

Naquit alors la version P. Nouveau déjeuner, nouvelle évaluation.

— Pas mal. Mais pas encore au point. Recommence.

Alors que les mois passaient, ma capacité de production et ma rapidité d'écriture augmentaient pour satisfaire aux exigences de ma nouvelle éditrice. Cela me plaisait beaucoup d'être ainsi accompagné, et j'appréciais la phrase : « Tu peux faire encore mieux. » J'aimais me mettre une pression pour chercher à devenir encore meilleur « artisan-horloger-écrivain à suspense ».

Je tentai de nouveaux effets pour susciter la surprise, ce que les Américains appellent le « *cliffhanger* ».

Ainsi, à la fin d'un chapitre où la tension était au maximum et que le lecteur voulait savoir ce qu'il allait arriver ensuite, je faisais basculer le récit du monde des fourmis vers le monde des humains, voire dans celui de l'*Encyclopédie*, pour créer une frustration et une attente.

Donc apparut la version Q avec des transitions plus soignées.

Francine la lut, bien qu'elle commençât à se lasser et mît de plus en plus de temps à me donner son avis.

— C'est mieux, mais ce n'est toujours pas suffisamment bon pour être publiable, recommence. Je sens que tu vas y arriver.

À la même époque, mon ami le docteur Fréderic Saldmann, un cardiologue que j'avais interviewé quand j'étais à *L'Obs* pour constituer des dossiers sur la nutrition et sur la cardiologie, et avec lequel j'avais sympathisé, me déclara :

— Tu t'imagines le temps que tu as passé sur le même bouquin ! Douze ans, c'est beaucoup trop ! C'est devenu une obsession. Il faut que tu passes à autre chose. Je te propose de faire en quelques semaines un livre sur le bien-être avec des conseils de santé simples et pratiques. On le signe ensemble. Toi, tu as une légitimité parce que tu es journaliste scientifique, et moi parce que je suis médecin. En plus, j'ai déjà un contact avec un éditeur susceptible d'être intéressé. Aux éditions du Seuil.

C'est ainsi que nous nous sommes mis, en toute décontraction, sans enjeu particulier, à écrire un livre sur des méthodes simples d'hygiène de vie et de soins pour être en meilleure santé. Au bout d'un mois, l'ouvrage était prêt. Un petit livre de deux cents pages que nous avons proposé à une éditrice du Seuil. Celle-ci semblait ravie.

— Nous sommes prêts à signer pour le publier. Je vais vous faire un contrat, revenez la semaine prochaine.

Quel paradoxe ! Tant de travail sur *Les Fourmis* qui ne menait à rien et si peu de travail sur ce livre pratique de santé qui aboutissait si vite.

Mais, la semaine suivante, l'éditrice n'était plus aussi enthousiaste.

— Je suis désolée, vraiment désolée. Mon patron a lu votre livre et a été choqué par des chapitres où vous culpabilisez les gens gros. Il a lui-même un peu d'embonpoint et pense qu'il faut arrêter de stigmatiser les gens qui aiment la bonne chère. Donc… il refuse de vous publier. Il se trompe, ajouta l'éditrice, visiblement très déçue. Vous avez vraiment fait un bon boulot, et je ne vais pas vous laisser comme ça après avoir promis de vous publier. Vous méritez que ce livre sorte. Allez voir une de mes meilleures amies qui travaille chez Albin Michel, elle s'appelle Brigitte Massot. Je vais l'avertir et lui expliquer ce qu'il se passe avec votre projet.

Quelques jours plus tard, nous atterrissions chez Albin Michel, dans le petit bureau de Brigitte Massot pour lui déposer le manuscrit. Elle me retint un instant et me demanda si je n'avais pas un autre manuscrit à proposer.

— J'ai écrit un roman sur les fourmis, mais il a déjà été refusé trois fois ici et j'ai trouvé un autre éditeur.

— Lequel ?

— Les éditions Olivier Orban.

— Et vous avez signé ?

— Non, pas encore.

— Dans ce cas, j'aimerais bien le lire. Vous pourriez me le transmettre ?

C'est ainsi que je lui fis parvenir la version Q de mon manuscrit des *Fourmis*. Elle me rappela quelques jours plus tard.

— Vous n'avez toujours pas signé chez Orban ?

J'attendais toujours le retour de lecture de Francine.

— Chez Albin, me lança-t-elle, nous sommes prêts à vous signer tout de suite un contrat pour ce roman.

— Pour le livre avec le docteur Saldmann ?

— Non, pour votre roman sur les fourmis.

Je n'en croyais pas mes oreilles : se pourrait-il qu'enfin, après tout ce temps, ce roman voie enfin le jour ? J'appelai immédiatement mon amie Reine Silbert pour avoir son avis. Elle me conseilla de rappeler l'éditrice Francine, chez Olivier Orban, pour lui signaler que j'avais une proposition claire et nette chez Albin Michel.

— Dans ce cas, c'est différent, dit-elle. Nous sommes prêts à signer nous aussi…

Malaise. Douze ans d'écriture, six ans de lettres de refus et, pour finir, mon « bébé » était mis aux enchères entre deux éditeurs comme un vulgaire produit.

J'avais tout prévu sauf ça. Reine, qui avait déjà été publiée, savait mieux que moi la marche à suivre. J'écoutai donc très attentivement ses conseils. Elle me conseilla de rappeler l'une pour l'informer des propositions de l'autre. Durant plusieurs jours, les enchères grimpèrent. Je n'en dormais plus la nuit. Je compris d'un coup l'intérêt des agents littéraires, très répandus aux États-Unis mais encore peu nombreux en France à l'époque. Ils gèrent cette partie diplomatique de la vie d'un livre. Dans mon cas, c'est Reine qui faisait office d'agent et je suivis à la lettre ses recommandations.

J'avais une nette préférence pour Francine, chez Orban, qui avait lu plusieurs versions du livre. Ce n'était pas une question d'argent, c'était une question de gratitude. Mais mon premier entretien avec le patron ne se passa pas comme prévu. Francine devait au préalable m'expliquer les tenants et aboutissants du contrat une heure avant le rendez-vous, mais elle passa son temps au téléphone avec Bernard Lenteric, l'un de ses auteurs phares, à discuter bons restos sur Paris et projets de vacances. Quant au directeur, il me parla de pourcentages sur les droits dérivés, après m'avoir expliqué qu'il ne savait même pas ce que racontait mon roman. Francine reconnut pour sa part qu'elle n'avait pas ouvert la dernière version mais «sentait» que celle-ci était enfin au point. Ils s'apprêtaient donc à acheter un livre qui n'avait même pas été… lu.

Je déglutis. J'avais idéalisé cette rencontre et j'étais déçu.

Pour reprendre la comparaison avec le mariage, imaginez que le maire, en ce jour censé être magique, vous parle de pourcentages en cas de divorce et de l'héritage à répartir entre les enfants. Quant à la personne avec laquelle l'union doit se faire, elle avoue qu'elle ne vous connaît même pas.

Olivier Orban continua cependant à m'expliquer doctement tous les détails de ce long contrat compliqué dont les clauses subtiles semblaient le passionner.

Je repartis avec un sentiment bizarre. Quelque chose n'allait pas dans ce qui devait être mon moment de bonheur.

Une semaine plus tard, mon ami Hervé Desinge m'appela. Il avait assisté à la réunion des chefs de service d'Albin Michel, à qui appartenait à l'époque *L'Écho des savanes*.

— Hier, il y a eu une grande dispute à cause de toi en réunion. Figure-toi que Richard Ducousset venait d'apprendre que tu partais chez Orban. Il était persuadé que tu avais signé chez nous. Brigitte Massot s'est fait engueuler, et toujours est-il qu'il veut te rencontrer de toute urgence.

— C'est trop tard. Ça y est, j'ai le contrat avec Orban.

— Tu l'as signé ?

— Non, mais…

— Écoute, Bernard, quand un type comme Richard Ducousset, le directeur général d'Albin Michel, veut te voir en personne, il ne faut pas refuser. Même si c'est pour lui dire que c'est trop tard, il faut que tu lui parles les yeux dans les yeux.

Reine me conseilla à son tour de le rencontrer.

Je me rendis donc au rendez-vous chez Albin Michel avec le sentiment de ne pas être à ma place puisque cette maison avait refusé mon manuscrit.

J'entrai dans le bureau somptueux de Richard Ducousset, un homme aux cheveux blancs bien coiffés qui me tendit une main chaleureuse.

— Bon, je sais que vous avez peut-être déjà signé chez Orban, mais je veux quand même vous parler de votre livre et, après, vous me direz si c'est trop tard ou pas.

Il a alors décroché son téléphone et dit à sa secrétaire :

— Qu'on ne me dérange pas.

Cette phrase eut une résonance.

Je me souvins de Francine, qui s'était précisément laissé accaparer par le téléphone pendant une heure entière alors qu'elle devait me préparer au rendez-vous.

— J'ai lu votre roman. Pour moi, cet ouvrage a une envergure qui va au-delà de la France. On pourrait imaginer une sortie mondiale, car cela parle d'un sujet universel : la place de l'homme sur sa propre planète.

Plus il parlait, plus j'avais l'impression qu'il avait mieux compris le livre que… moi-même.

— À mon avis, vous n'êtes pas qu'un écrivain qui a fait un bon livre, vous êtes un type qui peut marquer une génération entière par l'invention d'un genre littéraire à cheval sur plusieurs styles. Ce n'est pas de la science-fiction, ce n'est pas du fantastique, ce n'est pas du thriller, ce n'est pas du roman classique. Et c'est un peu de tout ça à la fois. Tout est innovant chez vous, le sujet, mais aussi la forme, l'architecture, la manière de gérer les personnages humains comme les insectes, les décors. Vous avez inventé un nouveau monde en vous inspirant de la nature telle qu'elle est réellement. J'ai apprécié aussi l'*Encyclopédie du Savoir Relatif et Absolu*. Cela ponctue le livre sans couper l'intrigue et permet d'instruire les lecteurs. C'est très astucieux.

Je me doutais bien qu'il me flattait pour me récupérer, mais, avouons-le, c'était quand même agréable d'entendre ces mots-là au moins une fois dans sa vie.

— Maintenant, vous pouvez me le dire. Avez-vous déjà signé chez Orban ?

— Eh bien… comment dire… j'ai le contrat, mais je ne l'ai pas encore renvoyé signé.

— Très bien, alors nous sommes prêts à signer.

Instant de gêne.

— C'est surtout par rapport à mon éditrice chez Orban, Francine, qui a eu la gentillesse de lire mes versions précédentes, que je me sens engagé.

— Nous tenons vraiment à votre livre. Nous serions prêts à débaucher cette éditrice si vous y tenez tant que ça.

— Vous pourriez envisager une coédition avec Orban ?

— Olivier Orban, bien sûr. Je le connais personnellement. Cela peut être envisagé. Nous tenons suffisamment à ce manuscrit pour pouvoir envisager aussi ce cas de figure.

Dans ma tête, c'était un mélange d'émotions de toutes les couleurs. L'instant magique que j'espérais vivre chez Orban venait de se dérouler chez Albin Michel.

— Seul petit ajustement à prévoir, précisa-t-il. L'ouvrage à ce stade fait mille cinq cents pages, c'est trop volumineux.

— C'est une référence aux grandes sagas de type *Dune* ou *Le Seigneur des anneaux*.

— Les Anglo-Saxons aiment les très gros livres, mais en France il n'y a pas encore de réel marché pour cela. À mon avis, le mieux serait de le réduire à trois cent cinquante pages, ce qui est un format plus adapté à notre marché.

En sortant, j'appelai Reine et lui racontai l'entrevue dans le détail.

— En fait, tu veux ménager la chèvre et le chou. Mais non. Là, c'est différent, dit-elle. Puisque tu aimes les mathématiques : sache qu'un demi-choix égale des problèmes au carré.

— Mais c'est toi ! Tu m'as présenté ton amie Francine !

— Elle est peut-être mon amie, mais elle a mal joué sa partie avec toi, et Albin Michel a été plus perspicace. Il faut toujours aller vers ceux qui t'apprécient. Quand un éditeur te manifeste aussi clairement son intérêt et se dit prêt à défendre le livre, tu ne lui imposes pas de devoir partager avec un autre éditeur qui a été maladroit.

— Alors, je fais quoi ?

— Demain, tu rappelleras Albin et tu leur diras que tu signes avec eux et rien qu'avec eux. C'est une manière de faire un effort, toi aussi, pour les remercier de leur confiance. Tu joues la partie à fond avec un seul partenaire.

— Et Francine ?

— Je me charge de lui expliquer. Elle est professionnelle, elle comprendra.

Le lendemain, je pris donc la décision de signer chez Albin Michel et, le surlendemain, j'eus une discussion avec Francine qui, visiblement, n'avait pas si bien compris la situation que l'espérait Reine. Elle me traita de tous les noms en me disant que je lui avais fait perdre son temps. Je voulus lui dire que je pouvais la faire engager sur le projet chez Albin, mais elle ne me laissa pas la possibilité de m'exprimer et me raccrocha au nez. Reine reconnut que la réaction de son amie était prévisible, mais qu'elle ne devait s'en prendre qu'à elle-même.

— Elle n'a pas lu la dernière version de ton roman, elle ne t'a pas accordé de temps pour te préparer et, au final, je pense qu'elle aurait eu beaucoup de difficultés à promouvoir un roman de ce genre dans cette maison d'édition qui est plutôt spécialisée dans les romans historiques et les autobiographies de stars.

Je n'oublierai cependant jamais que Francine a su, à un moment clé, me donner envie de persévérer et que c'était elle qui m'avait fait découvrir Stephen King, un auteur également publié chez Albin Michel.

Quoi qu'il en soit, après douze années d'écriture et de réécriture, cette aventure aboutissait enfin.

BON SANG, JE SIGNAIS UN VRAI CONTRAT D'ÉDITION.

ET C'ÉTAIT MAINTENANT.

Je n'avais jamais signé de contrat en tant que journaliste… c'était donc mon premier contrat tout court. Avec Reine, nous avons fêté cela dans un restaurant du bord du lac d'Enghien en buvant du gamay de Touraine tout en contemplant les cygnes sur le lac.

En rentrant ce soir-là, il me sembla que les fourmis de mon terrarium étaient plus excitées que d'habitude.

Je venais de rencontrer l'arcane IIII du tarot. L'Empereur.

L'homme de pouvoir qui sait mettre en place l'action pour gagner les batailles.

29 ANS. NAISSANCE

«Je vais vous dire la vérité. Je n'aime pas du tout votre manuscrit sur les fourmis. On m'a demandé de travailler dessus, mais je ne le sens pas du tout : trop de guerres, trop de violence, trop de sexualité, trop d'action.»

Le directeur de collection qu'on me présenta chez Albin pour travailler sur *Les Fourmis*, Stanislas, m'avoua tout de go que ce n'était pas du tout le genre de littérature qu'il prisait.

Il avait au moins la franchise de l'exprimer.

En discutant avec lui, je compris que Stanislas ne lisait pas de littérature fantastique, pas de suspense, a fortiori pas de science-fiction. Même si Albin Michel publiait les meilleurs auteurs dans ce domaine, comme Stephen King, Dean Koontz, Dan Simmons, Peter Straub et plus tard Mary Higgins Clark.

Mais Stanislas m'impressionnait beaucoup : adepte du zen, il prétendait faire une heure de méditation tous les matins au réveil alors que je dépassais rarement les cinq minutes. Pour moi, un homme capable d'une telle performance avait forcément un haut niveau spirituel.

Nos rapports ne furent pas simples, mais je partis du principe qu'il avait de l'expérience et que j'étais novice. Donc, il avait raison et j'avais tort. Je crois, de toute façon, que l'éditeur sait mieux que l'auteur ce qu'il faut faire. Et j'étais tellement content d'être enfin édité que j'étais prêt à faire toutes les concessions.

Stanislas aimait les longues phrases, j'aimais les courtes.

Stanislas aimait privilégier le style, j'aimais privilégier l'intrigue.

Il me répéta qu'étant pacifiste il pensait qu'il était nécessaire d'enlever toutes les scènes de guerre entre les fourmis, même si je lui signalai que c'était ainsi que cela se passait dans la réalité : les fourmis luttaient vraiment entre elles au cours de grandes batailles, ou contre leurs rivaux, les termites. Il coupa net tous mes arguments, et conclut que cela ne présentait de toute façon aucun intérêt pour la narration.

J'enlevai donc les grandes batailles du roman. Cela me peina un peu, car, sous l'influence de *Salammbô*, je m'étais donné beaucoup de mal pour les mettre en scène.

Autre problème : il ne comprenait pas pourquoi tous les chapitres étaient de longueurs différentes. Je tentai de lui expliquer que j'avais fait comme au cinéma, où toutes les scènes n'ont pas la même durée. À mon avis, il était tout à fait possible d'alterner des chapitres de trois pages et d'autres de vingt pour obtenir des effets de changement de rythme. Pour Stanislas, la littérature et le cinéma n'étaient pas des arts comparables. La règle pour les romans était d'écrire des chapitres de taille similaire. Il m'accorda toutefois cette « excentricité » tout en me signalant que cela affaiblissait le roman.

— Au début, on veut à tout prix être original, après on comprend pourquoi les systèmes classiques marchent mieux, me fit-il remarquer.

Il m'indiqua des coupes, supprimant la plupart des scènes d'action pour privilégier les scènes de dialogues. Je coupai moi-même sur ses conseils mes propres scènes, comme un jardinier élaguant un arbre trop haut et trop large.

La réduction de mille cinq cents à trois cent cinquante pages fut douloureuse mais, à mon avis, un excellent exercice de concision. Encore une leçon de lâcher-prise : il faut savoir renoncer à ce qui nous semblait indispensable pour avancer.

Stanislas détestait tout ce qui se rapprochait de près ou de loin de la science, que ce soit la biologie ou les mathématiques : « Ton histoire de l'énigme des six allumettes qui forment quatre triangles équilatéraux dévalorise le sérieux du roman», me confia-t-il.

Je considérais devoir suivre ses avis et serrais les dents, me répétant le célèbre poème de Kipling que mon père me récitait le soir avant de me coucher : «Si tu peux voir détruire en un jour l'ouvrage de ta vie et sans dire un mot te mettre à rebâtir…»

Dans l'alchimie, on trouve cette idée que la fabrication de la pierre philosophale doit subir quatre phases de transformation.

1) L'œuvre au noir : la dissolution. Qui consiste à mettre la pierre en contact avec un acide.

2) L'œuvre au blanc : la purification. Qui consiste à la laver à l'eau.

3) L'œuvre au jaune : l'augmentation. Qui consiste à la chauffer.

4) Et l'œuvre au rouge : la fixation. Qui consiste à la solidifier.

J'avais l'impression d'avoir fait subir à ma «pierre philosophale/manuscrit» des *Fourmis* toutes ces phases plus ou moins douloureuses mais nécessaires. Il fallait supporter la dissolution et la purification pour obtenir l'augmentation et la fixation.

Heureusement, Reine continuait à me soutenir.

— Il ne comprend rien à ton livre et, de toute façon, c'est à toi d'avoir le dernier mot.

J'obtins l'arbitrage d'une autre directrice de collection de chez Albin Michel qui me laissa remettre l'énigme des allumettes et rétablir une grande scène de bataille. Je choisis la bataille des coquelicots. Ce combat des fourmis au milieu des fleurs écarlates me semblait particulièrement «cinématographique». C'est donc au dernier moment, juste avant le BAT (le bon à tirer est l'étape finale avant l'impression du livre), que j'obtins de rétablir certains épisodes auxquels je tenais particulièrement.

Les jours passèrent et la sortie approcha.

Je devins fébrile.

Le livre était imprimé et je pus enfin tenir l'objet entre mes mains.

C'était chez Albin Michel, le lundi 15 février 1991 à 10 heures.

Après douze ans de gestation. J'y arrivais enfin.

J'eus la sensation que tout était accompli.

J'avais pondu mon « œuf ».

Paradoxalement, j'eus envie que tout s'arrête, de quitter la scène, comme ça, au sommet, pour ne pas voir la descente qui forcément allait suivre. J'éprouvais une sorte de *baby blues*. J'avais été si longtemps « enceint » de ce livre que j'éprouvais maintenant un sentiment de vide à l'idée qu'il était désormais à l'extérieur de moi, qu'il allait vivre sa propre destinée.

Tout était accompli, le marionnettiste pouvait se retirer pour que sa marionnette vive sans lui.

Je songeai à mettre fin à mes jours.

Mes cours de criminologie m'avaient enseigné des techniques efficaces pour ne pas se rater, mais tout cela réclamait du matériel, de l'organisation et une sorte de sang-froid qui était incompatible avec l'excitation du moment.

Je demandai à ma compagne de l'époque, Catherine, de ne jamais me laisser seul dans une pièce. Je l'avais rencontrée trois ans plus tôt. J'avais tout de suite été séduit par son allure et son style. Elle avait une forte personnalité et savait tout prendre avec humour. Elle comprit vite cette situation étrange où, au moment où tout semblait me réussir… je m'effondrais. Elle organisa les jours suivants des dîners avec des amis pour que je parvienne à penser à autre chose.

Le livre devait sortir officiellement en mars 1991. Le contexte politique était particulier, à l'époque, tous les médias ne parlaient que de George Bush père et de Saddam Hussein. Le best-seller du moment s'intitulait *Guerre du Golfe, le dossier secret* de Pierre Salinger et Éric Laurent. Aucun autre livre ne trouvait grâce aux yeux du public. Par chance, la première guerre du Golfe cessa précisément le 28 février 1991, quelques jours à peine avant la parution de mon roman.

Même pondu, l'œuf avait besoin de nombreux et heureux hasards pour qu'il puisse correctement éclore.

Mon roman ne fut pas du tout repéré par les médias.

Florian publia un petit article en page « sciences » du *Nouvel Observateur* présentant *Les Fourmis* comme un livre de vulgarisation sur la vie de ces insectes. Plutôt gentil.

Sans visibilité médiatique, je savais que le livre partirait bientôt au pilon pour redevenir pâte à papier.

J'en discutai avec Hervé Desinge.

— Tu es rangé dans la littérature de genre, les journalistes littéraires ne s'intéresseront jamais à ton travail. Ils considèrent forcément qu'un livre sur les fourmis est destiné aux adolescents. Cette littérature n'est « autorisée » que si elle provient des Anglo-Saxons.

Du coup, j'étais inquiet pour mon bébé qui, à peine né, semblait déjà condamné.

Et puis il y eut un miracle.

Bernard Rapp, l'animateur de *Caractères*, l'unique émission de télévision littéraire de l'époque, m'invita.

Avouons-le : j'étais vert de trouille pour mon premier passage à la télévision.

Bernard Rapp vint me voir avant l'émission, en coulisse.

— C'est ma nièce qui m'a fait découvrir votre roman. Je dois le reconnaître, je n'en avais pas du tout entendu parler. Elle en a lu des passages et j'ai trouvé cela surprenant. Mon passage préféré est celui de la bataille des coquelicots.

L'émission était en direct.

On nous installa sur le plateau de télévision. Bernard Rapp nous avertit que l'émission durait cinquante minutes. Avec cinq auteurs invités, nous avions droit à dix minutes chacun.

Je devais passer en dernier, après l'auteur d'un ouvrage sur le futur (pour lequel on m'avait proposé d'écrire certains passages comme nègre, ce que j'avais refusé par manque de temps).

Enfin arriva mon tour. Comme les invités avant moi avaient débordé sur leur temps de parole, j'en pâtissais forcément. Bernard Rapp annonça qu'il souhaitait lire un passage et lut la rencontre entre mon héros mâle fourmi et la fourmi femelle, la grande scène sentimentale qui précède l'envol nuptial où les fourmis sexuées font l'amour en volant dans une sorte d'orgie en trois dimensions.

Bernard Rapp se tourna alors vers moi et me demanda :

— Bernard Werber, croyez-vous vraiment que sjklmjds ?

Je disposais d'une oreillette pour comprendre les invités qui parlaient anglais. Mais, du fait d'un brouillage inopiné, je ne compris rien à la question. Ayant peu de temps, j'ai préféré répondre de manière positive :

— Heu… oui.

Air incrédule de Bernard Rapp.

— Quoi ? Vous pensez vraiment ça ?

Zut, il insistait. Je me demandais vraiment quelle était sa question, mais n'osais toujours pas l'interroger. C'est à ce moment que l'auteur de l'ouvrage sur le futur en profita pour intervenir. Et il revint sur son propre livre pour grappiller encore quelques précieuses secondes de promotion.

Puis le générique se déclencha. C'était fini.

À la fin, cet auteur se dirigea vers son attaché de presse et lui montra le chronomètre dans sa poche qui lui permettait de mesurer combien de temps de parole il avait réussi à prendre aux autres invités.

Pour ma part, j'avais la sensation d'avoir été nul. Le fait de ne pas avoir compris la question me taraudait. Par la suite, il m'arrivait de me réveiller en sursaut la nuit en pensant à cette question, imaginant ce que j'aurais dû dire : « Pardon, vous pouvez répéter la question ? Je n'ai pas bien entendu. »

L'émission fut diffusée le vendredi, et un frémissement des ventes se fit sentir juste après, confirmé le lundi par le directeur commercial d'Albin Michel. Le titre était en rupture de stock, et une réimpression fut lancée.

— Tout le monde a vu que tu n'avais ni le temps ni les moyens de parler, alors cela a créé une curiosité, précisa-t-il.

Je ne pouvais plus rien faire. Le livre avait été publié, je ne m'étais pas suicidé, la guerre d'Irak était terminée, j'avais fait un passage à la télévision. Le livre, comme un être vivant autonome, allait poursuivre son existence en dehors de moi. Dans les journées qui suivirent la sortie des *Fourmis*, je n'eus aucune crise de SPA. Mes premiers pas dans le métier de romancier semblaient avoir aussi une action bénéfique sur mon organisme.

Je venais de découvrir les effets de l'« écritothérapie ».

Vous n'allez pas bien ? Il suffit d'écrire un livre, toute la pression sort et vous guérissez de vos problèmes physiques comme psychologiques.

— Il faut vite que tu écrives le deuxième, sinon les gens vont t'oublier, me conseilla Reine. Cela n'aura alors été qu'un feu de paille.

30 ANS. AVENTURE EN INDE

« Vous ne vous êtes jamais demandé pourquoi vous êtes vivant ? »

Persuadé que peu de monde avait compris que mon livre, bien qu'intitulé *Les Fourmis*, parlait en fait des hommes mais vus d'un point de vue « non humain », je me jetai à corps perdu dans l'écriture de la suite, censée être plus explicite et nommée *Le Jour des fourmis*.

— Ton bouquin manque d'histoires d'amour, m'avait dit un ami après la sortie des *Fourmis*.

— Il y a une histoire d'amour, mais chez les fourmis, avais-je tenté de me justifier.

— C'est insuffisant. Il faut une histoire d'amour chez les humains, car personne ne peut vraiment s'identifier à un couple de fourmis.

Il avait raison. À force de vouloir faire original, j'avais raté ce levier émotionnel universel. Je me mis à construire toute mon intrigue autour d'une grande histoire d'amour humaine.

Je créai Laetitia Wells, fille du professeur Wells, métisse, moitié asiatique, moitié française. La femme mystère, la femme chat, la femme envoûtante, la femme inaccessible.

Et puis Jacques Méliès, mon héros enquêteur (ainsi nommé en hommage à l'un des hommes que j'admire le plus, en dehors de la littérature : Georges Méliès, magicien et inventeur des effets spéciaux au cinéma).

Après avoir découvert le moteur romanesque du secret caché dans la cave, je découvrais le principe de l'amour impossible entre deux êtres qui ont tout pour ne pas s'entendre.

Ce fut aussi à cette époque que je connus ma propre grande histoire sentimentale avec Catherine. Elle m'avait supporté durant mon licenciement du *Nouvel Obs*, ma période de chômage et mes affres d'auteur débutant, elle m'impressionnait par son assurance, sa joie de vivre, sa positivité. Selon elle, il n'y avait pas de problèmes, il n'y avait que des solutions.

Elle avait pris une place de plus en plus grande dans ma vie, et nous avons décidé de nous marier, là encore devant le lac d'Enghien. Ensuite, nous sommes partis en voyage de noces en Inde.

C'est parce que j'avais encore la nostalgie de l'enseignement de Jacques Padovani, le yoga, la méditation, l'action en conscience, que j'avais proposé à Catherine d'aller en Inde, à la source de la spiritualité que j'avais découverte à Hyères.

Mais, dès notre arrivée à New Delhi, je compris que l'Inde n'était pas du tout comme je l'imaginais.

Le premier élément qui me surprit fut la circulation.

Il y avait une masse de vélos, de charrettes de marchands ambulants, de vaches, de camionnettes, de pousse-pousse qui se mêlaient dans une chorégraphie compliquée, chacun avançant en utilisant le klaxon, la sonnette ou l'insulte. L'ensemble produisait un joyeux brouhaha dans une odeur de gazole et de grillades de brochettes aux épices.

Pour compléter le tableau, dans les branches des arbres des jardins publics, il y avait non pas des corbeaux, mais des vautours qui hochaient leur long cou comme des petits vieux en se demandant : « Mais où courent tous ces gens ? »

Parfois surgissait un camion Tata (la marque qui faisait de tout : de la banque aux voitures, en passant par les restaurants et les vêtements, etc.). C'étaient de vieux camions anglais très hauts et très volumineux, tous peints en orange, qui fendaient la masse grouillante des véhicules. On aurait dit de poussifs éléphants orange qui avançaient dans une foule de souris couinantes qu'ils ne pouvaient même pas distinguer autour de leurs pattes. J'assistai à une scène où l'un de ces camions Tata accrocha un vélo à son pare-chocs, mais le conducteur, trop haut placé, ne le vit pas. Et le cycliste eut beau beugler, le camion poursuivit sa route comme si de rien n'était.

Le sol était jonché de bouses de vache qui faisaient patinoire. *Le Guide du routard* nous avait avertis que, chaque année, des touristes français, sous-estimant le problème, glissaient dessus, chutaient et se blessaient. Avec Catherine, nous avons pris un pousse-pousse mobylette, ce qui semblait le moyen le plus pratique pour progresser dans cette multitude. Nous avons assisté à un autre accident. Une voiture, voulant éviter une vache, percuta un piéton. Il semblait bien amoché. Je proposai aussitôt au chauffeur du pousse-pousse de s'arrêter pour que j'aille secourir l'homme, mais celui-ci me dit en anglais :

— Il ne faut pas intervenir, c'est son karma. S'il doit vivre il vivra, s'il doit mourir il mourra.

Malgré mon insistance, il refusa de s'arrêter.

En me retournant, je vis que des hommes tiraient le corps du blessé pour le mettre sur le côté afin qu'il ne gêne pas la circulation. Mais personne ne venait l'aider, il resta là assis, à pisser le sang, avec les gens qui l'enjambaient ou le contournaient sans lui prêter aucune attention.

C'est ça, le karma ?

Autre élément troublant, alors que je me promenais dans la rue, je sentis quelque chose de mou sous mon pied. Je vis alors une petite fille d'une dizaine d'années qui mettait ses mains sous mes semelles. Je m'excusai et lui demandai si je lui avais fait mal, mais elle me répondit par un grand sourire en me tendant sa main ouverte. Prévenu par le *Guide du routard*, je savais qu'il valait mieux éviter de donner de l'argent aux enfants mendiants. J'avais à peine fait un pas qu'elle replaça très vite ses mains sous mes chaussures.

Elle le faisait exprès.

Je lui demandai de cesser, elle me tendit à nouveau la main et fit le geste d'y mettre un billet.

Je cédai. L'erreur du touriste débutant en Inde...

Elle empocha la somme et s'enfuit aussitôt en riant, et une dizaine d'autres fillettes et jeunes garçons du même âge, qui devaient guetter la scène de loin, surgirent pour me demander de l'argent, me menaçant par gestes de mettre leurs mains sous mes pieds si je n'obtempérais pas.

Je m'enfuis en courant avec Catherine.

Un jour, alors que nous cherchions une école de yoga, nous avons découvert par hasard l'endroit où les Indiens trouvent vraiment leur nirvana.

Le cinéma.

À cette époque, il y avait en tête du palmarès un film qui se nommait *Bibi*, joué depuis plusieurs semaines, plusieurs mois, voire plusieurs années. On le donnait d'ailleurs en continu, de 8 heures du matin à minuit, tous les jours sans interruption. Nous sommes entrés et nous avons alors vu un film à l'eau de rose, sorte de comédie musicale inspirée de *La Fièvre du samedi soir* pour les chansons et les chorégraphies. L'intrigue, pour le peu que nous pouvions en comprendre, se résumait à l'amour impossible entre un homme et une femme de castes différentes. Au moment où les personnages chantaient et dansaient, tous les spectateurs, qui connaissaient chaque morceau par cœur, se levaient, dansaient et chantaient simultanément, reproduisant les mimiques et les gestes exacts des acteurs. Ils prononçaient même en chœur les phrases des dialogues.

Ici, le cinéma était la religion la plus populaire.

Bollywood était son panthéon.

Après New Delhi, nous avions prévu d'aller visiter le Taj Mahal. Nous avons pris place dans un petit avion bimoteur qui devait contenir tout au plus une dizaine de touristes. À peine arrivés à l'aéroport d'Agra, nouvelle déconvenue. Une haie de policiers contenait un millier de personnes très excitées qui hurlaient toutes le même mot : « TAXI ! » Sans réfléchir, je désignai au hasard un des hommes qui criait.

Que n'avais-je pas fait là ?

Aussitôt le type reçut un coup de poing au visage de la part de son voisin et je le vis disparaître sous une masse de poings fermés.

— Hum… je crois que je viens de créer des soucis à quelqu'un que je ne connais même pas, dis-je à Catherine.

Je ne voulais pas causer d'autre catastrophe, alors je décidai de m'adresser à un des policiers qui composaient la haie de protection.

— Est-ce qu'un de ces taxis fait partie de votre famille ?

— Oui, me répondit-il.

— Serait-il possible de le protéger physiquement si je le prends ?

Il me désigna son cousin. À peine étions-nous montés dans le véhicule que les autres firent mine de l'égorger avec force gestes démonstratifs.

Le conducteur, lui, restait imperturbable.

— Heu… ce n'est pas dangereux votre métier de taxi avec toute cette concurrence ?

— Avec l'argent que vous allez me donner, je vais déménager et quitter cette ville, me répondit-il simplement.

Le pays de la sagesse, où était né le yoga qui m'avait initié à la spiritualité, me semblait soudain… très différent de ce à quoi je m'attendais.

Quant au Taj Mahal, j'y ressentis le même malaise que dans les deux villes censées être les plus romantiques, Venise et Prague.

Pas d'amour ici, juste des gens qui s'étaient entretués par cupidité ou mesquinerie. Pour la petite histoire, le Taj Mahal est un magnifique mausolée construit par l'empereur Shâh Jahân en mémoire de sa femme défunte Arjumand. Son propre fils, Aurangzeb, considérant que son père était faible et avait suffisamment régné, le fit arrêter et l'enferma, lui laissant comme seule consolation une fenêtre pour suivre l'avancée des travaux du mausolée de sa chère disparue. Il mourut de chagrin…

Après Agra, nous sommes partis pour la cité hindouiste sacrée de Bénarès, au bord du Gange.

Sur les berges, les gens faisaient des ablutions, lavaient leur linge avec de la lessive, pissaient, déféquaient, se lavaient les dents, se lavaient le visage, buvaient l'eau du fleuve, qui était marron clair.

Nous avons loué une barque pour aller faire un tour sur ce fleuve extraordinaire. Le jeune homme qui faisait office de gondolier local parlait anglais, fumait de gros cônes de marijuana parfumée et nous fit découvrir fièrement son lieu de vie. À un moment, il sortit de sa poche un gobelet en plastique et le trempa dans le fleuve.

— Un bon conseil : buvez. Si vous buvez l'eau du Gange, vous êtes instantanément immunisés contre toutes les maladies.

Quelques excréments flottaient à côté d'autres déchets indéfinissables autour du bateau et, après réflexion, je refusai de boire, considérant que, si je survivais en effet à l'ingurgitation de cette substance, soit je tomberais tout de suite malade, soit je serais immunisé contre tout, comme le veut l'adage : « Ce qui ne nous tue pas nous rend plus fort. » Sur les berges, on pouvait apercevoir des crémations. Les gens amenaient leurs morts sur des chariots avec des fagots de bois sec, puis ils étaient brûlés et leurs cendres jetées dans le fleuve.

Le gondolier indien nous apprit que plus la famille du défunt était riche, plus il y avait de bois et, donc, plus le cadavre était bien cuit. Mais, pour une famille avec peu de moyens, le corps était à peine calciné. À cet instant, on entendit un choc sourd contre la coque. Après examen, il sembla que cette forme jaune était un crâne humain.

Le gondolier nous dit qu'il se nommait Prébod, ce qui signifiait qu'il allait bientôt devenir Bouddha, et accéder à la sagesse absolue.

— J'ai une question un peu personnelle à vous poser. Qu'est-ce que vous faites comme profession ? demanda-t-il.

— Eh bien, je suis écrivain.

— Pourquoi êtes-vous écrivain ?

— Pour gagner ma vie.

— Pourquoi voulez-vous gagner votre vie ?

— Pour payer mon loyer.

— Pourquoi voulez-vous payer votre loyer ?

— Pour avoir un endroit pour manger quand je rentre le soir.

— Pourquoi voulez-vous manger ?

— Pour vivre.

— Ah, et pourquoi voulez-vous vivre ?

— Eh bien…

Il afficha un grand sourire.

— Ah, vous voyez : vous ne le savez pas. En fait, vous ne le savez pas parce que votre vie n'a pas de sens. Vous ne vous êtes jamais vraiment demandé pourquoi vous êtes vivant. Bien sûr, vous vous agitez, vous écrivez des livres ou je ne sais quoi, vous voyagez, mais tout cela ne sert qu'à cacher le vide d'une existence inutile et dépourvue de tout objectif spirituel.

Je l'écoutais avec intérêt.

— Cependant, je ne vais pas vous laisser dans une situation aussi inconfortable. Aujourd'hui, c'est votre jour de chance, vous m'êtes sympathique, alors je vais vous dire ce que je ne peux pas dire à n'importe qui, car ils ne comprendraient pas. Je vais vous donner la solution à tous vos problèmes. Profitez de ce que vous êtes à Bénarès, qui est la ville la plus sacrée du monde, pour vous… suicider.

Je marquai la surprise devant le ton désinvolte utilisé pour prononcer cette dernière phrase. De nouveau, la coque de la barque produisit le bruit caractéristique du bois frappé par un crâne humain flottant.

— Tant que vous êtes dans votre pays, en France, ou je ne sais où en Europe, vous êtes chez « ceux dont la vie n'a pas de sens». Là-bas, votre âme n'évolue pas. Par contre, si vous vous suicidez à Bénarès, vous commencerez à entrer dans le cycle des réincarnations.

Vus comme cela, ses propos tombaient sous le sens d'une certaine logique locale.

— Au début, vous ne serez que dans la plus basse des castes, simple paria, probablement mendiant ou paysan, mais ensuite, si vous êtes vertueux, vous pourrez progressivement, vie après vie, par votre capacité à bien vous comporter, progresser et vous élever pour entrer dans les castes supérieures. Vos vies seront alors de plus en plus confortables, jusqu'à la réussite totale.

— Et quelle est cette réussite ?

— Être comme moi…

Il se pencha et nous murmura :

— En fait, je n'en ai pas l'air, mais je fais partie de la caste la plus haute. Tel que vous me voyez, je suis né dans la caste des brahmanes.

Il lâcha un petit soupir modeste, heureux de nous avoir fait partager son statut privilégié. Encore une figure étonnante qui rejoindra ma collection de personnages.

Je réfléchis à ce dialogue et songeai qu'en effet il n'était pas si évident de savoir pourquoi on est là. Pourquoi se lève-t-on le matin ? Pourquoi se donne-t-on du mal pour atteindre des objectifs qui, après tout, ne sont peut-être que des chimères ? Ces questions méritaient d'être posées. Et le décor surprenant de cette ville sacrée participait à cette nouvelle étape de mon évolution.

Je restai quelques instants en phase d'« aquoibonisme». À quoi bon tout ça ? Philip K. Dick donnait à cela le nom d'une affection psychologique précise : « hébéphrénie ». On renonce à tout, on se met dans un coin, on ne fait plus rien, plus rien ne nous atteint et on se sent heureux à attendre que le temps passe, jusqu'à sa mort.

Heureusement, j'avais trouvé suffisamment d'épanouissement personnel dans le simple exercice quotidien de ma profession de raconteur d'histoires pour considérer que je devais continuer. Si j'étais né dans ce sac de chair et d'os précis, si je portais ce nom précis, si j'avais déjà accompli ce chemin de vie précis, c'est que les cartes et la partie devaient se jouer avec ces atouts et handicaps précis.

Et je ne me voyais pas détruire volontairement ce corps par pure spiritualité. Si je ne l'avais pas fait au moment de la publication des *Fourmis*, ce n'était pas pour le faire maintenant. Néanmoins, tout comme au moment de mon « incident » en Corse, l'intervention de Prébod me fit réfléchir : « Qu'ai-je fait jusque-là ? » et : « Que me reste-t-il encore à accomplir ? ».

Après Bénarès, notre voyage de noces se poursuivait au Népal.

Le *Guide du routard* nous mettait en garde contre les problèmes d'hygiène dans ce pays. Nous décidâmes donc de prendre une chambre dans un « palace » un peu plus cher, situé juste en face du palais royal.

La devanture de l'hôtel était splendide, avec ses moulures compliquées qui faisaient songer à un palais des *Mille et Une Nuits.* Le concierge, affable, nous guida dans les étages. Il ouvrit une porte et nous présenta une vaste chambre avec un lit très large et très haut, des tentures de soie roses, des moulures dorées partout sur les murs, des meubles de bois précieux. Tout était splendide. Cependant, un petit détail me fit tiquer.

Le plafond était recouvert de grosses blattes marron aux élytres épais, qui formaient une couche frétillante produisant un son de pattes grattant du plâtre.

— Est-ce que cette chambre vous convient ?

— Il y a plein de blattes au plafond !

— Ah ? Ça vous gêne ? Désolé.

— Pour tout vous avouer, nous préférerions une autre chambre.

Il hocha la tête, compréhensif.

— Bien sûr, bien sûr. Chaque client a des goûts précis. Cela tombe bien, nous avons ça, suivez-moi.

Il nous emmena vers une porte qu'il ouvrit sur une chambre à la décoration encore plus compliquée.

Le plafond était recouvert d'élytres marron, tout crissants.

— Alors, celle-ci vous convient mieux ?

— Vous plaisantez, il y a autant de blattes que dans la précédente. Viens, Catherine, partons.

— Attendez, attendez ! dit le concierge. Vous voulez quoi exactement ?

— Une chambre sans blattes.

— Ah, « sans blattes » ? Pourquoi pas ? Cela tombe bien, nous en avons une.

— Cela m'étonnerait, s'il y en a dans une chambre, il y en a forcément dans toutes celles qui sont autour.

— Non, non, vous allez voir. Nous avons précisément une chambre « sans blattes ».

Par courtoisie, nous l'avons suivi.

Il ouvrit une porte et nous fit entrer dans une chambre à la décoration tout aussi chargée, mais au plafond immaculé, sans le moindre insecte.

— Vous voyez, c'est comme vous me l'avez demandé : « chambre sans blattes ».

Étonné, j'examinai la pièce avec suspicion.

Même si nous étions méfiants, nous n'avions plus d'arguments pour refuser, et nous nous sommes installés dans cette troisième chambre.

Cependant, alors que nous nous apprêtions à nous coucher, Catherine afficha un air inquiet et articula lentement :

— Ça y est, je sais pourquoi il n'y a pas de bestioles dans cette chambre…

Puis elle ajouta en fixant quelque chose sur ma droite :

— Surtout ne bouge plus et ne tourne pas la tête.

J'étais trop curieux pour résister.

Je me retrouvai alors nez à nez avec un gros rat tout blanc. Il était accroché par les griffes à la tapisserie tissée du mur derrière moi, à hauteur de mon visage. Il avait les yeux noirs et la queue rose, un peu comme les rats utilisés par les laboratoires, si ce n'est que sa taille était vraiment anormale, on aurait dit celle d'un lapin. Le rongeur descendit du mur et détala pour rejoindre un endroit plus sûr pour lui, à savoir le matelas.

Il y avait une fente dans la bourre.

À bien y regarder, le matelas était d'ailleurs un peu agité de tressautements et, lorsque je l'examinai plus attentivement, j'en arrivai à la conclusion qu'il était rempli d'une belle tribu de gros rats.

Combien étaient-ils là-dedans ? Peut-être une vingtaine, peut-être plus. Le matelas était très épais.

Il était trop tard pour changer d'hôtel, ou de chambre, et nous avons décidé de nous coucher malgré tout sur le matelas en nous enfermant dans nos sacs de couchage, en ne laissant dépasser que notre nez, comme un périscope ou un tuba, pour ne pas nous exposer à des morsures.

Le lit était parcouru de mouvements, il y avait des bruits de frottements ou de griffes, mais nous sommes arrivés à trouver tant bien que mal le sommeil.

Le lendemain, au moment de quitter l'hôtel, le concierge nous questionna :

— Vous avez passé une bonne nuit ? Vous avez vu, il n'y avait pas de blattes dans votre chambre.

— Il y avait des rats.

— Ah, vous vouliez une chambre sans blattes *et* sans rats ?

Il semblait sincèrement étonné par autant d'« exigences ».

— Nous enverrons une critique pour signaler cela au *Guide du routard*, dit ma compagne, passablement énervée. Et nous allons de ce pas trouver un autre hôtel.

— Mais non, restez ! Je vous jure, j'ai aussi une chambre sans blattes et sans rats !!

En quittant l'hôtel, avec Catherine, il nous restait cette question : quel autre animal peut faire fuir à la fois des blattes et des rats ? Probablement des serpents ou de grosses araignées.

Sur le chemin du retour qui menait à l'aéroport de New Delhi, le taxi, dans un embouteillage, nous questionna :

— Alors, comment avez-vous trouvé l'Inde ?

— On a adoré, répondis-je, c'est vraiment un dépaysement total. Jamais je n'ai eu le sentiment d'être autant sur une autre planète.

Il haussa les épaules et désigna deux fakirs barbus qui se promenaient nus avec deux gros parpaings de béton accrochés à leur pénis qui pendulait d'avant en arrière :

— Regardez-moi ces deux tarés, vous trouvez cela « dépaysant » ?

— Si nous n'étions pas venus, nous ne nous serions même pas doutés que ça existait, fit remarquer Catherine.

— Moi, vous voulez que je vous dise : ici, c'est un grand asile de fous d'un milliard de personnes. Certains nous prennent pour le pays de la sagesse, moi, je ne vois que des cinglés.

— Mais vous êtes indien, non ?

— Moi !? Vous plaisantez, vous n'avez pas vu mon turban et ma barbe ? Je suis sikh, ce n'est pas pareil. Nous ne sommes pas comme les autres. Eux, ils sont…

Il fit un signe de la main.

— Ils sont trop nombreux, ils sont trop pauvres, ils sont trop sales. Moi, par moments, j'aimerais installer une tourelle avec une mitrailleuse sur mon taxi pour tirer dans le tas.

Je respectai un silence puis je répondis :

— Pourtant, c'est ici que Gandhi a prôné la non-violence.

— Ouais ! On a vu le résultat ! Cela a donné naissance au Pakistan qui possède la bombe atomique et qui est dirigé par des fous furieux fanatiques, encore plus tarés qu'ici.

— C'est en Inde qu'est née la spiritualité. Peut-être que les fleurs ont besoin, disons, de compost pour s'épanouir.

— Vous y connaissez quelque chose en spiritualité ? demanda-t-il, suspicieux. Qu'est-ce qu'un Occidental peut comprendre à l'Inde ? Vous êtes tellement loin de tout ça.

— J'ai lu des livres. C'est ici qu'ont été inventés les chiffres que nous utilisons et que nous appelons « chiffres arabes ». C'est ici qu'a été inventé le zéro.

Étrange dialogue où je me retrouvais à faire la promotion de la science indienne à un taxi sikh qui vivait ici depuis sa naissance.

— … C'est ici qu'a été écrite la première grande saga, le *Mahabharata*, c'est ici qu'a été établi comme code le respect de la vie animale.

— Au point de laisser circuler des vaches qui créent des accidents. Je peux vous dire que nous, les taxis, on préférerait que les vaches soient mises comme chez vous dans des abattoirs plutôt que de circuler dans les rues et de déféquer partout.

— C'est ici que sont apparus le yoga et la méditation, continuai-je.

— Tout ça, ce sont des foutaises pour vous, les touristes occidentaux, vous venez deux semaines et vous ne regardez que ce que vous avez envie de regarder, vous vous émerveillez devant tout ce qui est différent de chez vous. C'est exotique, n'est-ce pas ?

— Dans ce cas, peut-être devriez-vous venir en Occident pour comprendre ce qu'est l'Inde, tentai-je de le persuader. Finalement, tout est une question de perspective. En tout cas, moi, j'ai adoré votre pays et j'ai envie d'y revenir.

Il eut l'air d'en douter et conclut :

— En fait, j'aurais préféré naître chez vous.

Je me dis que j'aurais dû présenter ce chauffeur à Prébod, mon gondolier du Gange. Ils auraient certainement eu des choses à se dire.

Quand je prenais cette distance qui m'empêchait de juger, je tentais de comprendre ce mode de pensée si différent du nôtre. Je restai convaincu que le système occidental et le système oriental étaient complémentaires et que les deux pouvaient s'enrichir mutuellement.

Quelques mois plus tard naissait Jonathan. Peut-être du fait de l'influence reçue par ses parents lors de ce voyage de noces en Inde, il se révéla d'une nature flegmatique. C'était un enfant très cool. Rien ne semblait pouvoir le déstabiliser. Était-ce une réincarnation de l'âme d'un sage indien ? En tout cas, s'il nous avait choisis comme parents, il prit à la fois la force de sa mère et la curiosité de son père. Il s'intéressait à tout. Je crois que c'est ce qu'on peut rêver de mieux pour un enfant : la passion de vivre.

ARCANE XVIIII : LE SOLEIL

L'arcane du Soleil représente deux garçons similaires qui se regardent et se sourient. C'est la carte de l'âme sœur. Le Soleil brille et donne un sentiment de plénitude aux jumeaux. Ils devaient se rencontrer pour s'éclairer mutuellement.

30 ANS. FRÈRES D'ÂME

« Toute forme de vie ne cesse de se transformer pour s'adapter au milieu qui lui-même ne cesse de changer. Tout est donc en mouvement permanent, et pour être heureux il suffit soi-même de ne pas cesser de changer pour s'adapter. »

Ainsi parlait Gérard Amzallag, le frère de Catherine, donc mon beau-frère.

On se ressemblait beaucoup physiquement.

Il était biologiste, hautement diplômé, et mélangeait son savoir en ce domaine avec l'histoire et la philosophie, trouvant des liens inattendus entre toutes ces disciplines. Dès notre première rencontre, il m'avait impressionné en me parlant de son « école de tomates ».

Il vivait en Israël dans une ferme située au milieu du désert et faisait pousser des tomates qui supportaient d'être arrosées avec de l'eau saumâtre, c'est-à-dire plus salée que l'eau douce, mais moins salée que l'eau de mer. Une eau qu'on pouvait trouver dans les nappes phréatiques et qui était pour l'instant considérée comme inutilisable.

Son « école de tomates supportant d'être arrosées à l'eau salée » était donc une solution pour permettre de faire de l'agriculture sur des terres mal irriguées et de nourrir beaucoup plus de gens.

Gérard Amzallag dédaignait les autres scientifiques qui pensaient pouvoir tout résoudre en coupant et collant les chaînes d'ADN comme des lignes de programme informatique. Pour lui, la génétique n'était pas la solution. Elle tentait de réécrire le cœur des cellules, mais ce n'était que du « bricolage ». La solution, c'était au contraire d'aider la nature à faire son travail d'adaptation.

Ainsi, dans son école de tomates, il arrosait ses plants avec de l'eau à laquelle il ajoutait très progressivement du sel. Si bien qu'alors que certains plants mouraient, d'autres faisaient un « effort », survivaient et devenaient résistants.

Toujours le fameux principe : ce qui ne tue pas rend plus fort.

Bizarrement, ces tomates arrosées d'eau salée n'avaient pas spécialement un goût plus salé que les tomates ordinaires et elles donnaient de jeunes plants qui étaient déjà adaptés dès leur naissance.

La philosophie de Gérard Amzallag était inspirée de Lamarck, l'inventeur du mot « biologie », l'homme qui avait exprimé le premier l'idée, en 1809, que les espèces végétales et animales évoluaient en modifiant leur propre organisme pour s'adapter à leur milieu.

Gérard m'expliqua qu'il y avait un schisme scientifique entre ceux qui croyaient en l'évolution selon Lamarck et ceux qui croyaient en l'évolution selon Darwin.

Le biologiste français Jean-Baptiste de Lamarck avait connu un premier succès en inventoriant, à l'époque de Louis XVI, toutes les espèces végétales. De là, il avait déduit un principe qu'il nommait « transformisme », selon lequel les espèces étaient transformées par le milieu qui les entourait et transmettaient ensuite à leur descendance ces adaptations, exactement ce qu'Amzallag venait de démontrer avec son école de tomates.

Lamarck utilisait comme illustration de ce propos l'exemple de la girafe qui a étiré son cou pour atteindre les feuilles les plus élevées des arbres. Il imaginait l'existence d'un mâle qui avait fait l'effort d'étirer son cou et sa rencontre avec une femelle qui, elle aussi, avait fait ce même effort. Ensemble, ils avaient donné naissance à un enfant qui avait lui-même, déjà à la naissance, le cou allongé. Ainsi le caractère « cou allongé » s'était transmis et les girafes avaient eu, génération après génération, le cou de plus en plus long. Quant aux girafes qui n'avaient pas étiré le cou, elles étaient moins bien nourries et avaient fini par disparaître.

Cette idée déplut aux scientifiques de l'époque. Notamment à Cuvier, son rival, mieux établi et reconnu par l'Académie des sciences. À cause des manigances de Cuvier, Jean-Baptiste de Lamarck devint la risée de ses collègues et fut rapidement mis au ban de la société scientifique officielle. Napoléon, qui le croisa plus tard pour lui remettre une décoration, lui signala que sa carrière aurait avancé plus vite s'il avait renoncé à défendre une théorie aussi ridicule que le transformisme. Lamarck connut ensuite la déchéance. Ruiné, il vendit ses collections de végétaux et d'invertébrés pour survivre. Il devint aveugle et mourut en 1829, dans la misère et méprisé de ses collègues. Il fut enterré dans la fosse commune du cimetière Montparnasse, et ce fut Cuvier qui fit son « éloge » funèbre, dans lequel il ne fit que ridiculiser une fois de plus la « stupide théorie transformiste de Lamarck ». Rarement un éloge connut autant de succès, notamment parce qu'il n'était qu'une suite de sous-entendus insultants pour le défunt.

Cependant, pour Gérard Amzallag, c'était bien Lamarck l'inventeur du concept de l'évolution des espèces, même si ce n'était pas lui qui en avait eu la reconnaissance.

Quelques années plus tard, le père de Darwin imposa à son fils Charles de lire Lamarck, mais celui-ci écrivit dans son ouvrage *L'Origine des espèces* qu'il avait trouvé les livres de Lamarck « sans le moindre intérêt ». Charles Darwin pensait pour sa part que la nature produisait toutes sortes d'espèces différentes, mais que les forts survivaient et les faibles disparaissaient, selon le principe de « sélection naturelle ». Il n'y avait donc pas de transformation des faibles en forts, soit on était bien-né, soit on disparaissait. Malheur aux mal-nés.

Darwin a finalement imposé son point de vue à tous les scientifiques, et bien peu osaient se revendiquer de ce courant minoritaire concurrent qu'était le lamarckisme.

Selon Gérard Amzallag, c'était pourtant Lamarck qui avait raison et Darwin qui se trompait. Le milieu modifie bien les individus. Et il en donnait la preuve avec ses plants de tomates qui s'étaient transformés pour supporter le poison du sel.

Gérard me convertit à cette cause perdue mais héroïque, et je voyais dans sa philosophie une conséquence politique : le lamarckisme sous-entend que n'importe qui peut, en faisant des efforts, changer, évoluer, se transformer et transformer sa descendance, alors que pour Darwin tout dépend du hasard des combinaisons de gènes. Actuellement, la nouvelle tendance scientifique dite de l'« épigénétique » vient, sous une autre dénomination, confirmer la théorie transformiste de Lamarck. Le milieu modifie bien l'ADN.

Gérard était mon frère cosmique comme dans l'arcane XVIIII, le Soleil. Nous étions connectés, complémentaires. Il m'éclairait. Je diffusais.

Plus tard, je transmettrais cette philosophie « lamarckienne » à travers la trilogie des *Dieux*, où est exprimé en filigrane l'enseignement de Gérard : tout le monde peut réussir quelle que soit sa naissance, il suffit d'admettre l'idée qu'on change en permanence pour s'adapter au milieu extérieur et aux épreuves qui surgissent et nous font évoluer ou non.

Ceux qui font les bons choix, ceux qui font les efforts, ceux qui prennent conscience des enjeux globaux, mais aussi ceux qui sont à l'écoute de la nature environnante peuvent être comme ses tomates et supporter un peu plus de sel.

31 ANS. VOYAGE DANS L'INCONSCIENT

« Le talent ne vient pas de l'hypnotiseur, mais de la capacité de l'hypnotisé à visualiser ce qu'on lui suggère. »

Je cherchais à améliorer l'art du suspense comme un horloger cherche le mécanisme parfait. Le système de la balle de tennis jaune était une première étape importante, mais je voulais inventer le roman à « suspense organique » : je voulais que le lecteur soit tellement captivé par l'intrigue qu'il lui soit physiologiquement difficile, voire douloureux, de ne pas tourner la page pour savoir ce qui allait arriver ensuite.

Je trouvai une manière d'améliorer ma technique d'écriture dans une situation inattendue.

C'était à Agen en 1992, un an après la sortie des *Fourmis*. Le lycée Bernard-Palissy venait de me donner son prix des lycéens et j'étais venu faire une dédicace lors d'un petit salon du livre local. À l'époque, mes dédicaces n'attiraient pas grand-monde et je me retrouvais dans la situation du pêcheur attendant que le poisson morde.

Qui osera parler de la solitude de l'écrivain devant sa pile de livres ?

Les gens feuilletaient parfois le livre en me demandant : « Ça parle de quoi, votre bouquin ? », ce à quoi je leur répondais que je les encourageais à continuer de le feuilleter, et ils repartaient sans l'acheter en fuyant mon regard, un peu honteux de ne pas avoir franchi le pas.

Cela fait partie du métier. Il ne faut pas avoir trop de fierté. Je ne crois pas être un bon commercial et je ne me voyais pas vendre mon livre à la criée : « Qui veut mes bouquins, ils sont beaux, ils ne sont pas chers, approchez, approchez, mesdames et messieurs, deux pour le prix d'un ! Satisfait ou remboursé ! »

J'évitais donc toujours de raconter mes romans durant les dédicaces.

Restait à sauver les apparences. Pour me donner contenance durant l'attente, je pris l'habitude de m'intéresser au livre de mon voisin, quel qu'il soit, et de discuter avec lui.

Au salon du livre d'Agen, le livre de mon voisin avait un titre du genre : *Comment pratiquer l'hypnose*.

Vieille habitude de journaliste, je posai une question ouverte :

— Vous pouvez m'apprendre ?

Cela aurait été « comment planter des poireaux » ou « comment jongler avec des assiettes », j'aurais de même posé la question et aurais été aussi désireux de recevoir son enseignement.

Il me toisa puis me répondit :

— La difficulté n'est pas de savoir hypnotiser, mais de trouver des sujets hypnotisables. L'hypnotiseur ne fait que révéler le talent de l'hypnotisé à se mettre lui-même en transe.

— Donc, si je trouve des « sujets hypnotisables », vous voudrez bien m'apprendre comment les aider à s'autohypnotiser ?

— OK, mais après 17 heures quand la dédicace sera finie.

Justement, des lycéens, jurés du prix Palissy, deux garçons et une fille, vinrent me voir et je leur proposai d'attendre la fin de la dédicace pour tester une expérience originale d'hypnose. Ils furent tout de suite enthousiastes.

Et donc, à 17 heures, je me tournai vers mon voisin (qui lui non plus n'avait que peu ou pas de lecteurs et qui entre-temps avait bu beaucoup de bière et commençait à s'assoupir dans le creux de son coude).

— Ça y est, j'ai des volontaires. On peut s'y mettre ?

Il releva la tête.

— Vous m'aviez promis de m'apprendre l'hypnose si je trouvais des volontaires. J'en ai trouvé trois.

Il regarda mes lycéens-cobayes d'un œil sceptique, mais accepta de tenir sa promesse.

Nous nous sommes alors retrouvés au centre de la salle où avait lieu ce petit salon du livre.

— Qui veut commencer ?

L'un des deux garçons se présenta spontanément. Sur les conseils de mon professeur d'hypnose improvisé, je le plaçai face à moi et lui demandai de se tenir droit et de fermer les yeux. Ce qu'il fit. Puis, comme me le chuchotait à l'oreille mon mentor, je donnai l'indication suivante :

— Vous êtes raide, dur comme une planche, tout votre corps est rigide.

Le jeune homme, tout en se tenant un peu crispé, retint difficilement un éclat de rire.

— Laissez tomber, me dit mon professeur d'hypnose, sur lui, cela ne marchera pas.

Le sujet ouvrit les yeux et s'exclama :

— Excusez-moi, je ne sais pas ce qu'il m'a pris, je suis désolé, mais laissez-moi une autre chance, je vous promets que j'y arriverai.

— Non, si cela n'a pas marché tout de suite, cela ne marchera plus, signala mon professeur.

— Bon, on passe au suivant, son copain peut-être ?

— Moi, j'y arriverai, déclara aussitôt l'intéressé.

— Non, vu qu'ils sont proches, cela ne marchera pas avec lui non plus.

Il ne restait que la jeune fille.

Comme elle avait vu que les deux premiers cobayes avaient été rejetés, elle s'avança comme si elle s'apprêtait à passer un examen. Sur les conseils de mon professeur, je la plaçai face à moi puis lui donnai les mêmes indications :

— Vous vous tenez droite, vous fermez les yeux, vous imaginez que vous êtes une planche et vous êtes toute raide, toute rigide comme si tout votre corps était en bois dur.

Elle obtempéra.

— Bon, et je fais quoi maintenant ? demandai-je à mon professeur d'hypnose.

— Ça y est, c'est bon, elle est hypnotisée.

— En une seule phrase ?

— Eh bien, oui. Tu lui as demandé d'être raide et elle est raide. Ça marche. Ça y est, tu as réussi.

— Mais on ne peut pas faire autre chose en plus ?

— Tu veux aller plus loin ? OK. Alors, répète-lui qu'elle est raide et on utilise les deux gars pour la faire basculer en arrière. Il y en a un qui va la prendre par les chevilles et l'autre va la soutenir par les épaules.

Je répétai la phrase, tandis que la jeune fille gardait les yeux fermés et demeurait rigide. Puis j'indiquai aux garçons comment la placer les pieds posés sur le bord d'une chaise et les épaules sur celui d'une autre. L'hypnotiseur recula la chaise. Elle ne tenait plus que par appui sur la nuque et sur les talons.

Pour ma part, je ne cessais de répéter : « Vous êtes raide comme une planche, tout votre corps est dur, solide, rigide », en essayant de ne pas montrer dans ma voix que j'étais moi-même impressionné par ce qui se passait.

Et elle tenait.

— Bien, on la fait revenir ? proposai-je.

— Attends, Bernard, on peut faire autre chose de mieux pour vérifier qu'elle est bien hypnotisée. Tu peux t'asseoir sur elle.

— Tu plaisantes ? Je pèse 70 kilos, elle doit en peser 50 tout au plus, il y a des lois physiques immuables.

— Mais non, elle tiendra. Si tu n'oses pas monter sur elle, on va demander à l'un des jeunes.

Et, sans même attendre ma réaction, il lança :

— Vous, vous pouvez vous asseoir sur elle, s'il vous plaît ?

C'était celui qui avait échoué au premier test et il semblait content de pouvoir prendre sa revanche, il devait lui aussi avoir un poids avoisinant les 70 kilos. Il s'assit sans hésiter sur le ventre de la jeune femme, toujours raide, tendue, chevilles sur une chaise et nuque sur une autre.

— Tu vois, c'est cela le pouvoir de la pensée, dit mon professeur d'hypnose.

J'étais de plus en plus inquiet.

— Bon, on arrête ? demandai-je, impatient de mettre fin à l'expérience.

— On pourrait mettre une deuxième personne, cela tiendrait encore.

Alors, sans même attendre mon assentiment, l'hypnotiseur fit signe au second jeune homme qui s'assit à côté du premier sur le ventre de l'hypnotisée. C'était donc une jeune fille de 50 kilos qui avait au moins 140 kilos sur le ventre et qui tenait pourtant toujours parfaitement rigide entre les deux bords des chaises.

— On pourrait même en mettre un troisième, annonça l'hypnotiseur qui commençait à être amusé par mon appréhension.

— Non, non, je veux la réveiller maintenant.

Sur mon indication, les deux garçons descendirent, puis ils la prirent par les pieds et les épaules pour la remettre d'aplomb, et je prononçai en articulant :

— Attention, à zéro vous serez réveillée et ouvrirez les yeux. Je commence le décompte. Cinq, quatre, trois, deux, un… zéro.

Je claquai des doigts et elle ouvrit les yeux.

— Comment vous sentez-vous ?

— Très bien.

— Pas de courbatures ?

— Non.

— Vous vous rappelez quelque chose ?

— Oui, vous m'avez demandé d'être raide.

Je me tournai vers mon professeur d'hypnose.

— Comment cela a-t-il fonctionné ?

— Sur ta proposition, elle s'est mise en catalepsie. Tous ses muscles étaient rigides. Du coup, elle était vraiment raide comme un bout de bois.

— Comment est-ce possible ?

— C'est une aptitude naturelle du corps humain. À ta demande, elle l'a fait fonctionner. Ce soir, elle aura très faim et elle va bien dormir.

La jeune fille semblait ravie et discutait maintenant avec les deux comparses qui étaient admiratifs de sa « réussite ». Pour ma part, je me posais d'autres questions : *Qu'a-t-elle ressenti ? Y a-t-il des effets secondaires ?*

Je voulais donc vite essayer moi-même pour comprendre les sensations de l'intérieur.

Justement, j'avais rencontré un lecteur qui m'avait proposé de lui enseigner comment écrire des romans à suspense en échange de cours de magie. Il se nommait Pascal Le Guern et était journaliste à la radio. Comme il m'avait dit qu'il savait aussi hypnotiser, je lui demandai de m'utiliser comme cobaye.

On fit l'expérience chez moi. Je m'étendis à même le sol et l'écoutai.

— Respire lentement, m'intima-t-il. Ton corps est lourd. Tes paupières sont lourdes, tu les fermes et tu te sens complètement détendu.

Il me fit visualiser une rue et, sur ses indications, j'arrivai dans un cinéma où l'on jouait un film comique. J'imaginai que j'entrais dans la salle.

— Le film projeté est vraiment très drôle et tu as envie de rire. Tu as une irrépressible envie de rire !

En fait, je ne vis rien, mais j'avais l'impression qu'il y avait autour de moi une foule qui riait, et je finis par glousser puis par m'esclaffer.

Il me dit ensuite que le film s'arrêtait, et il me sembla alors visualiser un générique de fin jaune avec des lettrages noirs, ce que je trouvai original et drôle (sans doute une référence à l'un des films qui m'ont fait le plus rire : *Monty Python : Sacré Graal*).

Ensuite, Pascal Le Guern me proposa de sortir de ce cinéma et de marcher dans une rue. Il m'indiqua qu'un nuage de moustiques bourdonnant arrivait, il me rejoignait et les insectes me piquaient tous en même temps, cela me démangeait et j'avais très envie de me gratter.

Il insistait, mais je ne le fis pas.

— Laisse tomber, prononçai-je tout en gardant les yeux fermés, je ne me gratterai pas, car ma mère m'a toujours dit que si on est piqué par un insecte, il ne faut surtout pas se gratter.

Tout en étant hypnotisé, je continuais à réfléchir et à regarder l'expérience de l'extérieur : je le laisse reprogrammer une partie superficielle des fichiers dans mon « disque dur esprit », mais si je ne veux pas qu'il touche à un programme racine, comme les recommandations de ma mère durant mon enfance, il n'y aura pas accès. L'hypnose ne lui permet pas de me forcer à faire quoi que ce soit contre ma volonté. Je garde mon libre arbitre.

Voilà le pouvoir et les limites du système d'hypnose. C'est un système de proposition/acceptation. On me propose de rire et, comme j'aime rire, je ris, on me propose de me gratter, mais, comme je n'aime pas me gratter, je m'abstiens.

Quand je me réveillai, Pascal reconnut que l'hypnose ne pouvait aller contre la volonté du sujet.

— Donc, on ne peut pas hypnotiser tout le monde ?

— Selon moi, c'est de l'ordre de 50 %. La moitié des gens sont hypnotisables et la moitié sont réfractaires. Le plus souvent parce que cela leur fait peur de lâcher, même quelques secondes, le contrôle de leur mental.

— Mais alors, les hypnotiseurs célèbres qui endorment des salles entières ?

— À mon avis, ils endorment les 50 % qui en ont envie, mais les 50 % réfractaires n'osent pas dire : « Cela ne marche pas sur moi. » D'ailleurs, Freud, qui avait commencé son exploration de l'inconscient en utilisant l'hypnose, a abandonné car, précisément, cela ne marche pas sur tout le monde, donc ce n'est pas scientifiquement reproductible.

Par la suite, je testai mes capacités d'hypnotiseur en proposant en fin de dîner une séance aux invités qui le souhaitaient. Mais, même si cela marchait sur certains, je vis rapidement que d'autres me regardaient comme un type bizarre, donc j'arrêtai. En revanche, je me portai volontaire pour toutes les expériences d'hypnose lors de spectacles publics.

Je me souviens cette même année des rencontres Science frontières à Cavaillon, organisées par Jean-Yves Casgha, où je rencontrai un célèbre hypnotiseur, appelons-le Derry (ce n'est pas son vrai nom). Je vins voir son spectacle du soir. Lorsqu'il réclama un volontaire, comme à mon habitude je me proposai et montai sur scène avec trois autres personnes.

Derry nous distribua des bananes, puis annonça :

— Je vais vous montrer la force de la pensée. Rien que par l'hypnose, je vais vous convaincre que cette banane à un goût de citron.

J'observai la banane et repérai dans la partie inférieure un petit orifice qui me semblait artificiel, probablement provoqué par une aiguille ou une seringue.

L'hypnotiseur vit que j'avais vu, et il me lança :

— Vous là, vous avez des lunettes, vous êtes quoi ? astigmate ? presbyte ? myope ?

— Myope.

— Alors ce test n'est pas pour vous. Est-ce qu'un autre cobaye (qui ne soit pas myope) peut prendre la place de monsieur, s'il vous plaît ?

Pour la suite du tour, les cobayes goûtaient la première moitié de la banane et informaient du goût. Après quoi l'hypnotiseur leur dit que l'autre moitié avait un goût de citron. Et, de fait, lorsqu'ils mangèrent la seconde partie du fruit, ils lui trouvèrent comme par hasard… un goût de citron.

Il avait injecté avec une seringue du jus de citron.

Derry enchaîna avec un autre tour et il me proposa de venir sur scène.

— Vous, le « sceptique myope », puisque vous vous croyez plus malin que tout le monde, je vous invite pour cette nouvelle expérience.

Nous étions quatre cobayes. Il nous tendit une sphère de métal terminée par un petit socle et nous demanda de la toucher à tour de rôle pour constater que le métal était froid. Puis il annonça qu'il allait nous convaincre que ce métal était chaud et il précisa que certaines personnes, rien qu'avec le pouvoir de la suggestion, s'étaient déjà retrouvées brûlées au troisième degré.

Après nous avoir répété que c'était chaud bouillant, il nous demanda de toucher de nouveau la sphère de métal.

La première personne reconnut que c'était chaud. Il insista en répétant son injonction et la tendit à la seconde qui dit que c'était en effet très chaud. Puis à la troisième, qui reconnut que c'était brûlant. Et enfin il arriva vers moi et me tendit la sphère de métal :

— Alors « monsieur le sceptique myope », vous ne croyez toujours pas au pouvoir de la pensée, moi je vous garantis que cette boule est brûlante et que si vous la touchez, vous allez avoir très mal, vous doutez encore ?

— Non, dis-je, car je vois d'ici que votre boule métallique… fume. Et je peux vous expliquer pourquoi : c'est parce que les précédentes personnes ont laissé un peu de sueur en touchant la surface de la boule avec leurs doigts. Quant à la raison physique pour laquelle c'est chaud, je suppose qu'il y a à l'intérieur de votre boule du sodium liquide qui, lorsque vous l'avez retournée tout à l'heure, s'est mélangé à de l'eau. Or le mélange eau plus sodium provoque une réaction de forte chaleur.

Un silence suivit.

— Donc il reconnaît que c'est chaud ! annonça-t-il triomphant, sans se départir de sa superbe.

Et le public applaudit comme si je n'avais rien dit.

En y réfléchissant, je me dis que pour son spectacle le grand Derry ne pouvait pas prendre le risque que cela ne marche pas, il donnait donc un petit coup de pouce « au pouvoir de la pensée ». Dommage pour le public qui devait sentir inconsciemment qu'il y avait une tricherie et se méfier du concept général d'hypnose.

Pour ma part, l'hypnose m'aida à améliorer mon écriture et notamment ma maîtrise du suspense.

En fait, quand je disais au lecteur de suivre mes héros qui descendaient dans la cave sombre et qui remontaient en refusant de dire ce qu'il y avait tout au fond, je créais chez lui un phénomène de suggestion. Je lui proposais de descendre dans son propre inconscient, où il trouvait ses propres souvenirs ou ses propres peurs de jeunesse. Je lui faisais imaginer ce qui pouvait être tapi au fond de la cave et, souvent, ce travail faisait resurgir des éléments de sa propre vie enfouis dans sa mémoire. Je me souviens d'un lecteur qui me dit à propos des *Fourmis* : « J'ai aimé la scène avec le cerf-volant sur la plage. » Je ne me souvenais pas d'avoir écrit cette scène. Lui demandant de préciser, il me déclara qu'il s'agissait d'une scène où le personnage descend au fond de la cave… Le roman avait fonctionné comme une plongée dans le passé du lecteur et lui avait fait réapparaître ses propres souvenirs d'enfance.

C'est le principe de suggestion.

Par exemple, si vous demandez à des gens de fermer les yeux et de visualiser en détail un citron pendant une dizaine de secondes, plus de la moitié vont avoir de la salive dans la bouche. Tout simplement parce que le cerveau, ayant entendu le mot citron et l'ayant visualisé, a envisagé que du jus de citron pouvait bientôt arriver et a produit de manière préventive de la salive pour en diluer l'acidité.

Du coup, je compris qu'un roman était d'autant plus efficace qu'il fonctionnait avec l'imaginaire du lecteur. En fait, un bon roman est un miroir où le lecteur se retrouve lui-même. Il vit une aventure unique bâtie en résonance avec son propre passé et sa propre culture.

Si on écrit : « Il avait face à lui une femme d'une beauté extraordinaire », le lecteur créera cette personne, et pour chaque lecteur elle sera différente. De même si on écrit : « C'était un paysage étonnant », chaque lecteur fabrique son paysage étonnant. Et si l'on prononce la phrase : « Il ouvrit la porte et recula de surprise », le lecteur imagine automatiquement ce « il » qui n'est pourtant pas du tout défini.

Un roman propose au lecteur d'être le metteur en scène d'un film qui est projeté dans sa propre tête. En cela, d'ailleurs, le roman est plus puissant que le cinéma puisqu'il laisse le lecteur actif pour créer ses propres scènes au lieu de recevoir passivement les images. Le lecteur en lisant fait son casting de visages de personnages, crée ses valeurs de cadres de caméra, compose sa musique, son bruitage, son éclairage. Une règle est de « montrer plutôt qu'expliquer ». Ce qui signifie réduire les dialogues explicatifs et proposer au maximum des situations dont le lecteur fera lui-même la mise en scène.

Enfin, on peut aller plus loin avec une règle encore plus ambitieuse : « Faire imaginer plutôt que montrer ».

ARCANE X : LA ROUE DE FORTUNE

La Roue de Fortune représente une période où les succès et les échecs se succèdent sans raison logique.
Un coup tout va bien, un coup tout va mal.
Les victoires succèdent aux défaites sans qu'on puisse enrayer cet enchaînement.
Quand on est en haut et qu'on croit que ça y est, on a réussi à stabiliser, on se pose alors des questions sur les moyens de solidifier, comme le Sphinx représenté sur la carte.
Mais pourtant on va rechuter.
C'est juste une période où tout tourne sans se fixer, alors il faut avec fatalisme apprécier quand ça monte et serrer les dents quand ça descend, puisque l'on sait que cela risque de remonter un peu plus tard.

« S'il n'y a pas de plaisir dans l'écriture, il n'y aura pas de plaisir dans la lecture. »

Le fait d'avoir déjà publié un roman et de savoir que le suivant avait déjà un éditeur me rendit plus détendu.

Je retrouvai mes personnages comme des amis, et notamment la famille d'Edmond Wells. Je dessinai sous forme de story-boards les scènes les plus spectaculaires, je distillai le suspense autour de l'énigme des allumettes : comment produire non plus quatre (comme dans *Les Fourmis*), mais cette fois six triangles avec six allumettes. Et je peaufinai l'histoire d'amour impossible entre Laetitia Wells et Jacques Méliès.

La suspecte et le policier.

J'utilisai, là encore, une structure géométrique pour écrire le roman, cette fois-ci celle de l'arbre de vie de la kabbale, en dix points.

Mes découvertes sur l'hypnose m'aidèrent à mieux jouer encore avec l'imaginaire du lecteur, mais je passai par plusieurs phases pour ce nouveau voyage.

Les voici :

Au début, on part comme un alpiniste avec l'enthousiasme et le plaisir d'explorer un territoire inconnu avec son idée nouvelle.

Ensuite, les chapitres s'enchaînent. Mais forcément l'élan du départ s'estompe et on continue à avancer par habitude. Les scènes sont des étapes qu'on franchit plus lentement. Puis vient une troisième phase où l'on commence à fatiguer, mais on progresse toujours. Le chemin devient pentu. Il se met à pleuvoir.

Le sol devient collant. On commence à peiner un peu mais on avance quand même. À ce moment-là, la nuit tombe. L'enthousiasme du début est complètement oublié. Un peu comme l'ascension de la montagne de Saint-Gaudens, on arrive à une phase où l'on n'est plus sûr de voir l'objectif qu'on s'était fixé. On croyait que c'était cette forme et puis, finalement, ce n'est pas elle. Sans avoir pour autant l'angoisse de la page blanche, on a l'angoisse de s'être trompé d'idée de base. On remplit les pages et on avance avec beaucoup moins d'entrain. C'est à cette étape que beaucoup renoncent et font demi-tour. C'est peut-être la différence entre l'amateur et le professionnel. C'est précisément à l'instant où tout semble difficile qu'il faut se souvenir de son enthousiasme de départ et donner son maximum de temps et d'énergie. Il faut continuer malgré tout, même si chaque pas devient pesant. Il faut avancer sans regarder en arrière. Tous les jours au moins cinq pages, ce sont ces cinq pas qui font que l'on avance toujours tout droit. Et puis, à force d'écrire presque sans y faire attention, on a dépassé la moitié du trajet. Alors la pluie s'arrête, le jour se lève, là-haut au sommet de la montagne. Si l'on garde son rythme, on finit par trouver un sol moins boueux, voire parfaitement sec. La marche redevient fluide. On se rappelle le projet initial avec tout ce qu'il contient comme nouveauté. Là-haut, le soleil chauffe et guide vers le gîte de l'arrivée. Il n'y a plus qu'à gravir les derniers mètres jusqu'au chapitre final. Il n'y a plus d'effort nécessaire. C'est le moment de grâce. On passe de cinq pages par jour à dix, douze, quinze. On ne lâche plus l'affaire. On aime ses personnages, on aime le projet, on veut savoir ce qui va arriver à tout ce petit monde. Alors, on fonce. Et on arrive fourbu, mais heureux, dans un gîte sec, chaud et lumineux. On entre, on ferme la porte en posant le mot FIN.

Ça y est, tout est accompli. On s'affale dans un divan et on est fier de ne pas avoir lâché quand tout nous y incitait. Puis on réfléchit au voyage accompli. Était-ce le meilleur trajet ? N'y avait-il pas d'autres pistes qui auraient pu mieux agrémenter l'expérience ? Beaucoup d'auteurs débutants sont tentés alors de s'en tenir à ce premier jet. Pour ma part, j'essaie de me souvenir de ce qui m'a le plus réjoui et je refais le voyage fort de cette expérience pour ma version suivante. Nouvelle escalade en repartant de la base de la montagne. Mais il y a le souvenir du premier voyage. Dans cette version, on franchit la pente boueuse dans la nuit avec moins d'appréhension, car on sait que le jour va revenir et qu'il y a un gîte au bout du chemin, il suffit de serrer les dents. On pose le mot FIN comme un drapeau et on repart pour recommencer. Ainsi vient la version C. Puis D. Elles s'écrivent bien plus facilement, car on se rappelle quand même vaguement les versions précédentes. On sait les chausse-trappes. Ce qui marche et ce qui ne marche pas. On tente des variations en sachant qu'au pire on pourra reprendre l'ancien chemin. Je crois me rappeler que pour ce deuxième roman j'ai réduit le nombre de versions et je me suis contenté d'aller à la version M sans aller jusqu'à la N (« Aime » plutôt que « Haine » ?).

L'avantage, cette fois-ci, c'est que je ne cherchai pas à écrire mille cinq cents pages, je fixai directement l'objectif à quatre cent cinquante. Je connaissais désormais la durée idéale du voyage.

Et enfin, je remis l'œuf fraîchement pondu. C'était le deuxième volume des *Fourmis*. Il avait pour titre *Le Jour des fourmis*.

Stanislas le reçut avec un soupir désabusé.

Il le lut en prenant beaucoup de temps et me déclara :

— C'est encore plus mauvais que ton premier. Tu écris trop vite. Et puis, tu as l'air de t'amuser à faire ça. Écrire, c'est sérieux. On doit souffrir pour bien écrire. Toi, tu fais ça… comme si…

Il faillit dire : « Comme si tu y prenais du plaisir. »

Je sentis qu'il voulait que j'accouche dans la douleur et que le fait que cette activité m'apporte autant de satisfaction l'agaçait au plus haut point.

— Donc, c'est aussi bâclé que le premier, mais bon, c'est Richard qui y tient. De toute façon, tu as eu un coup de chance grâce à ton passage chez Bernard Rapp, mais il ne faut pas se leurrer, cela marche une fois, pas deux. Et tu sais, Bernard, beaucoup de gens au sein même de la maison étaient hostiles à la sortie des *Fourmis*. Ils trouvaient tous, comme moi, que c'est un mauvais sujet et que ce que tu fais n'est pas de la vraie littérature. Je crois que la sortie du deuxième leur donnera raison.

Quelques jours plus tard, j'obtins que mon amie Reine Silbert devienne mon éditrice. Elle me rassura aussitôt.

— Arrête de douter de ton propre travail. Ton deuxième roman est encore meilleur que le premier. Ne touche à rien, cela fonctionne parfaitement. Si on coupe à un seul endroit, ou si on modifie un passage, cela va créer des déséquilibres. Je vois bien que tout est lié et en connexion subtile.

Elle se contenta de noter les répétitions, de couper quelques passages où l'on pouvait comprendre sans que j'explique et d'enlever les dialogues inutiles.

Cela me changeait évidemment de Stanislas.

En parallèle, mon premier roman sortit en livre de poche.

Un certain Max Prieux, directeur au Livre de Poche, numéro deux de l'entreprise à l'époque, eut un coup de cœur pour *Les Fourmis*. Il fit une campagne de communication dirigée vers le scolaire en conseillant aux professeurs des collèges d'utiliser cet ouvrage comme moyen de donner ou de redonner envie aux jeunes de lire. Je ne sais pas comment il s'y prit, mais, grâce à lui, le roman connut une deuxième vie.

Si *Les Fourmis* avaient atteint le chiffre de quarante mille exemplaires vendus en grand format (ce qui est bien, mais pas suffisant pour être propulsé dans la liste des best-sellers), en poche ce chiffre fut décuplé. Aujourd'hui encore, grâce au petit coup de pouce de départ de Max Prieux, le livre est toujours prescrit par les professeurs, au programme de certaines classes, et a atteint le nombre de deux millions d'exemplaires en poche. L'action d'une personne peut suffire à produire des miracles. Je n'oublie pas ce que je dois et à qui je le dois. Reine Silbert, Richard Ducousset, Bernard Rapp et Max Prieux comptent parmi les quatre fées qui permirent au bébé roman *Les Fourmis* de vivre.

Le Jour des fourmis eut un tout petit peu plus de presse que le premier tome.

— C'est normal que les journalistes commencent à réagir au deuxième livre, me dit Reine. Deux ans, c'est le temps que met un roman vraiment différent de la production habituelle pour commencer à être détecté. Et encore, tu as de la chance. Les livres de Boris Vian n'ont été repérés par les critiques qu'après sa mort.

De fait, certains journalistes qui m'interviewèrent me signalèrent que c'étaient leurs propres enfants qui leur avaient fait découvrir le livre. Quelques articles parlèrent de moi comme d'un auteur américain, car beaucoup croyaient qu'il n'y avait que les Anglo-Saxons capables de faire de la littérature fantastique ou de la science-fiction et parce que mon nom pouvait sonner anglais.

Florian, mon ancien collègue, se fendit d'un second article très gentil dans *Le Nouvel Obs*.

Et puis, nouveau miracle, *Le Jour des fourmis* eut le Prix des lectrices du magazine *Elle.* Ce prix me fut remis en grande pompe dans un château à Reims. Je découvris alors qu'il fallait jouer le rôle du « grand écrivain ». Cela consistait à se prendre un peu plus au sérieux que je ne le faisais. Je dus surmonter le sentiment d'être un imposteur. Les phrases de Stanislas restaient imprimées dans ma tête. *Prendre autant de plaisir à écrire est suspect.*

Je surmontai ce syndrome et me laissai porter par les événements.

Ce prix, décerné par Jean-Dominique Bauby, rédacteur en chef de *Elle* (futur auteur du superbe livre *Le Scaphandre et le Papillon*), je ne le savais pas encore, était ma première vraie reconnaissance non pas de la part des critiques, mais des lecteurs. Il me fit enfin accéder au public féminin, qui jusque-là se méfiait de tout ce qui ressemblait à de la littérature fantastique ou de la science-fiction. Désormais, il y avait des files d'attente pour les dédicaces dans les librairies, lors des conférences que je donnais dans les universités et dans les salons littéraires en province.

C'est là que je mis au point mon petit dessin de fourmis.

Beaucoup de gens me disaient : « Mon fils ne lit toujours pas, pouvez-vous me mettre une dédicace qui lui donne envie de lire malgré tout ? » Je cherchai puis trouvai ce qui me semblait la meilleure formule : « Surtout ne lis jamais ce livre. »

33 ANS. ULTIMES FRONTIÈRES DE L'ESPRIT

« Tant que l'homme sera mortel, il ne pourra pas être vraiment décontracté. »

Cette phrase de Woody Allen était en exergue de mon troisième roman, *Les Thanatonautes*.

L'une de mes principales motivations pour écrire un troisième roman était le souvenir du traumatisme de la mort de mon grand-père, Isidore. « Laissez-moi mourir tranquille », avait-il demandé. Mais il n'avait pas eu droit à ce privilège. J'avais découvert que le « mourir tranquille » était un luxe.

Et je me disais : il y a de la lumière à mettre sur cet ultime chapitre de notre existence. Il ne faut pas laisser à la peur et aux religions l'exclusivité des réponses sur la question de l'après-mort.

Mourir le sourire aux lèvres avec l'impression d'avoir bien tout accompli me semblait un objectif à atteindre, sans la condition d'avoir une foi quelconque.

Mais comment arriver à parler d'un sujet considéré comme tabou ?

J'essayai de résoudre ce problème en évoquant le thème de la mort comme un territoire inconnu à explorer.

Je crois que j'ai écrit *Les Thanatonautes* pour surmonter ma propre appréhension du dernier jour de mon existence. Comment arriver à me dire : « OK, si je meurs, ce n'est pas un drame, c'est juste un passage vers un autre monde… » ? Précisément en mettant en scène une mort qui ne soit pas une fin, mais une étape pour atteindre une *terra incognita.* Je percevais ce thème comme une nouvelle frontière à explorer « normalement », comme Christophe Colomb a exploré un monde au-delà de l'horizon et a découvert l'Amérique.

J'avais gardé le gros dossier que j'avais constitué sur les NDE pour *Le Nouvel Obs* et qui avait été réduit à quelques pages. Il me servit de documentation. J'utilisai cette fois une structure qui m'avait été inspirée par le film *L'Étoffe des héros*, où des pionniers se succèdent pour aller toujours plus loin dans la conquête de l'espace.

Dans mon esprit, la conquête, puis l'exploration du continent des morts, était le défi majeur des générations futures.

Je me sentais le devoir de livrer cette anticipation précisément pour que cela puisse exister un jour, au même titre que *De la Terre à la Lune* de Jules Verne, paru en 1865, avait anticipé et préparé le vol de la mission Apollo en 1969.

Enfin, je parlais d'autre chose que de fourmis.

Je m'aperçus qu'en utilisant comme guides *Le Livre des morts* tibétain, *Le Livre des morts* égyptien, la kabbale et le chamanisme, j'avais une masse de détails suffisamment précis pour que cela puisse être facilement visualisé par le lecteur.

Plus j'avançais dans *Les Thanatonautes*, plus j'acceptais l'idée qu'un jour cette existence allait s'arrêter et que ce n'était pas grave, mon seul devoir était d'explorer à fond cette existence pour apprendre et faire évoluer mon âme.

L'écriture des *Thanatonautes* produisit en moi une excitation nouvelle.

Michael Pinson (ainsi nommé car « pinson » est la traduction de Stiglitz, le nom de jeune fille de ma mère) et Raoul Razorbak (en référence au phacochère dont les défenses, *razor* ou rasoir en anglais, reviennent en arrière, *back*, pour se retourner contre lui-même) étaient censés fonctionner comme une association entre un personnage rationnel et un personnage irrationnel, entre un timide et un téméraire, entre celui qui doute et celui qui est rempli de certitudes. Le lecteur pouvait lui-même se situer entre ces deux protagonistes.

Michael Pinson est un rationaliste prudent. Il préfère rester en retrait et ne pas prendre de risques.

Raoul Razorbak, à l'inverse, veut aller trop loin, trop vite.

J'écrivis le livre en partie en écriture automatique à grande vitesse en écoutant très fort au casque *Prélude à l'après-midi d'un faune* de Debussy, *Incantations* de Mike Oldfield et *Birdy* de Peter Gabriel.

Je cite ces musiques, car je suis conscient que les phrases musicales m'inspiraient des envolées littéraires précises. Le rythme, les émotions étaient amplifiés par la mélodie écoutée à fond au casque.

Durant l'écriture, j'eus l'impression de voir en direct un film avec sa bande-son qui emplissait tout, un peu à la manière des musiques d'Ennio Morricone.

C'est pour cela, peut-être, que la rédaction des *Thanatonautes* fut aussi « spéciale ».

Je voulais aussi dans cet ouvrage tenter une expérience : écrire en état de conscience modifié. J'utilisai pour atteindre cet objectif un produit hallucinogène. Mon maître en écriture, Philip K. Dick, écrivait souvent sous LSD, et je voulais savoir si son génie était lié à ce dopage chimique.

Un manutentionnaire du *Nouvel Obs* avec lequel j'avais gardé contact me dit qu'il pouvait faire venir de la marijuana de qualité exceptionnelle du Brésil. Il me dit exactement :

— C'est comme le vin. Si tu prends du vin de mauvaise qualité, tu as juste la tête lourde, par contre, si tu prends un grand bordeaux, tu feras une expérience intéressante.

En tout cas je ne voulais pas accomplir cette expérience n'importe comment.

En m'inspirant du film des années 1980 *Altered States* de Ken Russell (en français *Au-delà du réel*), où le héros explore des états de conscience modifiés avec de la drogue, je définis un rituel pour me lancer seul : m'asseoir en tailleur, un coussin sous les fesses, poser un chronomètre devant moi, bien sélectionner la musique que j'allais écouter dans le casque audiophonique, couper le téléphone, avoir un carnet et un stylo pour noter à chaque moment ce que je ressentais.

Et j'aspirai la fumée au goût de fleur poivrée.

Au début, il ne se passa rien, et puis, en fermant les paupières, j'eus soudain l'impression que mon esprit se détachait de mon corps, un peu à la manière du voyage astral que j'avais pratiqué avec Jacques Padovani à Hyères.

Cette fois-ci, je notai qu'il n'y avait pas le moindre doute, la réalité était « altérée ». J'étais dans un état de conscience différent. J'avais basculé de l'autre côté du miroir. Plus je gardais les yeux fermés, plus je me voyais de l'extérieur depuis mon esprit devenu une copie transparente de moi, capable de voler dans la pièce.

Mais, contrairement au voyage astral enseigné par Jacques Padovani, je ne maîtrisais pas grand-chose. Cela m'inquiétait, et je procédai par étapes, m'efforçant de toujours rester capable d'inscrire sur mon petit carnet de route l'heure ainsi que ce que je voyais et ressentais.

Je remarquai que la qualité du vol dépendait à 80 % de la musique. La marijuana augmentait ma sensibilité auditive, mais si je coupais la musique, mon enveloppe transparente revenait dans mon corps.

Malgré cela, je n'étais pas du tout détendu, car, maintenant que le réel était déformé, je me demandais s'il redeviendrait comme avant.

Je me posais aussi la question : *Puisque mon cerveau ne fonctionnait plus de manière normale, y avait-il un risque qu'il soit définitivement détérioré ?*

Je ne profitai donc pas vraiment de cette première sortie chimique.

Et puis je m'endormis.

Quand je me réveillai le lendemain, je constatai avec soulagement avoir entièrement réintégré le réel et mon corps. Le temps et l'espace avaient retrouvé leur forme connue.

Sur mon carnet étaient notés les heures et les états de conscience modifiés qui s'étaient déroulés à chaque minute.

Je décidai de reproduire l'expérience, mais cette fois en me fixant le canevas d'intrigues des *Thanatonautes* à rédiger dans cet état « différent ». Quelques amis écrivains m'avaient dit avoir tenté d'écrire sous marijuana. À la relecture, leurs écrits étaient trop chaotiques, donc inutilisables. Il fallait avoir la rigueur habituelle de l'écriture, le lâcher-prise lié à la musique, amplifié par cette substance hallucinogène.

Subtile question de dosage.

Je mis la musique planante répétitive de l'album *Incantations* de Mike Oldfield, j'allumai, j'aspirai et je décollai.

C'est ainsi que je rédigeai le chapitre des *Thanatonautes* commençant par la phrase : « Et maintenant je meurs… »

Je ne sais pas combien de temps dura le trip : écriture + substance + *Incantations*, mais à la fin j'avais écrit tout mon chapitre.

Le lendemain, à la relecture, cela me sembla différent de mon écriture habituelle.

Je n'avais plus dans la tête, pendant tout le temps où j'écrivais, la voix du professeur de français qui critiquait tout le temps ce que je faisais.

La substance avait augmenté mon lâcher-prise.

Mon esprit devenait comme un cheval qui galopait librement.

Plus d'envie de faire joli, plus de peur d'être jugé.

Je considérai, en tout cas, l'effet comme suffisamment intéressant et efficace pour que je… ne le reproduise plus. Car, à peine la rédaction de ce chapitre terminée, je pris conscience que je risquais de prendre l'habitude d'écrire avec ce produit et de ne plus pouvoir écrire sans.

Des collègues écrivains m'avaient évoqué ce risque. Eux n'arrivaient plus à écrire sans ce « doping ». Ils étaient même obligés d'augmenter les doses ou de passer à des produits plus durs pour avoir le même effet que leur premier trip. C'était une course sans fin.

Plus ils utilisaient la drogue, moins cela marchait. Là était le piège.

Et puis, je craignais déjà que cela ne me provoque des trous de mémoire, et, à cause de l'Alzheimer de ma grand-mère paternelle, j'avais cette hantise.

Enfin, j'étais conscient qu'en augmentant ma sensibilité de cette manière, j'amplifiais mes tendances paranoïaques déjà bien présentes.

J'avais essayé, j'avais compris comment cela fonctionnait sur mon cerveau. Si l'équation était : marijuana = trous de mémoire + addiction + paranoïa, je n'y voyais plus le moindre intérêt.

Je terminai donc les autres chapitres sans marijuana, mais avec le souvenir que mon esprit pouvait penser plus large et plus loin.

Il y avait des portes, ces fameuses « portes de la perception » qu'évoquait Aldous Huxley et qui ont inspiré le nom du groupe américain les Doors, que j'avais vues et que j'avais ouvertes, mais maintenant je pensais pouvoir y revenir sans la moindre substance hallucinogène.

Après tout, mes articles scientifiques m'avaient appris que mon cerveau savait fabriquer ses propres drogues, il suffisait de savoir que c'était possible.

Durant la rédaction des *Thanatonautes*, je me régalai à écrire une scène de jugement d'une âme (moment où l'on fait le bilan objectif de sa vie qui m'inspirerait plus tard la pièce de théâtre *Bienvenue au Paradis*).

Puis je tentai de pousser le concept plus loin : que se passerait-il si les marques pouvaient installer des publicités sur le chemin de la réincarnation ? Que se passerait-il si les gens, sachant qu'ils vont être réincarnés selon leur comportement, devenaient tous gentils par pure superstition ? Comment familiariser le lecteur sur un sujet aussi inquiétant et mal connu ? Je m'aperçus que j'avais un peu trop parlé sans peur de la mort et que celle-ci, a contrario, pourrait dangereusement sembler une expérience fascinante, comme le papillon attiré par la lumière de la flamme.

Du coup, j'ajoutai un « Service Officiel de Promotion de la Vie », pour bien rappeler aux lecteurs que la grande expérience n'était pas la mort, mais la vie : vivre à fond sa vie, profiter de la chance d'être né et pouvoir agir sur la matière.

Au final, c'était un récit bizarre qui m'échappait un peu, mais qui m'intriguait. En fait, j'avais même écrit certains passages que je n'étais pas sûr de comprendre. Et le plus troublant demeure dans le fait que je compris quelques-uns de ces passages énigmatiques... vingt ans plus tard.

Cette sensation de faire sortir de son inconscient des pensées qui nous dépassent n'est possible qu'en écrivant rapidement, en état d'exaltation : restait à savoir comment cela pouvait être perçu par le public.

Reine Silbert fut ma première lectrice et elle me dit :

— C'est ton meilleur livre.

Je lui dédiai d'ailleurs ce roman pour la remercier de son soutien depuis mes débuts.

Le titre des *Thanatonautes* prêta à discussion avec l'éditeur. Le mot était un néologisme difficile à prononcer. Il était pourtant la seule dénomination précise de ce que pouvaient être des explorateurs du territoire des morts (de Thanatos, le dieu de la mort, et *nautes*, navigateur en grec). J'espérais que cette prononciation difficile serait un défi.

À sa sortie en librairie, le livre fut... un échec total.

Sur *Les Thanatonautes*, pas un article, pas un passage radio, pas une télévision. Rapp me fit dire d'ailleurs par mon attachée de presse que s'il avait beaucoup aimé *Les Fourmis*, il n'avait pas du tout apprécié *Les*

Thanatonautes. Je questionnai mon attachée de presse sur ce black-out médiatique, et elle reconnut :

— La mort, c'est un sujet qui n'est pas vendeur, et puis ton titre est incompréhensible. Les gens qui peuvent le comprendre ne lisent pas de science-fiction, ceux qui lisent de la science-fiction n'arrivent pas à le comprendre car ils parlent rarement grec. Normalement, quand on évoque la réincarnation, c'est pour faire croire à une théorie précise, or, toi, tu n'as aucune théorie à vendre. Tu n'es ni dans le « j'y crois » ni dans le « je n'y crois pas ». Alors, les gens ne savent pas comment te situer. Tu ne touches même pas les mystiques.

La plupart de mes amis me dirent qu'ils n'adhéraient pas du tout.

Reine fut la seule à maintenir que c'était un livre original et puissant. En considérant le nombre de gens qui n'aimaient pas ce récit, voire le détestaient (« Comment as-tu fait pour perdre la magie des *Fourmis* ? » me disaient certains), je me dis que j'avais échoué.

Je songeai que Reine, pour une fois, devait se tromper.

Et de fait, on ne vendit qu'un quart du premier tirage.

Soit l'arcane X, la Roue de Fortune : on croit qu'on est arrivé dans une zone stabilisée et puis tout s'effondre et on retombe aussi vite qu'on est monté. La Roue de Fortune, c'est l'apprentissage que rien n'est gagné, tout peut être perdu sans raison logique du jour au lendemain. Peut-être est-ce de cela que voulait m'avertir Claude Klotz. Tout ce qui monte finit par descendre.

Seule petite consolation : une infirmière suisse me signala qu'elle travaillait dans un service d'accompagnement des personnes en phase terminale. Or elle s'était aperçue qu'en lisant à haute voix *Les Thanatonautes* à ses patients, cela leur permettait de vaincre leur appréhension de la mort. Elle avait donc organisé des lectures collectives dans une salle où ses malades venaient de plus en plus nombreux et commentaient chaque chapitre du livre.

En deux semaines, *Les Thanatonautes* passèrent des librairies au pilon pour être métamorphosés en pâte à papier et servir à d'autres ouvrages.

Ainsi meurent les livres.

Je songeai : *Je n'ai peut-être pas de talent, ou alors je l'ai perdu. Dans les deux cas, il serait peut-être plus raisonnable d'arrêter le métier de romancier et de revenir au journalisme.*

Reine me dit :

— Ne te remets pas complètement en question. Tout le monde peut trébucher, une carrière, ça ne peut pas être que des réussites.

— Alors je fais quoi ?

— Termine la trilogie sur les fourmis, ne serait-ce que pour voir si les lecteurs t'ont vraiment abandonné.

Alors, suivant les conseils de Reine, j'écrivis l'intrigue du troisième volet de la trilogie des *Fourmis* : *La Révolution des fourmis*.

Et la Roue de Fortune tourna. À la sortie du livre , le succès fut de nouveau au rendez-vous.

J'eus même enfin droit à des interviews où je pus présenter ma vision sur la révolte nécessaire. C'était comme si l'« incident » des *Thanatonautes* ne s'était même pas produit.

Restait la question : suis-je autorisé par le public à parler d'un autre sujet que les fourmis ou suis-je condamné à n'être l'auteur que d'un seul thème ?

33 ANS. LES ARCANES DU DESTIN

« Tout est inscrit dans les vingt-deux arcanes du tarot, il suffit de bien regarder ces dessins dans les moindres détails et on comprend sa propre vie. »

Dans les grandes rencontres qui m'ont marqué à l'époque, il y a celle avec Alejandro Jodorowsky, génial scénariste de la bande dessinée *Métal hurlant, L'Incal* (avec Mœbius comme dessinateur), réalisateur du film *La Montagne sacrée* et grand maître en tarot.

Il m'accueillit dans sa villa à Saint-Mandé et me montra dans son jardin une petite tour et me dit :

— Ça, c'est ma Maison-Dieu.

Puis il me tira les tarots et m'annonça précisément en tirant cet arcane :

— En octobre, tu vas divorcer.

Puis il me dit :

— Par contre, dans ton travail, tu es particulièrement protégé. Quoi qu'il arrive, surtout ne t'arrête pas de produire des romans.

Alors que nous déjeunions avec sa jeune compagne, il fit des taches sur sa chemise et dit avec humour :

— C'est cela, le signe des vrais hommes, ils n'ont pas peur de tacher leurs vêtements.

Et il continua à manger, se tachant volontairement, tout en m'expliquant les cartes du tarot, son passé au Chili et sa technique de psychomagie où il invitait les gens à faire des choses choquantes pour se débloquer l'esprit.

J'eus la sensation d'être avec un homme libre. Puis il me montra le story-board de Mœbius pour son projet de film *Dune* avec Orson Welles, Dalí et Mike Jagger au casting. Rien que ça.

Ce fut après cette rencontre que je me mis à apprendre le sens des cartes de tarot et que je me préparai à cet événement annoncé (qu'il avait peut-être suggéré à mon esprit) : le divorce.

Post-scriptum : en 2018, je retrouvai Alejandro Jodorowsky et nous avons dîné dans un restaurant chinois en bas de chez lui. Il m'expliqua que, dans la vie, il y avait des synchronicités extraordinaires auxquelles nous devions faire attention. Par exemple, on voyait sur une affiche le nom d'une personne qui nous faisait penser à une autre, et comme par hasard celle-ci apparaissait. Ou bien on voyait passer un animal dont le nom était la réponse à une question qu'on se posait. Alors qu'il parlait, le serveur insista pour nous présenter sa spécialité du jour. C'était une soupe avec un ingrédient spécial. La racine de taro, une plante souvent utilisée dans la gastronomie chinoise. Alejandro me jura qu'il ne l'avait pas su à l'avance. C'était vraiment une pure coïncidence.

34 ANS : RÊVE GUIDÉ

« Fermez les yeux, imaginez que votre esprit sort de votre corps par le sommet du crâne et s'envole pour rejoindre votre île personnelle. »

Et divorce il y eut. La Roue de Fortune continuait de tourner. Lors de mon dossier sur le stress, j'avais noté que dans les causes de stress il y a, dans l'ordre : 1) le deuil, 2) le divorce, 3) le déménagement, 4) la prise de parole en public. J'étais donc dans l'épreuve du 2.

Ce divorce entraîna une remise en question. Catherine m'avait conseillé de faire une analyse, tout comme elle, avant notre séparation. Pour ma part, je considère que c'est probablement cette psychanalyse qui a achevé notre couple. La plupart des psychanalystes que j'avais rencontrés lors de mes reportages sur les mystères de l'inconscient m'avaient semblé eux-mêmes très… névrosés, projetant leurs propres névroses sur leurs patients.

Pour en avoir le cœur net, je décidai de faire un livre qui me « psychanalyserait » en utilisant tous les trucs que je connaissais grâce aux lectures de Freud, d'Adler et de Jung, plus ce que j'avais découvert avec l'outil de l'hypnose.

J'écrivis le livre d'un trait, en une seule journée, entre 8 heures du matin et 8 heures du soir, ce qui contrastait avec les douze ans nécessaires à l'élaboration des

Fourmis. Après avoir battu un record de lenteur à l'accouchement, je battais un record de vitesse.

Cela donna *Le Livre du voyage*, en fait une sorte d'autohypnose-thérapie en papier.

Autre gageure : *Le Livre du voyage* était à la deuxième personne du singulier et au présent, comme si le livre parlait au lecteur en le tutoyant.

Dans le style : « Tu fermes les yeux et tu t'imagines que tu étends tes ailes pour t'envoler. »

Ce livre était une pure expérience personnelle et je n'envisageais pas de le publier, je l'avais fait lire comme une curiosité à Richard Ducousset et j'appris soudain qu'il en avait programmé la parution dans les mois suivants. Alors, je le remodelai un peu et acceptai qu'il soit publié, conscient que mes lecteurs habituels risquaient d'être un peu déroutés par ce livre bizarre qui leur proposait un mélange de psychanalyse et d'hypnose.

Quand le livre sortit et que je dus le présenter lors de conférences, je proposai directement de l'expérimenter par une méditation collective guidée.

— Fermez les yeux et imaginez que votre esprit sort de votre corps par le sommet du crâne et s'envole pour rejoindre votre île personnelle où se trouve une cabane. Vous ouvrez la porte de la cabane et découvrez un bureau et un fauteuil. En ouvrant le tiroir placé à votre gauche, vous trouvez un cahier blanc, vous l'ouvrez, et il apparaît sur la page de droite une phrase que veut vous transmettre votre inconscient. Vous lisez la phrase puis vous y répondez à la ligne en dessous…

Chaque fois, le taux de réussite d'apparition de la phrase de l'inconscient avoisinait les 70 % (plus de la moitié car les lecteurs qui se déplaçaient étaient déjà motivés pour réussir).

Alors que je faisais une conférence pour ce livre au Virgin Megastore de Marseille, qui n'avait pas de salle de conférences, je fis la séance de méditation guidée directement au milieu des rayons de livres, et les gens, pour se détendre, s'installèrent par terre. Alors passa en plein milieu de la séance un type avec une grande boîte ronde qui me vit parler dans le micro tandis que les gens étaient étendus par terre comme endormis. Il pensa peut-être que j'étais un gourou qui avait mis en transe de simples clients. Il trouva cette situation inquiétante, ouvrit la boîte et en sortit deux… cymbales.

Vraiment pas de chance : un joueur de cymbales !

Il sortit les deux cercles métalliques et fit mine de les utiliser pour réveiller tout le monde.

Je lui fis signe de ne pas exécuter sa menace tout en continuant de parler aux autres gens qui avaient encore les yeux fermés.

Craignant que ce trublion fasse malgré tout sonner ses cymbales, je fis remonter tout le monde en phase consciente par étapes rapides. Et ce ne fut que lorsque j'eus fini le décompte pour arriver à « trois, deux, un, zéro, ouvrez les yeux » qu'il fit retentir ses cymbales, ce qui tombait à pic pour terminer la séance.

Il vint me voir et m'invectiva :

— Pourquoi vous avez mis les gens par terre avec les yeux fermés comme ça ?

Je lui expliquai et, lorsqu'il eut compris, il s'excusa et me demanda s'il pouvait participer à la prochaine séance.

Après cet incident, je ne fis plus jamais d'expérience dans un lieu où l'on ne pouvait pas fermer les portes pour éviter ce genre d'intrusion au milieu du voyage imaginaire.

ARCANE VII : LE CHARIOT

L'arcane du Chariot représente un homme sur un char. C'est la carte du voyage dans le monde, le Chariot est dans une dynamique de mouvement que rien ne semble arrêter.

Ayant trouvé sa couronne, son sceptre et son blason, le conducteur parcourt le monde et dirige sa vie en serrant les rênes qui lui permettent de contrôler ses deux chevaux. Ceux-ci tirent dans des directions différentes mais il les maîtrise parfaitement. Il regarde à gauche, signe qu'il a l'impression d'avoir réussi, mais au fond de lui il sait qu'il n'est qu'à mi-chemin. Il n'a réussi que pour ceux qui le voient de l'extérieur. Il lui reste le plus dur à accomplir dans son cheminement intérieur.

Le roman *Les Fourmis* fut traduit en trente-sept langues. C'était bien un sujet qui pouvait finalement toucher tout le monde, car la plupart des gens connaissent, enfants, cette expérience d'observer une fourmilière ou une fourmi, à l'extrémité de leur index, ses antennes dardées vers leur visage, comme si elle voulait communiquer.

Les premiers à s'intéresser à l'ouvrage furent les Coréens. Je fus contacté par une jeune étudiante coréenne, Mlle Choï, qui me dit :

— Je trouve que votre roman fait penser au *Nom de la rose*. Cela m'a donné envie de contacter l'éditeur coréen d'Umberto Eco, et je l'ai convaincu de vous publier.

— Vous êtes agent littéraire ?

— Non, je ne suis qu'une simple étudiante.

L'éditeur coréen, Ji Woon Hong, patron de The Open Books, était plutôt spécialisé en littérature russe. Pourtant, sur un coup de tête, ou un coup de cœur, il décida de miser à fond sur *Les Fourmis*. Il lança une campagne de publicité *teasing* dans les quotidiens. Il mit en place un décompte journalier « moins 10 », « moins 9 », « moins 8 jours », annonçant un événement littéraire. Et, le dernier jour, il révéla que c'étaient *Les Fourmis* (cela se prononce *Kaëmi* en coréen).

Mon traducteur, See Uk Lee, m'avait contacté pour me poser des questions détaillées pour être sûr de ne pas se tromper.

Quelques mois plus tard, je débarquai en Corée et découvris un pays extraordinaire avec une population à l'esprit neuf, car, sortant de dizaines d'années de guerre et d'un système politique dur, la Corée pouvait enfin goûter aux joies de la paix, de la liberté et de la démocratie.

Une génération s'était sacrifiée pour que le pays décolle après le traumatisme de la Seconde Guerre mondiale suivie de la terrible guerre de Corée. N'ayant pas de matières premières, les Coréens avaient investi à fond dans la matière… grise. Ils avaient créé des écoles très performantes où les professeurs demandaient à leurs élèves de se surpasser.

Tout un pays misait sur l'éducation.

Les Coréens lisent beaucoup. Ils sont curieux de toutes les nouveautés. Lors de mes conférences, je perçus une jeunesse avide d'apprendre vite.

Dès leur sortie, *Les Fourmis* devinrent le roman en tête des listes des best-sellers coréens. (Cela donna par la suite l'envie à tous les éditeurs coréens concurrents d'avoir leur « auteur français potentiellement best-seller ». Beaucoup d'auteurs français ne comprirent pas pourquoi, dans les mois qui suivirent, ils se retrouvèrent avec des contrats de traduction venant de Séoul.)

Je me sentis rapidement une énorme affinité avec cette courageuse petite nation entourée de pays militarisés et hostiles : la Corée du Nord (avec un dictateur qui dispose de la bombe atomique et qui menace sans cesse de l'utiliser, tout en affamant sa propre population), le Japon (qui a occupé la Corée durant la Seconde Guerre mondiale et commis des atrocités sur les populations civiles), la Chine (envahisseur historique qui a toujours eu des vues sur ce pays et a déjà perpétré de nombreuses exactions dans le passé) et l'URSS (en 1983, un Mig russe avait abattu un Boeing 747 coréen, faisant deux cent soixante-neuf victimes civiles, sous le prétexte que cet avion avait dévié de sa route). Face à tous ces voisins inquiétants, les Coréens étaient obligés de se surpasser pour tenir.

En dehors de la traduction coréenne, je pourrais aussi évoquer le cas contraire des États-Unis.

Au début, les Américains ne s'y intéressaient pas du tout. Jacqueline Favero, la responsable des droits étrangers chez Albin Michel, me dit :

— Les éditeurs américains contactés n'en veulent pas à cause de Marguerite Duras.

— Quel rapport avec Marguerite Duras ?

— Eh bien, pour eux, la littérature française, c'est elle, car elle est la dernière écrivaine française à avoir été connue là-bas. Elle a reçu un grand soutien des médias et des intellectuels new-yorkais, mais, pour beaucoup de lecteurs américains, c'est une lecture un peu rébarbative. Du coup, les Américains ont généralisé et pensent que tous nos livres sont similaires. Pour eux, c'est cela, le style français. Les maisons d'édition américaines n'ont même plus d'éditeurs capables de lire dans notre langue.

— Donc, il faut leur traduire pour qu'ils puissent s'y intéresser ?

— Non, parce qu'ils veulent faire la traduction eux-mêmes.

— Alors, c'est le serpent qui se mord la queue, pas de traduction pas de lecture, mais pas de lecture pas de traduction.

— Ils sont un peu protectionnistes, mais c'est aussi notre faute.

— Ne peux-tu pas faire référence à Jules Verne ?

— C'est trop vieux.

— Pierre Boulle ? L'auteur de *La Planète des singes*.

— Les Américains ignorent que c'est un Français. Ils pensent que c'est un des leurs. En France, on a empêché une nouvelle génération de littérature de science-fiction d'émerger. Un peu comme si on avait définitivement décidé que notre pays ne s'intéressait pas au futur. Du coup, les Américains, comme tous les autres pays, pensent que nous n'avons qu'une littérature de romans historiques ou d'états d'âme, mais aucune vision de l'avenir.

Les droits furent achetés pour une somme modique par les Anglais qui firent une traduction mot à mot. Puis par les Américains, Bantam Books. Ils voulaient faire leur propre traduction.

On me montra, au bout de plusieurs années, une traduction américaine du livre. Le traducteur avait changé toute l'histoire, il croyait que j'avais inventé l'abdomen capable de projeter de l'acide formique, alors il en avait rajouté : il avait aussi pourvu mes guerrières fourmis de fusils laser. Tout comme Stanislas, il ne comprenait pas pourquoi certains chapitres étaient longs et d'autres courts, et il les avait redécoupés pour qu'ils fassent tous la même taille. Quand je lus la version américaine, je demandai quelle était ma marge de manœuvre et on me signala que la seule, c'était de retirer mon nom.

Finalement, après de longues tractations, Bantam accepta de sortir la version mot à mot des Anglais.

Le livre paru avec la mention « EUROPEAN BEST-SELLER» pour ne pas pâtir de la mauvaise image de la « littérature française ».

Étonnamment, j'eus là-bas une presse très élogieuse dans de nombreux journaux. Le premier tirage fut écoulé, mais l'éditeur, n'ayant aucune ambition sur ce titre, ne réimprima pas. Je découvris mon premier plafond de verre : le marché anglo-saxon.

Qu'à cela ne tienne, il y avait d'autres pays sur la planète.

Après le succès inattendu du livre en Corée, les Japonais s'y intéressèrent à leur tour.

34 ANS. DES FOURMIS, DES SUSHIS ET DES POÉSIES DE RIMBAUD

« Ah, parce que vous pensiez vraiment qu'au Japon les gens mangeaient des sushis ? »

C'était à Tokyo en 1995.

Mon éditeur au Japon se nommait Gianni et était un ancien militant gauchiste italien refugié au pays du Soleil-Levant. Il avait connu un certain succès en publiant *Les Versets sataniques* de Salman Rushdie, du fait que le traducteur, à l'époque, avait été retrouvé décapité et coupé en morceaux dispersés dans un arbre près de son université, ce qui avait choqué les Japonais et leur avait donné envie d'acheter le livre comme signe de résistance face au fanatisme religieux (le plus étonnant, selon Gianni, fut que les tueurs, qui avaient été repérés par les services secrets japonais, avaient fait établir des notes de frais dans un restaurant, ce qui avait permis de s'apercevoir qu'ils travaillaient tous les trois à… l'ambassade d'Iran).

En arrivant, je découvris progressivement l'histoire de mon roman au Japon.

Gianni avait demandé à un certain Tokata, censé être le grand spécialiste en littérature française, de traduire le livre. Il était connu pour son amitié avec Jean-Paul Sartre qu'il évoquait souvent sur les plateaux des émissions culturelles de la télévision japonaise. Or il avait une particularité un peu surprenante : il ne parlait pas un mot de français.

Donc, pour ne pas perdre la face, il demanda discrètement à son ami Takashi, ancien ambassadeur du Japon en Suisse, de faire ce travail. Takashi parlait et lisait couramment le français, mais il considérait qu'il n'avait pas suffisamment de talent littéraire, et il dicta le récit à sa femme, une Chinoise nommée Yin Mi. Il lisait et traduisait simultanément, et elle arrangeait pour que cela soit le plus joli possible en japonais.

Ensuite, Yin Mi remit sa copie à son mari qui la remit à son tour à Tokata, et c'est là que surgit le problème. Tokata, un peu gêné d'être rémunéré pour une traduction qu'il n'avait pas rédigée, par pure conscience professionnelle, songea à ajouter sa touche personnelle. Tokata adorait Arthur Rimbaud. Il parsema donc *Les Fourmis* de poésies de Rimbaud dans l'idée de faire coup double : promouvoir la littérature française au Japon, avec d'un côté « les modernes » représentés par Werber et de l'autre « les anciens » avec Rimbaud.

À propos des poésies de Rimbaud, Tokata eut la main un peu lourde : plus d'un quart du livre !

Si bien que l'associé japonais de Gianni déclara :

— On ne comprend rien à l'intrigue, c'est impubliable.

C'est ainsi que les Japonais renoncèrent à imprimer le roman.

Mais la femme de ménage de l'associé japonais de Gianni était... coréenne. Lorsqu'elle apprit pourquoi ils avaient renoncé à publier *Les Fourmis*, elle raconta à son patron le roman qu'elle avait lu dans sa langue. Le coéditeur japonais comprit alors qu'il y avait anguille sous roche avec le traducteur. Il mena rapidement une enquête et Tokata finit par avouer son apport personnel rimbaldien qui avait peut-être un peu embrouillé la narration.

Gianni retrouva la genèse de la traduction et remonta jusqu'à l'existence de la fameuse Yin Mi. Celle-ci, par chance, retrouva dans ses archives une version de son texte, qu'elle avait rédigé à la main. Enfin, l'éditeur japonais put lire *Les Fourmis* sans les ajouts de Tokata, et il trouva qu'en l'état le roman était tout à fait publiable. Il fut donc imprimé et je fus invité au Japon pour en faire la promotion.

Tokata justement m'invita à dîner chez lui.

Alors que nous évoquions l'histoire compliquée du manuscrit, il m'avoua qu'il avait tout de même pu placer une dizaine de poésies dans le texte au lieu de la centaine qu'il avait souhaitée au départ... Je crois qu'au moment où il me fit cette confidence, il pensait que j'allais le féliciter pour cette prouesse. Au lieu de cela, je préférai changer de sujet et voulus en savoir plus sur sa rencontre avec Jean-Paul Sartre. Il me raconta qu'au cours d'un congrès de littérature au Japon, il vit le philosophe français en train de héler un taxi. Il lui proposa alors de prendre le taxi avec lui, et ils voyagèrent ensemble.

— Et vous avez dialogué comment ? Jean-Paul Sartre parlait anglais ?

— Non, mais nous avons communiqué par le langage des signes.

— Vous ne parlant pas français et lui ne parlant pas anglais !? demandai-je, un peu dubitatif.

— En tout cas, ensuite j'ai raconté à la télévision cette rencontre avec votre grand écrivain et j'ai été invité partout comme spécialiste de la littérature française.

Il avait l'air très fier de cette anecdote. Une fois de plus, je me retins d'exprimer ce que je pensais.

— Ma femme et moi, nous aimerions vous inviter à dîner chez nous demain, dit Tokata. Ma femme a déjà prévu de vous faire de la nourriture qui va vous plaire.

— Ah ? dis-je, surpris.

— Quel est votre plat préféré ?

— Pour tout vous dire, je mange pratiquement tous les jours au restaurant japonais en bas de chez moi. Et ce que je préfère, ce sont les sushis.

— Les... quoi ? demanda-t-il, étonné.

— Les « sushis ». Vous ne mangez pas de sushis ?

— Eh bien... non.

— Vous aviez prévu quoi comme nourriture censée me plaire ?

— Un steak-frites, répondit-il. On m'a dit que tous les Français en raffolent. Les sushis, pour tout vous dire, nous en mangeons de temps en temps dans des réceptions ou à des mariages ou au restaurant, mais pas chez nous, évidemment. Mais il n'y a pas de problème, demain soir vous aurez des sushis puisque vous aimez ça.

Le lendemain, en effet, je fus invité chez eux, sa femme avait le regard fuyant. J'appris qu'elle avait, dans l'après-midi du samedi, acheté pour 4 000 francs (600 euros) de couteaux à sushis à lame de porcelaine et un livre du style *Apprenez à faire des sushis en 10 leçons*. Puis elle était allée au marché aux poissons et avait acheté du poisson frais. Elle avait potassé le livre tout l'après-midi et avait finalement composé un plateau de sushis qu'elle nous présenta. Je remerciai et mangeai, ou plutôt tentai de manger, les aliments proposés.

Je découvris ainsi que l'art du sushi consiste à couper le poisson cru avec un angle précis en biais, qui brise la fibre. Sinon la fibre reste dure et, évidemment, je me retrouvai à mâcher le poisson cru comme du chewing-gum. J'avalai le premier morceau d'un coup, en déglutissant, puis discrètement crachai la boulette suivante dans ma serviette en faisant semblant de m'essuyer les lèvres. La femme de Tokata le vit et rougit. Le pire, c'est que son mari et ses deux enfants firent de même, plus ou moins discrètement.

Elle venait de perdre la face et se réfugia dans la cuisine pour ne pas assister à cette catastrophe.

Je m'en voulus un peu, mais je n'avais pas envisagé une seconde que les Japonais ne sachent pas faire de sushis.

— Et vous mangez quoi sinon, le soir ? demandai-je pour faire diversion.

— Souvent des pizzas, me répondit Tokata, avec un sourire un peu contrit et, lui aussi, une boulette coincée dans la joue.

Je rencontrai aussi Yin Mi, ma vraie traductrice. Elle me raconta sa crainte des tremblements de terre. Non pas qu'elle craignît que les murs s'effondrent sur elle, mais elle pensait que ses voisines, qui la détestaient parce qu'elle était d'origine chinoise, en profiteraient pour venir la tuer et mettre sa mort sur le compte du séisme. En effet, certains nationalistes zélés avaient déjà profité de la confusion de tremblements de terre pour régler leurs comptes avec des étrangers, sans qu'il y ait ensuite d'enquête.

Je rencontrai aussi une Japonaise, Ayako, qui me servit de traductrice lors des interviews. Elle me confirma qu'au Japon, société un peu machiste, les femmes faisaient les traductions et leurs maris les signaient, tout simplement parce qu'un nom masculin rassurait les lecteurs. Et, de manière générale, le nom du traducteur était écrit en plus gros que le nom de l'auteur *Gai jin* (étranger), là encore, pour rassurer les lecteurs japonais.

Ayako m'expliqua aussi que les Japonais jugeaient l'intérêt à apporter aux autres nations à la qualité de leurs voitures. Les Allemands étaient donc très hautement estimés et les Français beaucoup moins.

En me promenant dans les avenues de Tokyo, je vis aussi des bus noirs à impériale avec des hommes masqués tenant des boucliers qui scandaient très fort des slogans. Il s'agissait de militants d'extrême droite qui hurlaient : « Pas d'indemnités pour les femmes de réconfort coréennes ! » (une histoire sombre qui datait de la Seconde Guerre mondiale : l'armée japonaise avait kidnappé des milliers de jeunes femmes pour les forcer à être les esclaves sexuelles des soldats japonais, puis les avait ramenées durant la débâcle au Japon, où leurs droits n'avaient jamais été reconnus). Les militants d'extrême droite scandaient aussi : « Ne remboursons pas la dette de guerre ! » à propos de l'indemnité demandée au Japon par la Chine pour le sac de Nankin en 1937 (massacre qui fit plus de trois cent mille morts civils).

Je me répétais sans cesse la phrase de Leroux en Afrique : « Ne juge pas, essaie de comprendre. » Mon livre n'eut qu'un faible retentissement au Japon et, paradoxalement, cette visite me fit encore plus aimer… la Corée.

34 ANS. HISTOIRE DES ORIGINES

« Pourquoi l'humanité est apparue sur Terre ? »

Pour répondre à cette question, je mis en chantier le roman *Le Père de nos pères*.

J'utilisai pour cet ouvrage une structure de polar classique, et une découverte qui me semblait troublante : on pouvait désormais opérer sur l'homme des greffes issues d'organes de porc, alors que nos gènes communs avec le chimpanzé sont de 98 % et avec le porc seulement de 95 %.

Je mis en place un couple d'enquêteurs un peu à la manière de ma série fétiche d'enfance, *Chapeau melon et bottes de cuir*.

Isidore (en hommage à mon grand-père Isidore Werber) était un journaliste scientifique à la retraite. Il travaillait dans un magazine hebdomadaire, *Le Guetteur moderne*, puis en avait été exclu après un complot mené par une cheffe tyrannique, la Thénardier. J'avais imaginé mon Isidore vivant isolé dans un lieu extraordinaire, un château d'eau réaménagé avec un bassin où nageaient des dauphins. En fait, j'utilisai pour ce personnage une de mes tendances naturelles : fuir sur une île déserte pour ne plus voir personne et vivre auprès des animaux.

Sa comparse, Lucrèce, était une journaliste courageuse qui fonçait d'abord puis réfléchissait après. Cela m'amusait d'inverser les clichés : l'homme passif associé à la femme active, l'homme blasé associé à la femme enthousiaste.

Je tenais avec ce couple étrange mon mélange idéal. Ils ne s'aimaient pas, mais, à leur manière, ils étaient complémentaires.

Tout comme *Les Thanatonautes* m'avaient permis d'avoir moins peur de la mort, *Le Père de nos pères* changea aussi mon comportement. J'ai visité des abattoirs de porcs pour ma documentation, et je me pris d'affection pour cet animal, aussi je décidai de ne plus en manger du tout.

Le fait que cette viande soit présentée comme délicieuse me semblait un reste d'influence de nos ancêtres cannibales, puisque, selon un moine espagnol qui avait suivi les conquistadors au Mexique et qui avait goûté les deux, la saveur était similaire à celle de la chair humaine.

Pour moi, *Le Père de nos pères* était un livre à la structure classique avec des enquêtes policières, des suspects, des fausses pistes, des recoupements d'indices, des poursuites, des déplacements géographiques, des coups de théâtre. Et, progressivement, le voile de l'étonnante vérité se soulevait. Un peu comme dans le blues, ce sont toujours les mêmes accords et il faut arriver à trouver des variantes sur cette structure familière à tous.

De nouveau, je créai deux intrigues parallèles. D'un côté, le point de vue des enquêteurs de nos jours à la recherche du chaînon manquant, et de l'autre le point de vue du chaînon manquant lui-même, il y a trois millions d'années en Afrique de l'Est. Le lecteur voit agir le chaînon manquant qui n'est jamais décrit, il ne sait donc pas à quoi il ressemble. Encore un avantage du roman : si on ne montre pas le personnage, on laisse le lecteur imaginer son apparence.

J'utilisai les souvenirs de mon séjour en Côte d'Ivoire mais aussi de mon voyage dans le sud du Kenya pour recréer l'ambiance africaine.

Tout était construit pour aboutir à la scène surprise du climax final, où devait se produire l'effet émotionnel maximum, pareil à un tour de magie où l'on fait surgir le lapin du chapeau.

Le bouche-à-oreille fut fulgurant. Les libraires le conseillaient à leurs clients, et les professeurs à leurs élèves. Ce sont eux qui permirent au livre de vivre. Et leurs efforts furent suffisants pour placer *Le Père de nos pères* dans la liste des best-sellers.

J'entrais enfin dans la cour des grands.

Cela signifiait aussi que mes lecteurs m'autorisaient à écrire sur autre chose que les fourmis.

Je venais de comprendre que ce métier n'était pas un sprint, mais plutôt un marathon. Il ne faut pas réussir des « coups », il faut trouver un rythme régulier pour tenir le plus longtemps possible et se renouveler tout le temps pour ne pas lasser les lecteurs.

Je mis en route par la même occasion le principe de sortie annuelle d'un roman tous les premiers mercredis d'octobre, installant ainsi ma discipline d'écriture.

Depuis, le découpage de ma journée s'organise comme suit :

— 7 heures : lever. Premier geste : noter mon rêve sur un carnet. Puis assouplissements (inspirés de l'observation de mon chat) : abdos, étirements, torsions pour déverrouiller les articulations et conjurer ma SPA.

— 7 h 15 : méditation essentiellement fondée sur ma respiration et mes battements de cœur. Dans mes pensées, seulement la gratitude d'être vivant et de faire ce métier passionnant.

— 7 h 30 : petit déjeuner maison : thé vert, banane, pomme, poire plus céréales tout en écoutant les informations à la radio. Suivi d'un petit coup de déprime devant ces mêmes actualités.

— 7 h 45 : quitter la maison et aller au café. Discussion avec le barman ou quelques habitués sur les titres du jour, les gens du quartier, leur propre vie tout en reprenant un thé vert, avec un croissant et une orange pressée.

— 7 h 45 – 8 heures : lecture du journal quotidien, avec toujours ce sentiment d'urgence qu'il faut chercher de nouvelles solutions.

— 8 heures – 12 h 30 : écriture du roman en cours. Je relis la fin du chapitre sur lequel je travaillais la veille et je reprends.

Rythme quotidien d'écriture : dix pages, que ce soit du plan général, du plan détaillé, de la rédaction de chapitre ou de la relecture. Toujours dix pages. J'utilise, si besoin, un casque audio pour m'isoler des sons de la salle du café ou pour mieux visualiser les scènes.

La plupart du temps, il y a une montée progressive d'inspiration qui culmine vers 11 heures. C'est mon moment de transe, je bascule de l'autre côté du miroir. Les Anglais ont un mot pour cette sensation : c'est le *flow*. On se laisse porter par le courant sans nager, juste en vivant la transe à fond. À ce moment-là, j'écris très vite et je suis dans une sorte d'état second où je perds toute notion du temps et de l'espace pour vivre dans l'histoire avec mes personnages. Je ressens ce qu'ils ressentent. Je les entends. Je peux même sentir leurs odeurs. Je tape très vite sur le clavier. Le bruit des touches participe à l'effet de *flow* comme le tambour des chamanes en accélérant augmente la transe. En fait, c'est comme si j'entrais dans un film. De l'extérieur, les gens me voient parfois faire des mimiques de personnages, ou bien rire ou afficher une mine inquiète. À ce moment-là, si quelqu'un m'interrompt, je sursaute comme si on me réveillait d'un rêve.

— 12 h 30 : en général, dans les cafés, ils ont envie que je libère la table pour dresser le couvert du déjeuner, donc je m'arrête souvent avec la sensation de « Zut, j'aurais bien aimé continuer encore un peu ». Je me force à m'arrêter pour rester sur une petite frustration qui me donnera encore plus envie de continuer le lendemain. Un peu comme si on quittait la table en ayant encore un peu faim.

Le fait de m'arrêter, quoi qu'il arrive, à 12 h 30 entraîne un phénomène : je vais réfléchir à la scène à écrire en arrière-pensée toute la journée.

— 12 h 45 – 13 heures : petite séance de tai-chi-chuan dans les jardins publics proches pour faire bouger les articulations en douceur tout en respirant en plein air et non plus dans ma chambre.

— 13 heures – 15 heures : déjeuner avec un ami ou une amie. Le plus souvent des scientifiques, historiens, philosophes, humoristes ou d'autres écrivains...

— 15 heures – 18 heures : recherche de documentation, travaux sur les autres projets, comme les jeux vidéo, les scénarios de bandes dessinées, les pièces de théâtre ou les séries audiovisuelles.

— 18 heures – 19 heures : rédaction en une heure d'une nouvelle d'après une idée qui m'a traversé l'esprit dans la journée.

— 20 heures : dîner.

Et je lis ou je regarde un film jusqu'à l'heure du coucher. Souvent 23 h 30.

Voilà pour une journée type.

L'écriture d'un roman me prend neuf mois avec au moins dix versions entièrement différentes, toujours avec cette règle d'écrire sans relire la précédente version.

Je confie ma première version à un ou deux lecteurs, puis, au fur et à mesure que les versions avancent et que le livre s'améliore, je le donne à lire à d'autres personnes pour avoir leur avis. Ce sont soit des amis, soit des gens qui se sont proposés pour le faire lors de salons où de séances de dédicace (je les remercie à la fin de mes ouvrages). Je tiens compte de leur avis sur cette bêta-version et je recommence.

En fait, j'arrête quand j'en ai assez de réécrire la même histoire et parce que je n'ai plus le moindre recul.

La version que je remets à l'éditeur n'est pas parfaite, mais je sais que si je souhaite atteindre cette utopique perfection il me faudrait encore des années.

Mon critère reste mon propre plaisir.

Cependant, même si j'accède à cette régularité quotidienne et annuelle, cela reste pour moi un artisanat. Et, à chaque roman, j'ai peur d'échouer et de ne pas trouver la bonne formule.

Bien souvent, quelques jours avant la validation du fameux BAT, le bon à tirer, je comprends tout ce qui ne va pas, je me lance alors dans l'urgence dans une dernière version qui fonctionne enfin de manière satisfaisante.

« Ce n'est pas parce que je suis dirigeant de la fiction sur cette chaîne que je la regarde. En fait, je vais vous avouer une chose : je n'ai même pas de téléviseur. »

Pour moi, *Le Père de nos pères* pouvait être adapté en série télévisée. J'allai proposer ce projet au dirigeant de la fiction d'une des trois grandes chaînes françaises. Celui-ci me reçut assez rapidement et, après m'avoir expliqué qu'il sortait d'une prestigieuse école de commerce, il me dit :

— Nous avons effectué un sondage pour savoir quelle série le public voulait voir, et on a obtenu le résultat suivant : ils veulent un héros commissaire de police qui fait des enquêtes sur des sujets sociaux.

— Normal, dis-je, c'est la série qui a actuellement le plus de succès sur la chaîne concurrente, *Navarro*, avec Roger Hanin. Si vous demandez au public ce qu'ils veulent voir comme série, il ne va pas « collectivement » inventer quelque chose de neuf. Il va forcément vous parler de ce qui existe déjà…

— Oui, mais, par rapport aux annonceurs, il faut qu'on puisse leur montrer un sondage qui confirme par avance que le public est intéressé. Or votre projet de couple d'enquêteurs journalistes scientifiques n'a été cité nulle part.

— Vous auriez dû mettre dans votre questionnaire : « Voulez-vous voir une série qui ne ressemble pas à ce que vous avez déjà vu ? » Les gens aiment être surpris, ils aiment la nouveauté, mais ils ne peuvent pas vous dire « par avance » ce qui les surprendra.

Le jeune homme dodelina de la tête en signe de scepticisme. Pour ma part, je pensais que ce n'était pas avec ses sondages que la chaîne allait pouvoir innover.

— Et puis, vous me parlez de deux enquêteurs journalistes scientifiques. Je pense que la ménagère française de plus de 50 ans, qui est notre cœur de cible par rapport aux publicitaires, ne s'intéresse pas à la science. Désolé.

— Raison de plus pour changer ça…

— Non, non, il ne faut pas brusquer le public. Il faut l'accompagner dans ses souhaits et non pas lui proposer des choses nouvelles.

— Dans le passé, cela s'est toujours révélé payant.

— Vous parlez de quelle série comme référence ?

— *Chapeau melon et bottes de cuir*. Il y a un couple d'enquêteurs et les scénarios frôlent le fantastique.

— Je ne connais pas cette série.

— Cela passe tous les jours à 11 heures en rediffusion, sur votre propre chaîne. C'est encore passé ce matin.

— Ah oui, mais ce sont des séries de *votre* époque, pas de la mienne. Et puis, pour tout vous avouer, je ne regarde pas la télévision. Je n'ai même pas de téléviseur chez moi.

— Mais vous êtes directeur des programmes de fiction de cette chaîne…

— Eh bien, précisément, étant donné que ma femme et moi nous travaillons à la télévision, nous n'avons pas envie de regarder la télé en rentrant, on aurait l'impression de continuer de bosser. Il y a bien des marchands de fromage qui n'aiment pas le fromage…

En partant, je me dis que l'innovation était difficile dans ces grandes structures. Ils avaient placé aux postes de décision, dans les domaines créatifs, des gens sortis des écoles de commerce qui se rassuraient avec les sondages et les courbes d'intention de consommateurs. Ces décideurs tenaient trop à leur poste pour prendre des risques avec un sujet qui n'est pas balisé d'avance ou qui risque de surprendre.

Quelques mois plus tard, la chaîne lança d'ailleurs une copie de *Navarro* qui connut un énorme… échec.

Après la loi de Parkinson, je découvris la loi d'Illich. Ce philosophe avait remarqué que, chaque fois qu'on ajoutait un paysan dans un champ, on augmentait la productivité. Il suffisait donc d'ajouter des paysans pour voir la production grimper. De là apparut une sorte de tradition selon laquelle « pour avoir plus de rendement, il suffit d'ajouter des paysans ». Cependant arrive un point, nommé « point d'Illich », où la formule ne marche plus. On augmente le nombre de paysans et la productivité ralentit. Et si on continue d'en ajouter, la productivité s'arrête. La courbe arrive même à s'inverser : plus on ajoute de paysans, moins on obtient de rendement. Dès lors, il faut arrêter de reproduire le même système qui a marché, mais qui ne marche plus. Mais qui va oser arrêter l'ancien processus et en proposer un nouveau ?

Souvent, on préfère une lente érosion avec une recette connue plutôt que de risquer un brusque effondrement avec un nouveau comportement.

Parfois, pour légitimer cette politique de frilosité, on la nomme « tradition ». Mais il ne faut pas confondre tradition et mauvaise habitude.

Quelques années plus tard, en 2001, je lisais une interview du créateur de la série *Six Feet Under*, Alan Ball, où il expliquait : «Je crois que nous avons réussi un énorme succès de série télé parce que nous avons méthodiquement fait le contraire de tout ce que les sondages d'opinion prétendaient que le public voulait.»

Pour ma part, je pense que mettre des anciens étudiants d'écoles de commerce à la tête des secteurs créatifs, ce n'est pas un moyen d'encourager l'innovation. Cela m'inspira une nouvelle, qui se nommait «Ça va vous plaire», publiée dans le recueil *Paradis sur mesure*. Pour cette nouvelle, j'utilisai ma rencontre avec ce directeur de la fiction et expliquai à quel point ce type de personnes, en pensant savoir par avance ce qui plaira au public, ne font que niveler par le bas l'ensemble de la production pour obtenir des produits fades, mais dont la formule peut être économiquement étudiée et analysée.

Je venais de me heurter à mon second plafond de verre après les États-Unis : l'audiovisuel. Je compris alors que jamais en France on ne pourrait faire une série à partir de mon travail, parce qu'ils avaient une méfiance naturelle envers tout ce qui sort des chemins battus et qui ressemble de près ou de loin à de la science ou qui fait appel à l'imaginaire. On allait encore être gavés longtemps de polars avec des commissaires qui enquêtent sur des problèmes sociaux.

ARCANE II : LA PAPESSE

La Papesse est la femme de la spiritualité. Elle tient sur ses genoux le livre ouvert des destins auxquels elle a accès. Sa coiffe est la seule qui dépasse du cadre, preuve qu'elle a accès par son esprit à d'autres dimensions.
C'est l'arcane de l'initiation et de l'apprentissage. Elle regarde à gauche, signe qu'elle connaît le passé. Elle sourit car elle a compris beaucoup de choses, mais elle n'informe que ceux qui sont prêts à l'entendre et à tenter de la comprendre.

35 ANS. RENCONTRE AVEC UN ANGE

« Vous pouvez lui parler, votre ange vous écoute. »
Pour mon anniversaire, mon amie Marie-Pierre Planchon (célèbre, entre autres, pour ses chroniques

météo quotidiennes sur France Inter) décida de m'offrir en cadeau une rencontre avec une médium.

Cela commença plutôt mal.

Afin de me faire percevoir le talent de ladite médium, je fus tout d'abord convié à une rencontre dans un appartement de la banlieue sud de Paris. Là, il y avait une vingtaine de dames sexagénaires. J'étais le seul homme.

Nous étions assis en cercle. Arriva une femme assez corpulente avec une tête d'enfant et des cheveux blonds, qui avait l'air de s'excuser de nous déranger.

C'était elle. Elle se nommait Monique Parent Baccan.

Elle ferma les yeux, psalmodia rapidement quelques phrases, puis annonça qu'on pouvait lui poser des questions, elle était « connectée ».

Certaines de ces dames demandaient pourquoi la guerre. D'autres s'il y avait une vie extraterrestre. Je trouvai tout cela ridicule et m'endormis en m'affalant sur ma chaise et probablement en ronflant un peu.

À la fin, Marie-Pierre Planchon vint me demander ce que j'en avais pensé, et je ne lui cachai pas mon scepticisme.

— Tu sais, à la base, je suis journaliste scientifique, donc je pars du principe que je ne crois que ce que je vois. Là, désolé, je n'ai rien vu de très probant.

Marie-Pierre Planchon m'annonça alors qu'elle m'avait réservé une séance en privé avec Monique le lendemain, samedi, à 11 heures. Je lui dis que cela ne m'intéressait pas. Elle m'avoua alors qu'il s'agissait en fait de son cadeau d'anniversaire pour mes 35 ans.

Pour lui faire plaisir, je me rendis donc, sans aucune conviction, à la séance particulière avec Monique, qui se déroulait d'ailleurs dans l'appartement de Marie-Pierre. La dame au visage poupin souriant était bien là.

— Je sais que vous êtes écrivain, mais il faut que je vous avoue quelque chose : je n'ai jamais lu de livres, je ne lis que des bandes dessinées.

Puis elle me proposa de m'asseoir face à elle et sortit une boîte de feutres de couleur.

— Bon. Vous voulez être mis en contact avec votre ange gardien ?

À cet instant, j'avais juste envie de partir, mais pour faire plaisir à Marie-Pierre j'approuvai.

— Tout d'abord, voyons son nom. Quelle est votre date de naissance ?

Je la lui donnai et elle m'annonça que mon ange gardien se nommait « Barnabé ». Puis elle demanda à son propre ange gardien d'appeler ce Barnabé.

— Voilà, il est là avec nous, maintenant. Quelle question voulez-vous lui poser ?

— Eh bien… Qu'est-ce qu'il attend pour se mettre au travail ?

— Mais il n'arrête pas…

À ce moment-là, j'éclatai de rire, car, en une seconde, je venais de prendre conscience que ma vie n'était finalement pas si mal que ça : je gagnais ma vie en pratiquant le métier qui était ma passion d'enfance, j'étais en bonne santé alors que la spondylarthrite ankylosante, qui me menaçait en permanence, ne s'exprimait plus, je vivais dans un pays en paix, et être vivant en cette seconde pour avoir cette conversation surréaliste était un instant précieux. Je pris aussi conscience de tous les gros pépins que j'avais évités au dernier moment *comme par hasard*, et cela m'apparut comme une intuition forte : il y a peut-être quelqu'un qui agit dans les coulisses pour réparer toutes mes bêtises et m'éviter les catastrophes.

J'étais inquiet pourquoi ? L'échec des *Thanatonautes* et mon divorce ? Ces deux situations étaient des malheurs non seulement supportables, mais probablement nécessaires à mon évolution.

Même mon éviction du *Nouvel Obs*, avec le temps, perdait de son poids émotionnel lié au sentiment de trahison et d'injustice. Ce licenciement m'avait évité de m'enliser à une place qui n'était pas la mienne.

Je me refis le film de ma vie.

Le fils du restaurateur de Corse avait surgi à temps pour m'éviter que son père me tire une balle dans le crâne.

Kouassi Kouassi m'avait dégagé de justesse du fossé rempli de fourmis.

Je me perçus d'un coup comme un énorme ingrat envers mon… potentiel ange gardien qui se donnait beaucoup de mal pour me sauver la mise dans des instants délicats.

Combien de fois, piéton, avais-je été frôlé par des voitures ?

Je ris pour relâcher la tension, puis me repris et dis simplement :

— Dans ce cas, s'il m'entend toujours, je veux juste lui dire *merci*.

L'atmosphère se détendit. Soudain, je regardai cette dame différemment. Avec moins de méfiance et plus d'intérêt.

Monique me signala ensuite que ma vie était celle qu'avait souhaitée ma dernière réincarnation.

Je lui dis que je ne croyais pas trop aux réincarnations car, comme par hasard, chaque fois qu'on en parlait, les précédentes réincarnations étaient Jules César, Napoléon, Cléopâtre ou l'un des apôtres de Jésus-Christ. Or, en toute probabilité, 99,99 % de nos ancêtres étaient des paysans, des soldats, des ouvriers ou des mendiants anonymes pour les hommes, des femmes au foyer tout aussi anonymes pour les femmes. Ils mouraient en moyenne à 40 ans pendant une guerre ou bien de maladie, et avaient des vies souvent répétitives et ennuyeuses.

Monique confirma que, en effet, la plupart des réincarnations étaient des vies sans intérêt, mais qu'il y avait, malgré tout, quelques-unes de mes vies plus intéressantes que d'autres.

Pour mon cas précis, elle comptait cent onze réincarnations, et seulement onze d'entre elles étaient vraiment dignes d'être racontées, car ces vies avaient participé à mon évolution.

Je vivais actuellement ma cent douzième réincarnation.

Tout en parlant, elle faisait des dessins avec ses feutres. C'était une sorte de fleur avec des pétales de toutes les couleurs.

— Dans la vie juste avant celle-ci, vous avez été, en 1880, médecin à Saint-Pétersbourg.

— Et avant ?

— Avant, vous étiez danseuse de french cancan dans un cabaret parisien de Pigalle. Vous étiez très belle et vous faisiez tourner la tête des hommes, mais vous vous êtes fait prendre à votre propre piège. Un jour, vous êtes tombée amoureuse d'un type et vous vous êtes finalement suicidée très jeune pour lui. De là vous viennent une fascination et une aversion pour le suicide. Mais aussi une méfiance pour toutes les passions sentimentales non maîtrisées.

— Avant ?

— Samouraï au Japon. Une vie où vous n'avez fait qu'obéir à un maître (cela se nommait là-bas un *daimyo*). Vous n'aviez pas de famille. Vous avez participé à plusieurs grandes batailles, vous avez souvent combattu d'autres samouraïs, vous êtes d'ailleurs mort en duel. En mourant, vous vous êtes dit que c'était une vie ratée, car vous n'aviez fait qu'obéir à votre supérieur hiérarchique, vous n'aviez pris aucune décision personnelle, vous ne connaissiez même pas les raisons qui vous faisaient combattre ou tuer telle ou telle personne. Du coup, vous avez décidé de ne plus jamais avoir de chef et de prendre toujours vos propres décisions issues de vos convictions et de les assumer.

Parenthèse : lorsque le médecin me dit, enfant, à Toulouse, que je devais faire du sport pour ralentir les poussées de spondylarthrite ankylosante, il m'avait demandé quel sport m'apporterait le plus de satisfaction. J'avais tout de suite répondu le kendo, l'art du sabre japonais, et m'étais mis en quête d'un club de kendo, mais, n'en trouvant pas, je m'étais finalement résolu à pratiquer un art martial français : la canne de combat. Contrairement à l'escrime, on ne se bat pas sur une ligne droite, mais dans un cercle. De même, alors qu'en escrime on touche au thorax, ici on peut frapper à la tête, aux flancs ou aux jambes. En deux ans, j'appris vite la canne, au point de passer mon diplôme de professeur et de pratiquer en compétition. Ainsi, alors que j'étais nul en sport et de santé fragile, dès que j'enfilais la tenue de combat, qui ressemblait étrangement à une tenue de samouraï, avec le casque, le blouson molletonné, les jambières, les longs gants, je me sentais comme investi d'une sorte d'âme de guerrier. Dès que le signal du combat était donné, je fonçais sur l'adversaire. J'étais rapide et souple. Si bien que j'étais arrivé assez haut dans le classement des championnats nationaux en éliminant mes adversaires. Ma propre réussite dans ce domaine particulier m'avait toujours semblé une énigme. Pourquoi étais-je nul en sport, et bon uniquement dans ce genre de duel ? Avec cette hypothèse de réincarnation d'un samouraï, Monique m'apportait une explication possible.

Cela se révéla, là encore, compatible avec plusieurs de mes comportements dans ma vie actuelle, où j'avais mal vécu l'autorité, que ce soit celle de mes professeurs ou celle de mes chefs de service au *Nouvel Obs*.

Monique évoqua d'autres vies antérieures.

J'avais été un archer anglais durant la guerre de Cent Ans.

J'avais été femme dans une sorte de harem en Égypte autour de l'an 300 avant J.-C. J'avais été vendue très jeune par mes parents à un notable. Là, j'avais vécu dans le désœuvrement. Je passais mes journées à ne rien faire, entourée par une quarantaine d'autres filles qui elles aussi s'ennuyaient. Nous traînions toute la journée autour d'un bassin rectangulaire au centre du bâtiment carré. Le possesseur de ce gynécée ne se donnait même pas la peine d'honorer ses femmes. De temps en temps, il invitait d'autres personnes pour nous montrer comme s'il faisait visiter une écurie de chevaux de course. Nous supportions cette cage dorée car nous avions peur que, en dehors de cette enclave, il n'y ait que violence et maladies.

Dans cette vie de femme de harem, selon Monique, j'avais trouvé une solution pour lutter contre le désœuvrement : une amitié avec un eunuque, homme de beaucoup d'esprit et d'humour, qui me procurait du plaisir par des caresses et avec lequel je passais toutes mes soirées sur la terrasse à observer les étoiles pour en noter l'emplacement sur un grand parchemin. Nous étions passionnés d'astronomie, et ce domaine me permettait de m'évader pour rejoindre les étoiles par l'imagination.

Là encore, il y avait un point commun avec ma vie actuelle. Dès mon plus jeune âge, je l'ai dit, je me passionnai pour l'astronomie.

Enfin, Monique me déclara :

— Auparavant, en 12000 av. J.-C., vous étiez en Atlantide. Et, encore avant, vous avez fait partie du vaisseau spatial qui est venu coloniser notre planète.

— J'ai fait partie de quoi ?

— C'est vous qui avez eu l'idée de quitter avec un grand vaisseau spatial l'ancienne planète. C'était une question de survie. Vous avez lancé le projet et vous avez guidé les gens de votre planète jusqu'ici.

Bon, là, c'était carrément de la science-fiction… mais ce n'était pas pour me déplaire.

— Écoutez, je ne sais pas si vous racontez à tout le monde les mêmes histoires, je ne sais pas si vous inventez au hasard pour chaque client, mais force est de reconnaître que, pour quelqu'un qui ne lit pas de livres, vous avez la capacité de créer des personnages avec des trajectoires cohérentes. Ayant moi-même pour activité principale celle d'inventer des personnages et de gérer leurs destins pour les rendre crédibles, je sais que ce n'est pas simple. En plus, toutes les vies que vous avez citées semblent entrer en résonance avec certains de mes comportements actuels.

— Est-ce que vous voulez savoir si vous avez déjà connu dans vos vies précédentes des personnes de votre vie actuelle ?

— Ma mère ?

— Elle a été votre fille.

Cela me fit rire de nouveau car, la veille, alors que mes parents étaient à Paris, je m'étais aperçu que je parlais à mon fils, Jonathan, avec la même intonation qu'à ma mère, Céline. L'un pour qu'il range sa chambre et l'autre pour qu'elle ne laisse pas traîner sa valise dans le couloir.

— Et mon père ?

— Il a été un grand ami.

Je citai plusieurs noms et, chaque fois, sa description tomba plutôt bien.

Durant la séance, ses yeux partaient sur le côté comme si une entité lui chuchotait des choses à l'oreille. Parfois, elle se reprenait.

— Excusez-moi, j'ai mal entendu, il voulait dire autre chose, désolée, j'avais mal compris.

En la quittant, je lui dis :

— En fait, je me fiche que ce soit vrai ou faux, ce que j'aime, c'est qu'on me raconte de jolies histoires, et vous l'avez très bien fait. Je ne sais pas si vous êtes vraiment branchée sur un monde invisible, mais ce que je sais, c'est que je suis arrivé un peu déprimé et, là, j'ai le sourire et je me sens vraiment bien. Je n'ai qu'un mot à dire : merci.

— Il faut surtout dire merci à Barnabé.

— Merci à Barnabé. Mais lui, je ne le vois pas et vous, je vous vois ; lui, je ne l'entends pas et vous, je vous entends, alors je vais au plus simple, c'est vous qui m'avez fait du bien ici et maintenant. Quant à lui, s'il existe et s'il m'entend, évidemment je lui suis reconnaissant pour tout ce qu'il a déjà accompli.

Elle me confia le dessin et la cassette audio de l'enregistrement.

Je remerciai aussi Marie-Pierre Planchon d'avoir insisté pour que je participe à cette séance.

Le temps de la consultation, j'étais redevenu le petit garçon qui écoutait son père lui raconter les « Contes et légendes » de tous les pays, si ce n'est que « son pays » était le monde des esprits. Pour l'anecdote, plus tard je devins vraiment ami avec elle et, un jour où nous déjeunions ensemble, elle me raconta sa vie.

Encore un fabuleux personnage.

À 18 ans, à Lyon, jeune fille naïve, elle était tombée amoureuse d'un gangster faux-monnayeur qui avait caché sous son lit des valises pleines de faux billets. Quand son compagnon avait été découvert par la police, il s'en était tiré en… dénonçant Monique. La police était arrivée chez elle, avait trouvé la valise de billets, le gangster s'en était tiré et Monique, prise en flagrant délit de recel de fausse monnaie, avait été envoyée en prison. Sa vie était devenue un enfer, mais elle avait trouvé une parade pour s'intégrer : tirer les cartes de… tarot.

En quelques mois, elle était devenue non seulement la mascotte de sa cellule, mais aussi de toutes les prisonnières et même des gardiennes. Les femmes de la prison voulaient connaître leur avenir. La vie était devenue moins difficile pour elle. Elle bénéficiait de multiples avantages, tout le monde l'adorait, et ce ne fut qu'à contrecœur que les codétenues, les gardiennes et même la directrice la virent partir lorsqu'elle eut purgé sa peine. Cependant, Monique n'avait pas compris qu'elle avait été dénoncée par son amant. À peine sortie de prison, elle chercha à le retrouver pour reprendre son histoire sentimentale là où elle s'était arrêtée. La révélation fut un choc. Alors, elle renonça aux hommes. Et elle se mit à manger pour ne plus risquer d'attirer d'autres abuseurs qui lui feraient le même coup. Et, ne trouvant ni logement ni travail, plutôt que de sombrer, elle avait monté son cabinet de consultation. Grâce aux tarots, le succès de son cercle de dialogue avec l'invisible avait été immédiat. Mais elle ne cessait de grossir, et son surpoids fut probablement la cause de sa mort, en 2013.

J'utilisai cette histoire pour construire le personnage de Lucie dans *Depuis l'au-delà*, où une médium enquête avec un écrivain défunt pour trouver la cause de son assassinat.

Monique fut bien l'arcane II : la Papesse. Celui de la femme qui initie à la spiritualité.

Post-scriptum : Après son décès, je restai trois ans sans médium avant de me résoudre à en voir une autre. Pendant la séance, la nouvelle médium s'arrêta soudain :

— Vous aviez une autre médium avant moi ?

— En effet, pourquoi ?

— Parce que je sens sa présence à côté de moi. Elle est très suspicieuse. Elle veut vérifier si je ne vous raconte pas des… conneries.

Sacrée Monique.

36 ANS. AU-DESSUS DES NUAGES

« Ils essaient de réduire leur malheur au lieu de construire leur bonheur. »

Les Fourmis avaient connu un regain d'intérêt du public avec la publication du *Jour des fourmis*, je voulus essayer de sauver mon roman maudit, *Les Thanatonautes*, grâce à une suite.

Influencé par ma rencontre avec Monique Parent Baccan, j'imaginai le contrechamp du monde visible, ou ce que peuvent penser les anges qui nous aident dans l'invisible.

Que pouvait donc bien penser Barnabé de mon cas ?

J'avais une phrase guide : « Les mortels essaient de réduire leur malheur plutôt que de construire leur bonheur. » Cela me semblait résumer la vision que pouvaient avoir les anges de nous. Et puis je voulais développer cette idée d'ingratitude des humains envers leur ange (comme je l'avais été moi-même envers Barnabé).

Dans mon récit, chaque ange doit gérer trois mortels, comme un professeur avec trois élèves. Sa mission consiste à essayer de les faire évoluer en conscience.

Leurs moyens d'agir ? Cinq leviers : 1) les rêves, 2) les intuitions, 3) les signes, 4) les chats, et… 5) les médiums.

L'ange étant lui-même noté par les archanges sur sa capacité à aider ses mortels à devenir moins bêtes.

Je continuai aussi à mettre au point mon concept d'évolution de la conscience en suivant la symbolique des chiffres, une idée issue d'une conversation avec mon ami du Livre de Poche, Max Prieux (victime entre-temps de la loi de Parkinson, et donc viré par son patron qui, le trouvant trop dynamique dans l'entreprise, voyait en lui un rival potentiel).

La forme même des nombres s'avéra une clé de compréhension de l'évolution, où les traits horizontaux signifiaient l'attachement, les courbes, l'amour, et enfin la croix, l'épreuve.

Suivant cette grille de lecture, cela donnait :

1) Le minéral : pas de trait, pas de courbe, pas de croix, c'est le premier stade, celui sans conscience.

2) Le végétal : un trait d'attachement au sol l'empêche de bouger, et une courbe d'amour le dirige vers le ciel, puisque la plante aime la lumière.

3) L'animal : deux courbes. La bouche qui embrasse sur la bouche qui mord. Pas de trait, donc pas d'attachement. L'animal est motivé par ses émotions primaires : la peur, la faim, l'instinct de reproduction. Sans souvenir du passé, il vit dans le présent sans se soucier du futur.

4) L'homme : une croix. Car il est au milieu du chemin entre l'animal (3) et l'homme spirituel (5).

5) L'homme spirituel : il a un trait d'attachement au ciel et une courbe d'amour vers le bas. C'est le contraire du végétal.

6) Une courbe qui part du ciel, va vers la terre et finit en spirale : l'amour que les anges nous portent depuis le ciel.

L'écriture de *L'Empire des anges* me permit d'utiliser cet étrange recul qui me faisait sentir en dehors des autres.

Mes trois élèves humains étaient une jeune mannequin américaine superficielle, un écrivain français angoissé et un soldat russe aimant la prise de risque. Trois énergies différentes, mais qui avaient autant de chances d'évoluer dans leurs contextes respectifs.

Étonnamment, le personnage qui m'amusa le plus fut le Russe, Igor, car il était précisément le contraire de moi. Je pense que le principal talent d'un écrivain reste l'empathie. Pour mon Igor, la règle était : « Sois rapide ou sois mort », et la deuxième : « Bien jouer au poker, c'est arriver à gagner avec de mauvaises cartes au départ ». À sa manière, c'était lui le plus sage.

En tout cas, je le créai suffisamment cohérent pour qu'il arrive à m'instruire.

ARCANE VI : L'AMOUREUX

La carte de l'Amoureux est la carte de l'homme qui doit choisir entre le monde ancien et le monde nouveau. On y voit un jeune homme bien habillé qui est entre deux femmes : une femme âgée et une femme jeune. La femme âgée, qui pourrait être sa mère, le retient par une main et le pousse pourtant à aller vers l'autre. Comme si elle voulait lui dire : « Vas-y, mais ne m'oublie pas. »
Cette dernière, en revanche, attend qu'il fasse son choix.
L'homme au centre est écartelé, ne parvenant pas à se décider. Alors apparaît pour la première fois dans le jeu un ange dans le ciel qui, tel un cupidon, vise avec son arc et sa flèche la jeune femme de droite, comme pour indiquer le bon choix à accomplir.
Cette carte peut aussi signifier que le héros est celui qui fait des choix et qui les assume.
La seule erreur est d'hésiter trop longtemps.

35 ANS. L'AMOUREUX

« Je suis l'arcane VI du tarot. »

Lors d'une dédicace au Salon du livre de Nice en juin 1998, il y avait enfin de longues files de lecteurs. Une femme s'avança vers moi :

— Je suis l'arcane numéro VI du tarot.

— L'Amoureux ?

— Précisément. C'est d'ailleurs mon vrai nom, dit-elle. Véronique Lamoureux.

Puis elle a ajouté :

— Véronique signifiant la vraie image, de *vera*, « vrai », et *icon*, « image ».

Tandis que je dessinais ma dédicace avec un ange, elle précisa :

— J'ai lu *Les Thanatonautes* et j'aimerais vous inspirer pour écrire la suite.

La rencontre ayant lieu le jour de son anniversaire, nous avons dîné ensemble et une idylle est née. Dès lors, je me mis à faire la navette entre Paris et Nice toutes les semaines pour la retrouver sur la Côte d'Azur, plus précisément à Golfe-Juan.

Véronique aussi écrivait, mais ses textes étaient beaucoup plus tournés vers la spiritualité que les miens.

Comme elle me l'avait proposé, elle se fit muse pour l'écriture de *L'Empire des anges*. Elle m'enseigna beaucoup de choses, à partir de ses propres convictions.

Parmi les éléments les plus troublants, il y eut l'analyse de l'état du couple en suivant les chakras.

Le chakra 1 est placé dans la zone du coccyx, l'unique chakra non connecté à un autre être humain, mais connecté à la Terre. Donc, on ne le compte pas.

Le chakra 2 est situé au niveau du sexe. C'est lui qui définit la qualité du lien charnel avec l'autre.

Le chakra 3 est au niveau du nombril. C'est le lien par la matérialité. La famille, l'argent, les vacances, le lieu de vie.

Le chakra 4 est au niveau du cœur, c'est le lien émotionnel. Penser à l'autre nous fait sourire et accélère nos battements cardiaques. Quand l'autre est en retard, on s'inquiète. Quand il arrive, on a tout de suite envie de le prendre dans ses bras.

Le chakra 5 est au niveau de la gorge. Il s'agit du chakra de la communication. La qualité du dialogue, le fait de ne jamais s'ennuyer avec son compagnon ou sa compagne de vie. Quand cela ne fonctionne pas, on voit des couples au restaurant qui mangent en silence ou qui consultent leurs téléphones portables.

Le chakra 6 est situé entre les deux yeux. C'est le lien culturel. Partager le même goût pour les voyages, les tableaux, le cinéma, les séries, les livres, les jeux ou le sport. Quand cela ne marche pas, chacun a sa télévision pour regarder les films qui n'intéressent pas son partenaire.

Enfin, le chakra 7 est situé au sommet du crâne. C'est celui de la spiritualité. Se poser des questions et trouver des réponses similaires sur notre place dans l'Univers, les raisons de notre naissance, Dieu, ou ce qui arrivera après notre mort. Selon Véronique, on pouvait savoir où l'on en était dans son couple en percevant quels chakras s'allumaient lorsqu'on pensait à l'autre.

Je trouvai l'idée romanesque.

En tout cas, elle rappelait qu'un couple pouvait être connecté à certains endroits et pas forcément à d'autres.

Beaucoup fonctionnaient sur les chakras 2, 4, 6 au début, puis 3, 5, 7 vers la fin. Donc sexualité, émotion, culture dans la première phase et famille, dialogue, spiritualité dans la suivante.

Véronique était née à Paris et détestait cette ville. Elle avait une joie de vivre qu'elle disait inspirée par sa fuite sur la Côte d'Azur. Là, elle pouvait enfin bénéficier d'un paradis : la mer, le soleil, l'huile d'olive, les tomates qui ont du goût et l'air pur.

Elle avait un félin qui se nommait Mélissa et qui avait une fourrure couleur écaille de tortue (noir, gris, marron). Celle-ci partait le soir sur les toits avoisinants pour faire l'amour avec tous les matous du coin. On l'entendait hurler à réveiller tout le quartier. Nous savions que c'était notre Mélissa qui faisait la fête. Le matin, notre chatte revenait ébouriffée et visiblement satisfaite. Elle avait grand appétit et était très affectueuse. Un jour, elle accoucha de six petits. Elle en mangea un qui devait être malade tout en se laissant téter par les cinq autres. C'était la vie. Là encore, on ne pouvait pas juger. En tout cas, même si la scène était dure, elle ne l'était probablement pas du point de vue des chats.

Parmi les chatons survivants, il y en avait un noir, un blanc, un noir et blanc, un gris et… un orange.

L'orange bousculait les autres pour avoir plus de tétées. Véronique me conseilla de le prendre à Paris.

Je baptisai ce deuxième chat Angelo, mais je dois avouer qu'il n'avait rien d'un ange. Agressif envers ses frères et sœurs, il était fondamentalement dominant.

Arrivé chez moi, il me fit rapidement comprendre que j'étais à son service et non le contraire.

Tout cela me donna suffisamment à réfléchir pour m'inspirer, quelques années plus tard, des scènes de *Demain les chats*. Il y avait un peu de Mélissa dans le personnage de la chatte Bastet, dont le chaton orange se nommait Angelo.

Quand je discutai avec Monique Parent Baccan de ma rencontre avec Véronique, elle me dit :

— J'ai une information que je reçois de votre ange gardien sur cette jeune femme. Elle fait partie de votre famille d'âmes. En fait, vous la retrouvez durant toutes vos vies et chaque fois votre relation dure trois ans, ni plus ni moins. C'est pour cela que votre rencontre vous a semblé si naturelle. Chaque fois, vous vous séparez du fait de l'intervention d'une personne extérieure qui est jalouse.

Je racontai cette anecdote à Véronique et, lorsque notre couple eut trois ans, nous avons fêté ce que nous estimions être la fin de la malédiction.

— Tu vois, ta Monique s'est trompée, dit-elle.

Cependant, une semaine après cet anniversaire, un événement extérieur, causé par une personne extérieure, nous obligea à nous séparer.

Véronique et moi sommes restés amis. Elle incarnait dans l'arcane VI non pas seulement le fait de tomber amoureux, mais aussi celui de devoir faire un choix cornélien.

Son enseignement m'aida toutefois à terminer *L'Empire des anges*. Elle fut vraiment ma muse dans la conception de cet ouvrage. Et je lui en serai toujours reconnaissant.

37 ANS : VOYAGE EN ATLANTIDE

« Je veux découvrir la vie où j'ai connu ma plus grande histoire d'amour. »

En parallèle de l'écriture de *L'Empire des anges*, je fis une expérience dans le prolongement de l'enseignement de Monique Parent Baccan et de mes cours d'hypnose.

Je rencontrai Philippe Leroux (pur hasard : il avait le même nom de famille que le scientifique de Lamto en Côte d'Ivoire), un « hypnothérapeute régressif », professeur de reiki et musicien, batteur du chanteur Bernard Lavilliers.

Il me raconta sa vie : après une séance d'hypnose pour revivre l'époque fœtale avant sa naissance, il avait vu surgir le souvenir de coups reçus alors qu'il flottait dans le liquide amniotique du ventre de sa mère.

Il avait questionné celle-ci qui lui avoua avoir souhaité se débarrasser de lui, s'être donné des coups de poing dans le ventre et s'être jetée dans un escalier. Et il se souvint avoir déjà pensé, en tant que fœtus : « Elle ne m'aura pas. Je vivrai rien que pour lui montrer que j'en suis capable.» Après sa naissance, elle le laissait avec peu de vêtements dans des endroits froids. Philippe tint bon et développa une envie de vivre et une résistance incroyables. Jamais il ne tombait malade. C'était son histoire.

Encore un personnage hors du commun.

Je m'étendis sur son divan.

Il enclencha le magnétophone pour enregistrer la séance d'hypnose régressive.

— Que voulez-vous faire comme voyage dans vos vies antérieures ?

— Je voudrais retrouver la vie où j'ai connu ma plus grande histoire d'amour.

— Fermez les yeux.

J'obtempérai.

— Visualisez une falaise face à l'océan. Vous y êtes ?

— Oui.

— Bien. Maintenant, visualisez un nuage un peu plus compact au-dessus de l'eau et un pont qui part du bord de la falaise et monte jusqu'à ce nuage très compact. Vous prenez ce pont et vous montez. Vous y êtes ?

— J'y suis.

— Vous entrez dans le nuage. À l'intérieur, tout est opaque, vous ne voyez que du brouillard, vous continuez pourtant d'avancer.

Je visualisais la scène avec d'autant plus de facilité que, précisément, implanter des scènes imaginaires dans mon cerveau était mon activité quotidienne.

— Vous marchez dans le nuage puis vous distinguez au loin une lueur. Vous allez en direction de cette clarté au bout du pont et vous débouchez en plein jour dans l'endroit et l'époque où se trouve votre ancienne réincarnation qui a connu la plus grande et la plus belle des histoires d'amour de toutes vos vies. Que voyez-vous ?

Je laissai l'image devenir nette, comme si la caméra faisait le point.

— Je vois… je vois… une plage. Sur cette plage, il y a un homme. Il ramasse des galets et les lance dans l'eau pour faire des ricochets.

— Comment est-il habillé ?

— Il a une sorte de jupe beige avec des motifs bleu turquoise.

— Pouvez-vous le décrire plus précisément ?

— Il est chauve, mais avec sur les côtés des cheveux courts blancs, il est bronzé et musclé.

— Essayez de le sentir de l'intérieur.

— C'est incroyable.

— Quoi ?

— Ce type est… extraordinairement « cool ». Je n'ai jamais vu quelqu'un d'aussi bien dans sa peau, on dirait qu'il n'a strictement aucune source de stress ou de contrariété, rien ne l'agace, rien ne l'inquiète. Il ne ressent pas la moindre angoisse, pas la moindre peur, n'a pas le moindre souci.

Je m'imprégnai de son ressenti.

— J'ai l'impression que… de toute sa vie, il n'a jamais eu une seule source de mécontentement. Depuis qu'il est né, il est détendu. Je ne savais même pas que c'était possible : une vie sans la moindre source de déception ou de frustration, pas de regrets, pas de traumatismes. Ce type a connu une existence où il a apprécié tout ce qu'il lui arrivait.

— Comment s'appelle-t-il ?

— Je ne sais pas. Quand il pense à lui, il pense juste « moi » ou « je ». Et c'est normal, il ne se nomme pas lui-même par son nom et son prénom.

— Où cela se passe-t-il ?

— Pareil, quand il pense à l'endroit, il pense à « ici ».

— Et quand cela se passe-t-il ?

— Dans son « maintenant ».

Au ton de ses questions, je sentais que mon hypnothérapeute n'était pas satisfait de mes réponses.

— Mais enfin, il a quoi d'autre comme caractéristiques, à part d'être très… cool ?

— Il… est très âgé.

— Quel âge ?

— Plus de 800 ans… Plus précisément, j'ai l'info quand il pense à lui, il sait qu'il a 821 ans. Et à son âge, je/il est en pleine forme. Il est en meilleure santé à 821 ans que moi actuellement.

— Faites un saut dans le temps pour le voir au travail. Quelle est son occupation ?

Changement de scène.

— Je/il est maintenant dans une sorte d'atelier. Il soigne un autre type qui est étendu sur le ventre sur une table. Il a posé ses mains sur son dos. Dans un premier temps, il scanne son corps avec ses mains et perçoit des lignes lumineuses blanches et rouges affleurant. Il met les mains et sent où sont les engorgements, les lieux où l'énergie ne circule pas de manière fluide, ce qui rend les gens malades. Mais, à ce client précis, je/il déclare : « Votre problème n'est pas énergétique, c'est un problème de constipation. Je crois que vous ne buvez pas assez, c'est l'eau qui fait circuler la matière dans les intestins. » Le patient dit que cela lui donne une idée. La ville sent mauvais à cause des ordures qui sont mal évacuées par une rigole centrale, elles stagnent et pourrissent au soleil. Il propose de faire un réseau de tunnels souterrains où circulerait de l'eau pour évacuer les déchets de la ville.

L'hypnothérapeute est amusé :

— En fait, vous venez indirectement d'inspirer l'invention du tout-à-l'égout dans votre cité. Mais vous ne savez toujours pas où et quand cela se passe ?

— Je sais qu'en face de notre île, il y a un continent et que parfois nos bateaux s'y rendent. Ceux des nôtres qui y vont ont des problèmes avec les autochtones, des gens de petite taille, qui leur envoient des flèches.

— Passons à la scène où débute votre histoire d'amour. Vous pouvez y aller ? Faites un saut dans le temps pour rejoindre directement cet instant précis.

Changement de décor.

— … Oui, ça y est… j'y suis. C'est le soir, dans une sorte de taverne. Je suis assis, attablé en train de boire une boisson parfumée qui contient des herbes et a un goût de fleur, comme du jasmin. Les autres personnes dans ce lieu sont toutes habillées avec des vêtements dans le même matériau que le mien, ce n'est pas du cuir, mais c'est de la toile fine et solide beige et il y a des motifs incrustés argentés et turquoise. À un moment, on annonce que le spectacle va commencer. Une jeune femme apparaît sur l'estrade et se met à danser, accompagnée par une harpe. Elle est extraordinairement gracieuse. Elle a une chevelure brune coiffée en longues tresses fines terminées par des perles de pierre bleue. J'ai l'impression que durant sa danse elle m'a regardé. Cette impression est confirmée ; à la fin, elle vient me rejoindre et me demande si on peut discuter. Nous marchons dans la rue déserte éclairée par la lune. Il fait chaud. Je perçois son parfum mêlé à l'odeur de sa peau. Elle me dit qu'elle apprend à soigner les gens, car elle veut, elle aussi, devenir « guérisseuse ». Elle aimerait que je lui apprenne ma propre technique. Nous parlons de la manière de traiter les patients et, soudain, elle me prend la main. Puis elle s'arrête. Elle se met face à moi et me fixe. Je suis très gêné, car elle doit avoir tout au plus 300 ans, et moi j'en ai quand même 821. Elle se met sur la pointe des pieds et m'embrasse sur la bouche. Je me laisse faire sans l'encourager. Elle insiste et nous nous embrassons longtemps.

— C'est comment, la vie de couple, là-bas ?

Je cherchai dans sa/ma mémoire.

— Quand un homme et une femme se sentent bien ensemble, ils se lient le temps qui leur convient. Il y a beaucoup moins d'engagement et de formalisme qu'à notre époque. Dès qu'il y en a un des deux qui en a assez, cela s'arrête, sans avoir besoin d'expliquer quoi que ce soit. Il n'y a pas de mariage, ni d'obligation de vivre sous le même toit. Personne n'appartient à personne. En général, je/il reste entre trois et sept ans avec chacune de mes/ses compagnes. Après, nous restons très amis. J'ai eu peu d'enfants jusqu'à ce jour.

— Revenons à votre rencontre avec cette jeune femme. Elle s'appelle comment ?

— Dans mon/son esprit, il la nomme « Elle ».

— Faites un effort.

— C'est comme pour le temps, le lieu et mon nom. Il n'y pense pas en les nommant, donc je n'ai pas accès à ces informations.

— Continuez, autre saut dans le temps, autre scène qui arrive plus tard dans sa vie, que voyez-vous ?

J'attendis un peu, puis des images apparurent de nouveau dans mon esprit, comme la suite d'un film.

— J'ai eu trois enfants avec elle. Nous discutons parce que l'aîné veut partir en bateau pour explorer le continent. Ma compagne et moi avons peur qu'il lui arrive des problèmes avec les petits autochtones toujours agressifs. Mais je lui dis qu'il faut faire confiance à notre fils, qu'il saura trouver des solutions. Je lui dis qu'on ne peut pas l'empêcher de voyager.

— Bon, le temps passe, il va falloir conclure, allez directement à la fin de votre vie.

J'accomplis un dernier saut dans le temps de mon personnage.

— J'y suis. On nous a avertis qu'une grande vague allait nous submerger, et trois groupes se forment : le premier part vers la montagne en espérant que l'eau ne montera pas jusque-là, le deuxième décide de prendre des bateaux pour fuir, et le troisième, dont je fais partie, estime que le mieux est encore de rester et d'accepter notre sort. Ma compagne et moi nous mettons avec plusieurs milliers d'autres personnes sur la plage pour attendre la vague. Nous sommes assis en tailleur, nous sourions, nous nous tenons la main. Et puis, soudain, il y a un grand silence, la vague apparaît au loin. Quand elle approche, on voit un mur vert avec à son sommet des mouettes qui volent. La vague est de plus en plus nette, elle projette une sorte de courant d'air glacé, et ma première sensation est le froid. La vague avance lentement. Enfin, il y a contact. Je suis comme aspiré par le liquide vert. Je lâche la main de ma compagne et je tournoie, emporté dans un vortex aquatique. J'ouvre les yeux dans l'eau et arrive encore à la voir. Je sais que l'on ne peut pas remonter en surface car le courant est trop fort, j'accepte l'idée de mourir. Je respire l'eau salée qui entre dans mes poumons. Ma dernière pensée est : « Ce fut une belle vie. » Je distingue encore ma compagne. Je lui souris et lui fais un signe complice avant de perdre complètement connaissance.

Silence.

— Bon. Votre esprit va reprendre le pont qui mène au nuage, vous allez aboutir sur la falaise, mais vous n'ouvrirez les yeux que lorsqu'au bout du décompte je dirai « maintenant ».

« Je » quitte avec regret le monde de « Il ».

Et, lorsque je suis sur la falaise et qu'il prononce « maintenant », j'ouvre lentement les yeux.

— Cela fait une heure, signale-t-il.

— Je serais bien resté encore un peu là-bas. C'était vraiment cool.

En rentrant chez moi, je pris rapidement des notes sur mes ressentis et notamment ceux des cinq sens : qu'ai-je vu ? qu'ai-je entendu ? qu'ai-je senti comme odeurs ? perçu comme goûts ? qu'ai-je touché ? Le contact de mes vêtements, du soleil, de la peau de ma compagne, son parfum, le son de sa voix. Tout cela était précieux.

Puis je consultai de la documentation. Je découvris que, selon certaines recherches, l'Atlantide aurait pu être engloutie en 10000 av. J.-C., donc il y a douze mille ans. Je découvris aussi que le fait de vivre 821 ans n'était pas si délirant puisque, dans la Bible, Adam est mort à 930 ans, Noé à 950 et Mathusalem à 969.

De même, dans plusieurs mythologies, on trouve l'existence d'une humanité ancienne comprenant des individus, souvent de grande taille, capables de vivre plus de 800 ans. Enfin, j'interrogeai un ami scientifique sur ce détail troublant des mouettes en haut de cette vague pareille à un tsunami, et il me fournit une hypothèse : elles venaient saisir au vol les poissons aspirés et projetés en l'air par la puissance de la vague.

C'était une jolie histoire, et de l'avoir vécue aussi précisément me donna l'impression d'être parti là-bas en vacances.

Par la suite, cette expérience me plut tellement que j'utilisai l'autohypnose pour revenir seul en Atlantide douze mille ans auparavant. Et il me sembla que je parvins même à créer un dialogue d'esprit à esprit avec cette ancienne réincarnation.

— Finalement, l'objectif de ma vie est d'évoluer pour vous ressembler, lui dis-je un jour. Comme j'aimerais être aussi détendu et aussi cool que vous !

Il me répondit en riant :

— Ta vie est meilleure que la mienne. Toi, tu peux diffuser tes idées très vite partout dans le monde pour toucher des millions de gens. Alors que moi, toutes mes actions ou mes paroles ne touchent tout au plus que quelques centaines de personnes. En outre, tes écrits continueront de diffuser ces idées après ta mort. Le grand avantage du monde dans lequel tu vis tient dans cette invention : LE LIVRE. Tu t'imagines le pouvoir que tu as avec l'imprimerie ? Tu as même tellement de pouvoir que tu peux me faire revivre. Grâce à toi, les gens pourront savoir que j'ai existé.

37 ANS. BONS BAISERS DE MOSCOU

« J'ai l'impression qu'ici en Russie apparaît une nouvelle génération qui regarde le futur au-delà de la politique, de l'économie, des traditions dépassées et de la religion. »

J'étais en Russie, invité dans un salon du livre à Moscou en 1998 où se trouvait un stand de littérature française. Je voyageais notamment avec l'écrivain David Foenkinos et l'écrivaine Shan Sa. Alors que j'arrivais à Moscou, je passai un coup de fil à mon éditeur et demandai où en étaient mes ventes en Russie. La responsable des droits étrangers me répondit :

— Pas terrible : aux alentours de deux mille exemplaires.

Mais, lorsque je rencontrai mon éditeur russe, celui-ci me remit une plaque en cuivre doré posée sur un socle de marbre où était inscrit : « EMPIRE DES ANGES : 2 millions d'exemplaires vendus ».

Je rappelai donc la responsable et lui dis qu'elle avait dû confondre le mot mille et le mot million, mais elle me répondit que non, c'était le chiffre officiel. En fait, l'éditeur russe avait l'intention de lui communiquer la bonne nouvelle mais… ne l'avait pas encore fait.

L'éditeur me raconta l'histoire de la traduction russe des *Fourmis*. Un premier éditeur avait effectué un faible tirage du roman qui ne s'était, en effet, vendu qu'à deux mille exemplaires et il n'avait pas insisté. Peu après, un diplomate français atteint d'un cancer trouva un grand réconfort en lisant *L'Empire des anges*. En phase de rémission, il estima que ce roman y avait participé. Il se sentait désormais redevable et chercha un moyen de « remercier » le livre en le traduisant tout seul du français au russe, avant de le mettre en lecture libre sur Internet. Un autre éditeur repéra cette traduction de *L'Empire des anges*, car c'était l'ouvrage le plus téléchargé sur Internet. Ce deuxième éditeur décida de récupérer les droits et le sortit avec un tirage suffisamment important pour qu'il puisse avoir sa chance. Le livre parvint rapidement en tête des listes des best-sellers en Russie pour atteindre ce chiffre de deux millions d'exemplaires.

Moralité : mieux vaut parfois vérifier de ses propres yeux, sur place, pour apprendre des choses qu'on aurait ignorées en restant chez soi.

Il s'agissait aussi pour moi de découvrir la Russie.

Les Russes conservent un rapport « exotique » à la vie et à la mort, qui pour nous Français est étonnant. Je fus surpris, par exemple, qu'ils grillent souvent les feux rouges et ne mettent pas leur ceinture de sécurité.

— Dans votre voiture, il n'y a pas d'endroit où fixer la ceinture de sécurité ? demandai-je un jour à un conducteur.

Le conducteur répondit :

— Vous, les Français, vous êtes vraiment des trouillards. Vous ne voulez pas aussi mettre un casque ? Dès qu'on est en voiture, on prend forcément un risque. Et puis, on doit tous mourir un jour, alors, que ce soit dans une voiture ou à l'hôpital, qu'est-ce que cela change ?

Pour se déplacer, il suffisait de lever la main, car la plupart des conducteurs faisaient taxi pour se faire un peu d'argent. Un soir après dîner, vers 23 heures, alors que je cherchais un taxi, je remarquai deux types qui parlaient devant une voiture. Je demandai à l'un d'eux en anglais s'il pouvait me ramener. Il approuva. À quel prix ? Il me donna un chiffre, l'équivalent de 100 euros. Cela me semblait beaucoup, et j'étais prêt à en mettre 50 (il était le seul dans les parages et il était tard). Mais l'homme me répondit que c'était 100 ou rien.

Finalement, il accepta pour 70 euros.

Mon conducteur semblait en colère d'avoir dû baisser son prix. Il râlait dans son coin en russe, crispé sur son volant, et, à ma grande surprise, au lieu d'aller en direction du centre-ville, il partit dans la direction inverse pour s'éloigner de Moscou et aller en banlieue. Nous avons roulé un bon moment. Il y avait de moins en moins de bâtiments et je remarquai, lorsque la voiture ralentissait, des groupes de gens qui discutaient en fumant autour de braseros.

Je demandai s'il s'agissait du bon chemin et il me répondit : « *No speak english.* » Mon chauffeur de taxi improvisé, avec lequel j'avais discuté quelques minutes plus tôt en anglais, venait d'un coup d'oublier la langue de Shakespeare et semblait de plus en plus déterminé à quitter la ville. Je remarquai aussi qu'il avait verrouillé les portières de la voiture. Quelques minutes plus tard, une voiture de police surgit et le força à s'arrêter. Il sortit, toujours en colère, et commença à engueuler le policier en me désignant. Le policier, descendu du véhicule, restait imperturbable et hochait la tête. Le conducteur semblait vouloir négocier, car il prononçait des mots en russe que je reconnaissais pour être des nombres et me montrait du doigt.

Peut-être essayait-il de corrompre le policier pour qu'il le laisse poursuivre son chemin avec sa proie.

Mais le policier tint bon.

À la fin, le conducteur regagna son véhicule, claqua la portière et fit demi-tour en vociférant des insultes en russe que je ne comprenais pas, mais dont l'intonation ne laissait aucun doute sur leur contenu. Je lui donnai les roubles convenus et, d'après son regard, je pense qu'il était très déçu d'avoir été dérangé par ce trop zélé policier qu'il n'était pas arrivé à corrompre. Quant à l'arrivée providentielle dudit policier, je dois peut-être l'ajouter à la liste de tous les petits services rendus par Barnabé.

Après cette aventure, mon éditeur me fit accompagner par deux gardes du corps.

Marcher dans la rue, accompagné de deux gorilles en costard qui faisaient deux têtes de plus que moi, fut une nouvelle expérience.

Quand j'arrivai au Salon du livre de Moscou, plusieurs jeunes vinrent me voir pour réclamer des autographes. Les gardes du corps les attrapèrent et les jetèrent violemment par terre.

— Attendez, ce sont des lecteurs, ménagez-les quand même…, m'interposai-je.

Ils se contentèrent de les repousser avec un peu moins de vigueur. Entre deux dédicaces, un des gardes du corps me glissa à l'oreille :

— Vous savez, si quelqu'un vous agace, c'est 10 000 euros.

— De quoi parlez-vous ?

— Je suis tireur d'élite, j'ai combattu en Afghanistan. Je peux tirer de très loin sans risque qu'on me retrouve ou qu'on fasse le lien entre vous et moi.

Il hocha la tête pour préciser :

— Il faut quand même rajouter le trajet en avion, l'hôtel et les frais de restaurant. Je pourrais rapporter les notes, évidemment.

Je le regardai différemment et je compris qu'il ne fallait pas déplaire à un Russe capable de mettre 10 000 euros sur votre « dossier ».

Toujours à Moscou, quelques années plus tard, en septembre 2008, alors que je faisais des dédicaces dans des librairies où venaient en général entre deux et trois cents personnes, il se produisit quelque chose d'insolite. En fin d'après-midi, alors que j'étais un peu épuisé après avoir dédicacé dans cinq librairies, j'arrivai dans un endroit nommé Wine Factory.

Là, une femme, qui devait être l'organisatrice, me dit :

— Il y a des gens qui attendent dehors, voulez-vous qu'on les laisse entrer ?

Je demandai combien de personnes.

— Autour de deux mille personnes.

— Et il y en a combien à l'intérieur ?

— Autour de trois mille… De toute façon, votre conférence sera retransmise par haut-parleurs à l'extérieur.

— Laissez entrer tout le monde.

Il y avait cinq mille personnes à ma conférence et je n'avais rien préparé !

Je n'étais pas rasé, ma chemise était poisseuse de sueur après la tournée des « petites » dédicaces en librairie que je venais de faire à Moscou.

J'entrai dans la salle, une ancienne usine d'alcool désaffectée, semblable à une salle de concert rock.

Sur l'estrade, j'avais face à moi cinq mille personnes, pour la plupart des étudiants.

Au premier rang, une cinquantaine de policiers en uniforme contenaient la foule.

À peine commençai-je à parler dans le micro que ma voix résonna comme dans une cathédrale.

Il fallait adapter mon discours au lieu. J'eus l'impression d'être un politicien. Je leur parlai de l'apparition d'une nouvelle génération qui voulait changer l'ancienne donne et qui allait forcément émerger. J'insistai sur l'imagination comme moyen d'inventer des solutions nouvelles là où nos parents et nos grands-parents n'avaient fait que reproduire des traditions qui avaient montré leurs limites. Trouver des idées, trouver des chemins, ne pas entrer dans les systèmes hiérarchiques, mais privilégier les réseaux de petits projets innovants et autonomes, communiquant à la manière des fourmis.

C'est l'un des grands intérêts du voyage pour rencontrer ses lecteurs : au bout d'un certain temps, ils forment comme une famille, même au-delà des frontières et de la barrière de la langue.

ARCANE XIIII : LA TEMPÉRANCE

La Tempérance montre une femme pourvue d'ailes qui mélange l'eau de deux cruches. Contrairement à l'Étoile, elle ne sépare pas, elle unit les liquides.

Sa fonction est de calmer le jeu, précisément en inspirant la prudence, la sobriété, la raison. Entre le liquide trop chaud et le trop froid, elle produit un liquide à température idéale.

On sort de la peur pour entrer dans la raison.

On trouve en tout le juste milieu. C'est le pouvoir de l'esprit qui fait circuler harmonieusement l'énergie. La Tempérance, c'est le diplomate, l'intermédiaire, le médiateur : c'est celui ou celle qui met les gens différents en relation et qui trouve des solutions qui vont convenir aux deux parties.

38 ANS. RENCONTRE AVEC UN DAUPHIN BÉLUGA REMARQUABLE

« Ça te dit de rencontrer des dauphins sauvages en haute mer aux Açores ? J'ai une proposition de voyage pour y aller. Moi, je ne peux pas, mais si tu veux, je te file ma place. »

Après la publication des *Thanatonautes*, j'avais donc sympathisé avec Patrice Van Eersel. C'est lui qui me fit cette proposition.

J'acceptai et me retrouvai avec un groupe d'une vingtaine de sympathiques allumés sur ces îles censées être les derniers sommets de la mythique Atlantide. L'organisateur se nommait Claude Traks et était lui-même auteur de livres sur la sagesse des dauphins.

Nous arrivâmes sur l'île de Pico, et je découvris un décor qui faisait davantage penser à la Bretagne qu'à des îles tropicales (décor que j'utiliserais plus tard comme lieu d'installation des micro-humains dans ma trilogie *Troisième Humanité*).

On m'expliqua que les touristes venus pour les dauphins n'étaient pas les bienvenus, car l'île avait un passé, qu'elle considérait comme glorieux, de chasseurs de baleines et on distinguait encore les grands hangars qui servaient à dépecer les cétacés ramenés par les marins.

Les autochtones se sentaient les héritiers de Moby Dick.

Depuis que des lois avaient été votées pour empêcher le massacre des baleines, cette île (qui jadis avait fourni la graisse des rouges à lèvres et celle des lampes à huile) était remplie de chômeurs. Que des touristes viennent, de surcroît, s'amuser avec la viande qu'ils n'avaient plus le droit de toucher les agaçait forcément.

Nous attendîmes quelques jours pendant lesquels Claude Traks nous expliqua qui étaient les magnifiques animaux que nous allions rencontrer. Enfin, un matin, il annonça avoir repéré au large un banc de dauphins.

Aussitôt, nous nous sommes préparés pour aller les rencontrer.

Nous sommes partis sur un Zodiac. Claude scrutait la mer à la jumelle et, enfin, désigna des ailerons qui affleuraient à la surface. Il proposa de tirer à la courte paille ceux qui pourraient aller en premier à leur rencontre, et cela tomba sur moi et sur une jeune femme qui se prénommait Jennifer.

Nous avons plongé avec masque et palmes.

Nous étions tractés par des câbles fixés au Zodiac, qui essayait d'approcher au plus près sans les effrayer. Car tel était le problème, il s'agissait d'animaux libres, ils n'avaient aucune raison de vouloir nous rencontrer.

Lorsque Claude Traks considéra que nous étions suffisamment proches, il stoppa le moteur du bateau, et Jennifer et moi nous avons continué d'avancer uniquement propulsés par nos palmes.

Enfin, ils étaient là, face à nous.

Deux silhouettes blanches.

De plus près, je vis qu'il s'agissait de dauphins bélugas, avec leur bosse caractéristique sur le front. Leurs corps étaient d'une clarté étonnante.

Ils ne bougeaient pas. Ils nous observaient, se maintenant entre deux eaux, comme en lévitation, par un infime battement de queue.

Deux fantômes blancs flottant à un mètre sous la surface.

Dans ma tête, j'espérais m'avancer au plus près sans qu'ils s'enfuient. Un peu comme si j'approchais de deux biches sauvages sans les effaroucher.

Les deux bélugas n'avaient aucune raison de rester alors qu'un humain approchait.

Je savais que j'étais limité par mon autonomie pulmonaire. J'avais donc tout au plus une minute pour profiter de cet instant.

Bon sang, que ces secondes furent intenses !

Alors que j'approchais lentement, avec la hantise de les effrayer, je vis bien que l'un des deux dauphins bélugas me fixait de son gros œil rond.

Il ne semblait pas intimidé par ma présence.

Comme s'il acceptait cette rencontre.

Je n'étais plus qu'à tout au plus un mètre de distance et le béluga, tranquille, me fixait toujours. Je m'approchai encore, mais n'osai évidemment pas tenter de le toucher.

Cette forme de vie sauvage si pure, si forte, si libre, dans cet endroit si loin de tout, qui échangeait avec moi un simple regard, m'apparut magique.

Cependant, les secondes s'égrenaient et mon système pulmonaire avait atteint ses limites. Je voyais Jennifer qui, elle aussi, essayait de tenir le plus longtemps possible, à courte distance, face à son propre béluga.

Nous devions abandonner.

Merci de m'avoir autorisé à t'approcher si près, songeai-je alors.

Quand Jennifer et moi sommes remontés dans le Zodiac, tous les autres nous pressèrent de questions. Ils nous considéraient comme chanceux d'avoir pu les approcher. C'est alors que Claude Traks signala qu'il venait de repérer d'autres ailerons.

Il y avait, en effet, un autre groupe de dauphins, des petits gris cette fois-ci, pas seulement deux, mais une vingtaine. Comme nous avions déjà plongé, Jennifer et moi sommes restés sur le Zodiac pendant que tous les autres plongeaient pour rencontrer cette troupe.

Nos compagnons qui étaient dans l'eau annonçaient que les petits dauphins gris approchaient si près qu'ils pouvaient les toucher. Jennifer et moi étions étonnés, car nous n'avions pas osé créer un contact direct avec les bélugas.

Comme les dauphins restaient aux alentours, Claude Traks, au bout d'un moment, nous autorisa, Jennifer et moi, à plonger pour cette seconde rencontre.

Nous avons compris d'un coup la raison d'une telle proximité. À peine étions-nous dans l'eau qu'une masse de plusieurs centaines de petits poissons argentés fonça sur nous pour nous entourer. Les sardines profitaient de la présence des humains pour essayer d'échapper à cette meute de dauphins chasseurs qui les avait encerclées. Comme un troupeau de moutons voulant échapper à une meute de loups venus les décimer.

Quant aux dauphins gris, en effet, ils approchaient assez près des humains, mais ce n'était pas pour pactiser ou communiquer, c'était pour foncer, rostre en avant, et les menacer. Ainsi espéraient-ils leur faire comprendre qu'il fallait s'éloigner de cette pêche qu'ils s'étaient donné tant de mal à organiser. Certes, il y avait une communication homme-dauphin, mais celle-ci était en sens unique. Les dauphins disaient : « Fichez le camp, humains, vous êtes en train de nous faire perdre des prises. » Les autres participants, trop contents de toucher les dauphins, ne semblaient même pas s'en apercevoir. Tout est problème de communication.

Le soir, je profitai du piano qui se trouvait à l'hôtel pour improviser un air, à base d'arpèges. J'exprimai l'émotion ressentie lors de la rencontre avec le béluga.

Jennifer vint à côté de moi et se mit à jouer en phase avec ma musique et, ensemble, à quatre mains, nous sommes restés à dialoguer en jouant du piano, sans nous parler, simplement en racontant avec des notes cette expérience que nous avions partagée.

Cette scène m'inspira pour l'écriture de la rencontre avec les dauphins dans *Le Sixième Sommeil*.

38 ANS. DERRIÈRE LES BARREAUX

« Cela te dit d'aller discuter avec des détenus de droit commun ? »

Mon attachée de presse me transmit un jour une proposition qui avait été faite aux écrivains d'Albin Michel susceptibles d'être intéressés : donner une conférence dans la prison de Fleury-Mérogis.

Je connaissais les tribunaux, je connaissais les salles d'autopsie (avec cette odeur entêtante qui vous prend à la gorge), je ne connaissais pas les prisons.

Fleury-Mérogis ne ressemblait pas du tout à l'idée que je m'en étais faite. Cela ressemblait plus à un lycée qu'à une prison. Pas de barbelés, pas de murs recouverts de tessons de bouteilles, pas de miradors, pas de barreaux aux fenêtres comme dans les films. On entendait surtout les cris d'encouragement du match de football qui se déroulait dans la cour.

Dans le cadre de ces « rencontres culturelles » visant à donner le goût des livres aux détenus, mon guide m'expliqua qu'ils avaient sélectionné un groupe de détenus déjà lecteurs et capables d'avoir une discussion intéressante. En fait, ces prisonniers avaient préparé et répété leurs questions face à un mannequin censé me représenter afin que tout soit bien sous contrôle.

J'arrivai dans une pièce avec une table autour de laquelle étaient déjà assis cinq détenus. Ils étaient habillés de manière courante, pas d'uniforme. Il y avait en plus de mon guide un gardien et un homme debout habillé en tenue très chic, costume, chemise blanche, probablement un autre auteur-conférencier qui allait parler après moi et qui me déclara :

— J'ai lu *Les Thanatonautes*. Vous faites référence au chamanisme d'Amérique du Sud. Je suis moi-même passionné d'ethnologie et j'ai étudié les mœurs des peuples de la forêt amazonienne. Je peux vous apporter des informations exclusives sur leurs coutumes, si cela vous intéresse.

— Bien sûr, cela me passionne. Quelles tribus ?

Il me cita une tribu au nom inconnu qui vivait, selon lui, à la frontière entre le Brésil et le Pérou, en pleine jungle. Il me dit avoir vécu lui-même parmi eux et avoir été initié à leurs cérémonies chamaniques. Il avait l'air d'un gentil papi scientifique, passionné par son domaine de recherche.

— Vous savez, si vous voulez approfondir votre documentation sur les peuples primitifs de la forêt amazonienne et leurs mœurs, je peux même vous inviter chez moi. J'ai une grande villa située précisément dans cette région. C'est très confortable, il y a une piscine et j'ai des chambres pour les amis de passage, ce serait un grand honneur pour moi de vous y accueillir. Vous n'aurez qu'à m'écrire ou m'appeler à cette adresse, dit-il en me tendant une carte de visite sur laquelle il ajouta le mot « cellule » suivi d'un numéro.

Cellule ?

Puis la conférence avec les détenus démarra. Je présentai rapidement mon métier. Je les encourageai d'ailleurs à écrire, me doutant qu'ils devaient avoir eu des vies peu ordinaires. Ensuite, je voulus en savoir davantage sur eux, qui ils étaient, et les questionnai à mon tour. Chacun se présenta et signala quel délit l'avait amené ici. C'était le même pour tous : « trafic de drogue ». Après avoir lu la question qu'ils avaient préparée avec les gardiens, du genre « D'où vous vient l'inspiration ? », nous sommes passés aux questions libres.

Le premier posa sa question :

— Quelle est la marque de votre voiture ?

— Peugeot 205.

Je vis la déception s'inscrire sur leurs visages.

— Quoi ! Vous n'avez même pas une Porsche ou une BMW ? Quel intérêt d'être écrivain si c'est pour avoir une… 205 !

— Pour moi, une voiture, c'est, comment dire, un moyen pour se déplacer d'un point A à un point B. Et mon principal souci à Paris, c'est surtout d'arriver à la garer.

Même les gardiens marquèrent, eux aussi, une sorte de désapprobation. Visiblement, la voiture était le principal critère de réussite dans la vie.

Les autres questions furent du même ordre :

— Vous avez un bateau ?

— Vous avez un château ?

Quand je leur dis que je vivais dans un 60 mètres carrés à Paris, place Stalingrad, parce que j'appréciais de voir des péniches et des mouettes en plein Paris quand j'ouvrais mes fenêtres, ils me regardèrent comme si je leur mentais.

Le fait que j'aie une montre Swatch et que je ne sois jamais apparu dans les journaux accompagné d'une actrice célèbre était une déception de plus par rapport à l'image qu'ils se faisaient d'un écrivain censé être lu dans le monde entier, comme m'avait présenté le guide.

Chacun vit dans son monde avec ses références, et chacun trouve le monde des autres illogique.

— Tu te doutes bien qu'ils t'ont tous menti, me dit mon guide. La drogue n'est pas la raison pour laquelle ils sont là. Le premier type que tu as vu était un sniper de la mafia, il a été surpris sur les toits avec un fusil à lunette sur la trajectoire où devait passer la voiture du président. Il voulait refaire le coup de Kennedy à

Dallas. Mais il a été repéré avant de pouvoir agir, et a été arrêté. Personne n'en a parlé. Comme il est du milieu et qu'il n'a balancé personne, il purge sa peine et la mafia lui verse son salaire mensuel, à lui ainsi qu'à sa famille.

— Tu veux dire que tueur, c'est un métier avec une fiche de paie, une retraite et qu'une arrestation, c'est comme un simple accident de travail qui le rend indisponible durant une période ?

— Ici, quand on touche de l'argent de l'extérieur, on peut tout acheter pour améliorer son confort au sein de la prison.

— Et les autres personnes qui ont participé à l'entretien ?

— Le grand maigre dirigeait une bande de motards ultra-violents. Celui qui a un visage un peu dur a tué toute une famille pour la détrousser. L'autre, à sa gauche, a commis des actes de barbarie.

— Et l'homme âgé bien habillé ?

— C'est le pire.

— Nous avons discuté de chamanisme, de peuples d'Amazonie et il m'a invité dans sa maison au Brésil. Il a tout inventé ?

— Il a dit la vérité, c'est seulement qu'il ne t'a pas tout dit. Ce charmant papi est le chef d'un cartel de la drogue installé à la frontière entre le Pérou et le Brésil. Il est l'un des cinq types les plus puissants du monde dans cette industrie. Une sorte de petit roi de la jungle, un Escobar de chez nous. Quant à la villa où il veut t'inviter, il s'agit d'une hacienda de grand luxe tenue par sa milice privée. Son lien avec les Indiens est d'autant plus fort que ce sont eux qui travaillent pour fabriquer la drogue.

— Comment est-il arrivé ici ?

— Il a été attrapé en possession d'une valise contenant 2 kilos de cocaïne pure à la douane de l'aéroport de Roissy. En fait, c'est son bras droit qui a placé la drogue dans ses bagages et qui l'a dénoncé pour lui prendre sa place.

— Alors, pour lui, tout est fichu ?

— Il espère s'en tirer, car son avocat a trouvé une erreur dans la procédure d'arrestation à Roissy. Au moment où il a été arrêté, il y avait 2 kilos de cocaïne. Or, quand ils ont procédé par la suite à l'inventaire de ses affaires, il n'y avait qu'un seul kilo. Du coup, il a porté plainte au tribunal international de La Haye pour vice de forme et ça a l'air de marcher. Il pourrait bientôt être libéré, alors tu pourras réellement aller là-bas en vacances, si tu le souhaites. En plus, tu ne risqueras rien : il a vraiment une armée privée qui lui est entièrement dévouée.

À la fin de ma rencontre, j'allai rejoindre cet ethnologue roi de la drogue et il me confirma qu'il était victime d'une injustice due à un « collègue malveillant ». Mais qu'il comptait bientôt arranger ses affaires et qu'alors il pourrait m'accueillir là-bas.

Pour conclure, il sortit de sa poche une grande carte d'Amérique du Sud et m'indiqua l'emplacement de sa maison. Il posa son doigt sur une zone où l'on ne voyait que de la forêt.

— C'est ici. Si vous venez me voir, débrouillez-vous pour que votre avion ne passe pas par là.

Il me montra aussi une minuscule île en face de la Guyane, donc au nord du continent sud-américain.

— Là, c'est vraiment un endroit où il y a des fous furieux avec lesquels on ne peut pas discuter. Vraiment, quoi qu'il arrive, ne passez jamais par là.

Chacun vit sur sa planète avec ses références.

Chacun est le héros de son propre film où il a raison et les autres ont tort.

Je ne saurai jamais ce qui était vrai ou faux dans ses récits.

Je ne juge pas, j'essaie de comprendre…

En tout cas, celui-là aussi, je l'épinglai dans ma collection de personnages extraordinaires.

38 ANS. QUELQUES HOMMES EN COLÈRE

« Vous ne pouvez pas nous comprendre, vous, vous êtes un type avec les mains propres. »

En dehors des prisonniers de Fleury-Mérogis, j'eus l'occasion de rencontrer une autre partie de la population qui vit en marge : les SDF, grâce à une association qui organisait des rencontres culturelles entre écrivains et gens de la rue.

Cela se passait près du métro Saint-Michel. Je débarquai dans une cave transformée en salle de conférences, où se trouvaient une trentaine d'entre eux. L'organisateur fit une introduction rapide, puis j'expliquai ma démarche en insistant sur le fait que les livres étaient un moyen de s'évader par l'esprit.

Puis arrivèrent les questions :

— Vous ne trouvez pas dégueulasse que vous, vous ayez une vie bourgeoise, alors que nous, nous sommes à la rue ! Et puis les policiers ne nous laissent jamais tranquilles ! On nous force à aller dans des centres et, là on se fait voler parce qu'il n'y a pas de sécurité, et dans le métro maintenant on se fait agresser par les gens des pays de l'Est qui ont débarqué, sans parler des travailleurs émigrés d'Afrique qui prennent nos boulots et, du coup, c'est à cause d'eux que nous sommes à la rue…

Suivit une longue litanie de tous les motifs de colère de cet individu.

Plus il énonçait ce qui l'énervait, plus il s'énervait.

— De toute façon, même vous, vous ne pouvez pas nous comprendre, vous, vous êtes un type avec les… mains propres !

Il avait prononcé cela comme s'il s'agissait de la pire insulte.

Les autres approuvaient, contents qu'il y en ait un qui ose exprimer tout haut à un « bourgeois » ce qu'ils pensaient tous. Quand il eut fini, je ne savais pas trop quoi répondre, mais l'organisateur répondit à ma place :

— Je crois que vous ne vous rendez pas compte du nombre d'écrivains auxquels j'ai proposé de venir ici et qui ont refusé précisément parce qu'ils craignaient de devoir affronter vos… regards.

Cette phrase arrêta net le râleur.

— Lui, il a accepté, mais si vous commencez à l'agresser, je crois que nous ne pourrons plus faire ce genre de rencontres.

— Mais quand même, il sait ce qu'on vit, nous, tous les jours ?

— Précisément, il est venu pour le savoir, vous pourrez lui en parler après. Et je sais que certains parmi vous ont vécu des choses tellement terribles qu'ils aimeraient peut-être, eux aussi, en faire des livres. Monsieur Werber pourra vous donner des conseils.

En fait, c'est surtout moi qui, ensuite, leur posai des questions.

Je comprenais qu'ils rêvaient de faire connaître leurs vies. Ils étaient en colère, et arriver à parler normalement des injustices qu'ils avaient subies ou croyaient avoir subies les mettait encore davantage en état d'exaspération.

Je les écoutai avec attention.

Cela semblait les soulager.

À la fin, l'organisateur me chuchota :

— Il y en a quelques-uns qui sont paranoïaques ou qui ont des problèmes psychiatriques, mais vous avez vu, la plupart ont fini par comprendre l'intérêt de votre passage. Moi, je crois qu'il ne suffit pas de nourrir leur corps, il faut aussi nourrir leur esprit. Je crois que la culture, c'est ce qui va leur donner envie de vivre. Ils ont tous des problèmes, mais tous mangent à leur faim. Ce qui les fait souffrir, c'est l'absence de projet. Ils vivent au jour le jour, sans but. Je leur prête des livres. Dès qu'ils se mettent à lire, je sais qu'ils vont pouvoir remonter la pente.

Il poursuivit :

— Une des choses dont je suis le plus fier, c'est de leur rappeler leur date d'anniversaire. La plupart passent ce jour sans même s'en apercevoir, du coup ils ignorent jusqu'à leur âge. Quand ils s'inscrivent chez nous, nous leur demandons cette date et, lorsqu'elle arrive, nous leur rappelons que c'est un jour important pour eux. Pour leur anniversaire, nous allons acheter un petit gâteau de leur choix dans la pâtisserie d'à côté et nous mettons une bougie dessus.

Quelle idée géniale.

— C'est la force des rituels, cela crée un rendez-vous dans le temps et cela leur permet de se rappeler qui ils sont. Car c'est peut-être cela le pire, oublier sa propre histoire. Et après, ils oublient leur nom…

Grâce à cette rencontre, j'écrirais plus tard *Le Miroir de Cassandre*, qui relate l'histoire d'un groupe de SDF qui vit dans une décharge publique et qui accueille une gamine surdouée, mais autiste.

Ce fut, là encore, un roman d'autant plus passionnant à écrire que je découvris, en discutant avec les SDF, qu'ils formaient une sorte de tribu avec une perception du temps et de l'espace complètement différente.

Ils étaient au milieu de nos villes, on les voyait tous les jours, ils parlaient notre langue et, pourtant, ils vivaient dans un monde parallèle.

39 ANS. LE POINT DE VUE DE L'ARBRE

Pour moi, l'écriture est comme un art martial qu'on pourrait baptiser le «roman qwan do». De cet art, il faut savoir maîtriser toutes les formes.

L'écrivain doit prouver qu'il peut tenir aussi sur les trois tailles de récit.

1) Le court : la nouvelle, 2) le moyen : le roman, et 3) le long : la saga sur plusieurs volumes.

Mais la nouvelle réclame peut-être le plus d'exigence, car on ne peut pas tricher. C'est l'art pur du raconteur d'histoires. Tout doit être utile, et il faut fonctionner comme une blague en trois temps : 1) installation du lieu et des antagonistes, 2) développement de la tension dramatique, 3) chute surprenante.

Exemple :

« Deux omelettes sont en train de cuire dans une poêle à frire. »

Installation des antagonistes.

« Il y en a une qui dit à l'autre :

— Vous ne trouvez pas qu'il fait trop chaud par ici ? »

Tension dramatique : les omelettes sont-elles condamnées ? Pourront-elles s'en sortir ? Si la température monte, peut-être pourront-elles tenter de s'enfuir. Jusqu'à quel point cette chaleur peut-elle leur être fatale ?

Et, à ce moment, la deuxième omelette hurle :

« Au secours ! Sortez-moi de là ! Il y a à côté de moi une omelette QUI PARLE ! »

Chute : au lieu de comprendre qu'elle a intérêt à dialoguer avec sa collègue, elle préfère dénoncer sa différence afin de l'exclure.

On se doute que l'étroitesse d'esprit de la seconde omelette empêchera les deux de coopérer pour s'échapper et qu'elles devront subir leur funeste destin : mourir cuites.

Cette blague fonctionne car notre inconscient sait que c'est une métaphore de ce qui arrive à toute l'humanité : nous nous faisons la guerre pour nos différences et nous allons tous terminer sur une planète en surchauffe qui deviendra invivable pour nos descendants.

Voilà le pouvoir d'une petite histoire.

Si la chute est ratée ou prévisible, cela se voit tout de suite.

S'il y a des effets de style pour cacher l'indigence de l'idée de départ ou de la tenue de l'intrigue, cela aussi apparaît clairement.

Je m'étais fixé la discipline d'« une nouvelle par jour », et j'avais plus d'une centaine de ces petites histoires présentables.

Je proposai à Richard Ducousset de faire un recueil avec vingt d'entre elles.

— Hélas, en France la nouvelle n'est pas très valorisée, m'expliqua-t-il. On considère qu'il s'agit d'un genre mineur typiquement anglo-saxon. Si tu y tiens, on peut le faire. Sache juste que le public susceptible d'être intéressé sera beaucoup plus restreint.

Je regroupai, sous l'appellation *L'Arbre des possibles*, les nouvelles qui me semblaient non pas forcément les meilleures, mais les plus différenciées. Un peu comme on compose un bouquet avec des fleurs de couleurs variées.

Une d'entre elles me tenait à cœur : « Le mystère du chiffre ». C'est l'histoire d'une civilisation où les habitants sont limités dans leur pensée, et où cette limite est évaluée par leur connaissance des chiffres. Tout comme les enfants qui savent compter jusqu'à un nombre précis et pour qui au-delà, c'est l'inconnu. Ceux qui savent compter le plus loin sont les prêtres-politiciens qui dominent la population.

Une autre nouvelle, « Le témoin silencieux », fonctionnait comme un tour de magie, puisqu'on entendait penser le témoin d'un crime. Et l'on ne découvrait qu'à la fin qu'il s'agissait d'un… arbre. Je me référai pour cela à une étude scientifique montrant que, lorsqu'on se blessait près d'un arbre, l'arbre percevait la mort des cellules proches et produisait un infime changement de résistance électrique. Les végétaux peuvent avoir une sensibilité et même une empathie pour d'autres formes de vie que la leur. Ils perçoivent « notre » douleur.

La nouvelle « Leçon de choses » fut le brouillon de *Nos amis les Terriens* : un contrechamp où j'imaginais des extraterrestres faisant l'élevage d'humains comme nous faisons l'élevage des hamsters, pour amuser les enfants.

Comme prévu par mon éditeur, ce livre eut évidemment moins de résonance en France que mes romans classiques, pourtant, et de manière étonnante, ce recueil eut plus de succès en Corée que les précédents (un million d'exemplaires vendus à sa sortie), et j'eus la chance de faire une version beau livre, illustrée par mon idole en graphisme, le dessinateur Mœbius.

L'une des nouvelles, qui donna le titre au recueil, fut le fruit d'une constatation que j'avais faite en écrivant un article sur l'intelligence artificielle appliquée au jeu d'échecs quand j'étais journaliste scientifique. J'envisageais qu'on pouvait visualiser tous les scénarios de futurs possibles pour l'humanité dans son ensemble à court, moyen et long terme. Un peu à la manière dont le logiciel d'intelligence artificielle du jeu d'échecs teste toutes les combinaisons d'enchaînements de coups possibles pour trouver le scénario le plus efficace qui fera perdre le moins de pièces et permettra la réussite finale.

Après l'écriture de la nouvelle éponyme de *L'Arbre des possibles*, je créai un site sur Internet, www.arbredespossibles.com, où chacun pouvait présenter sa vision personnelle du futur.

Le webmaster de ce site, Sylvain Timsit, s'avéra un excellent sélectionneur de scénarios et un très bon jardinier pour les présenter sur le site de manière ludique.

J'avais contacté Sylvain après avoir visité son site www.syti.net, un lieu d'observation des tendances du monde. Sylvain Timsit était un pur esprit de la mouvance New Age des années 1980. Après avoir été réalisateur de documentaires, sur les dauphins et le surf, il avait décidé de fuir le monde des grandes villes polluées et agitées, et vivait au milieu de la nature dans la région des Landes.

Il était déjà lui-même une sorte d'humain du futur.

Il adhéra à mon projet et créa une énorme carte des futurs possibles en différenciant les thèmes : technologie, politique, biologie, etc. Ayant planté la graine, je considérai que ce n'était pas mon rôle de sélectionner ou de lire les scénarios, et ce fut Sylvain qui s'attela à cette tâche complexe. Aujourd'hui, il y a déjà eu 3,4 millions de visiteurs sur le site et 9300 scénarios-feuilles de futurs possibles publiés (sur plusieurs dizaines de milliers reçus). Sylvain essaie d'éviter de publier ceux qui se ressemblent trop.

Peut-être que l'avenir figure dans l'un de ces scénarios.

La science-fiction s'est souvent cantonnée aux scénarios négatifs et catastrophiques : invasion d'extraterrestres pour H.G. Wells dans *La Guerre des mondes*, société totalitaire dans *1984* d'Orwell, société de clones sous tranquillisants dans *Le Meilleur des mondes* d'Aldous Huxley, cannibalisme généralisé dans *Soleil vert* de Harry Harrison, ou remplacement de l'homme par des primates dans *La Planète des singes* de Pierre Boulle.

Imaginons aussi que cela finisse… bien.

Après tout, nous vivons mieux que nos ancêtres.

Même si les actualités nous abreuvent d'informations angoissantes, notre espérance de vie a doublé, notre sécurité, notre nourriture, notre hygiène, notre santé se sont améliorées en France.

N'en déplaise aux tenants du « c'était mieux avant », nous sommes plus éduqués, nous avons des outils plus efficaces, nous avons plus de temps pour l'art, la culture, le sport, l'introspection ou la spiritualité.

Donc, imaginons que cela soit « mieux après ».

J'ai écrit une nouvelle qui se nomme « Et tout finit bien » (publiée non pas dans *L'Arbre des possibles*, mais beaucoup plus récemment au Livre de Poche pour une association caritative), qui évoquait ce thème : un monde où nous deviendrions encore plus heureux parce que notre espérance de vie aurait augmenté. Et tout irait vers le mieux : notre santé, notre éducation, notre hygiène, nos outils… mais aussi notre communication, notre conscience, notre entente avec les autres humains. Je prévoyais une fin des conflits religieux et nationaux, une sauvegarde de la planète, une amélioration de notre rapport aux végétaux et aux animaux, qui ne seraient plus considérés comme des matières premières.

Un monde de parfaite harmonie.

Je me disais qu'en décrivant ce monde, je lui donnais une possibilité d'exister.

De manière plus réaliste, je crois qu'un *happy end* général peut vraiment arriver, mais il y aura forcément de douloureuses crises pour nous faire comprendre qu'il faut changer nos vieux comportements.

ARCANE VIII : LA JUSTICE

L'arcane de la Justice représente une femme assise sur un trône, qui tient dans la main droite une épée et dans la main gauche une balance. Elle ne regarde pas à gauche le passé, ni à droite le futur.
Elle fixe le présent.
C'est la carte de la Justice des hommes, qui donne à chacun selon son mérite. La balance permet de savoir quelle récompense correspond à chaque effort. L'épée coupe ce qui est en excès.

43 ANS : VOUS LES DIEUX

« Tout est stratégie. »

J'ai toujours été accro aux jeux de stratégie. J'avais appris très jeune les échecs, mais tout ce qui ressemble à la lutte de deux esprits pour se surpasser m'intéresse. C'est comme si j'invitais mon cerveau à jouer pour savoir s'il est capable de résoudre des problèmes face à un autre cerveau qui le challenge. Fût-il issu d'une intelligence artificielle.

Quand j'étais journaliste, j'avais découvert le jeu de stratégie *Civilization* de Sid Meier. Cela me semblait l'intermédiaire idéal entre le jeu d'échecs, où il y avait uniquement 16 pièces par joueur et un territoire de 64 cases, et la réalité, où il y avait 7 milliards de pièces humaines sur un territoire de 510 millions de kilomètres carrés (avec les interactions supplémentaires et aléatoires de la nature animale, végétale, virale et de la météo).

Je jouais aux premières versions de *Civilization* et, déjà, j'appréciais la complexité du jeu qui intégrait la diplomatie et les évolutions progressives de l'agriculture, de la religion, de l'art et des technologies.

Je me souviens d'un séjour dans un club de vacances en Martinique où j'avais été tellement pris par une civilisation maya, que je faisais naître, grandir et évoluer sur la mappemonde virtuelle du jeu que je n'avais pratiquement pas quitté ma chambre, rideaux tirés pour ne pas être gêné par le soleil et bien voir l'écran de mon ordinateur.

J'appréciais de me retrouver, grâce à ce jeu, dans une vision globale dans l'espace et dans le temps.

« Vous trouvez que ce monde n'est pas parfait, eh bien, essayez d'en faire un qui ne s'effondre pas au bout de quatre jours », disait Philip K. Dick dans l'une de ses conférences.

On pourrait compléter en ajoutant : « Mettez-vous à la place de Dieu et essayez de faire mieux. »

Une partie démarrait avec une tribu de mille individus chasseurs-cueilleurs vivant dans un village de huttes et ignorant des alentours, en 4000 av. J.-C., pour arriver jusqu'à l'an 2500 apr. J.-C., où, à la tête d'une nation de plusieurs centaines de millions de mortels, il fallait lancer un programme spatial pour coloniser la plus proche planète viable. En jouant, je pouvais faire des choix qui semblaient anodins à l'époque préhistorique, mais qui avaient des conséquences déterminantes au cours des millénaires suivants. Le fameux effet papillon. Une petite décision prise par une tribu quatre mille ans av. J.-C. pouvait changer le monde moderne.

Miser sur la science ou miser sur la guerre ? Privilégier les routes terrestres ou les routes maritimes ? Investir dans l'agriculture ou l'art ? La spiritualité ou la religion ? Diriger le pays par une classe bourgeoise basée sur le mérite ou une classe de nobles basée sur la naissance ?

Choisir, c'est renoncer.

Je complétai le plaisir du jeu par l'étude de la vraie histoire de l'évolution de nos sociétés humaines, remarquant, par exemple, qu'au début les villes qui se développaient le plus vite étaient celles placées en hauteur, car elles pouvaient mieux résister aux invasions. En revanche, dès qu'on atteignait un niveau de progrès qui correspondait à l'époque de la Renaissance de notre histoire humaine terrienne, on avait intérêt à placer les villes au bord d'un fleuve pour pouvoir être protégé par l'eau tout en développant (grâce aux voies fluviales) le commerce et les échanges avec d'autres villes ou pays.

Au Festival des jeux à Cannes, je rencontrai le créateur de *Civilization* : Sid Meier. Nous eûmes une discussion, dans un café. Il me confia qu'il était en train d'essayer d'améliorer son jeu, car il y avait une stratégie qui fonctionnait « trop » bien : créer beaucoup de villes dès le début du jeu. Cela générait beaucoup d'impôts et, du coup, on avait la possibilité d'avoir une grande armée qui envahissait tous les voisins pour leur voler leurs matières premières et leurs technologies.

La pratique de ce jeu me donna envie de développer ma nouvelle « L'école des jeunes dieux », parue dans *L'Arbre des possibles*. Dans cette histoire, des apprentis dieux allaient à l'école pour apprendre à diriger des peuples. Une fois instruits, ils étaient mis en concurrence sur une planète pour que le meilleur gagne en utilisant tous les moyens possibles dans tous les domaines. L'écriture de cette nouvelle m'amusa tellement que j'en fis le sujet d'un roman, avec l'idée de le relier éventuellement aux *Thanatonautes* et à la suite de *L'Empire des anges*.

Après avoir été mortel, puis ange, n'est-il pas logique de devenir apprenti dieu et, dans ce cas, n'est-il pas tout aussi intéressant d'apprendre à être le meilleur dieu possible dans une compétition avec d'autres élèves dieux ?

En parallèle, le travail d'écrivain m'a toujours semblé similaire à celui d'un dieu qui règne sur le petit peuple de ses propres personnages. C'est en fabriquant des destins de civilisations artificielles que j'ai eu l'impression de comprendre certains choix de notre propre « joueur-créateur ».

Par exemple pour qu'un monde soit en évolution, il ne peut pas être tranquille. C'est forcément un lieu où se déroulent des conflits qui obligent les pièces du jeu à se révéler puis à se surpasser.

Est-ce qu'Akhenaton aurait voulu créer une nouvelle religion monothéiste, dédiée à Aton, s'il n'était pas fâché contre son père qui était polythéiste et qui vouait un culte à Amon-Râ ?

Est-ce que Moïse aurait voulu fuir en Israël si son peuple n'avait pas vécu en esclavage ?

Est-ce qu'Alexandre le Grand aurait voulu créer un empire s'il n'avait pas voulu faire mieux que son père, Philippe de Macédoine, qu'il détestait et qu'il a d'ailleurs probablement assassiné ?

Est-ce que Bach aurait pu écrire sa Toccata s'il n'avait pas voulu surpasser ses frères et cousins musiciens qu'il détestait ?

Est-ce que Freud aurait pu inventer la psychanalyse s'il n'avait pas eu des difficultés de communication avec sa mère ?

Est-ce qu'Apollo aurait réussi à aller sur la Lune s'il n'y avait pas eu la rivalité des Américains et des Soviétiques ?

Il fallait intégrer cette nécessité d'adversité, voire d'injustice, comme un révélateur du potentiel des personnages. Même les plantes se font la guerre. Les lierres essaient d'étouffer les arbres, les feuilles sont toutes en concurrence pour avoir le maximum de surface en contact avec les rayons du soleil. Les rats se battent pour sélectionner comme chef le plus brutal d'entre eux. Certes, dans ce monde il y a des tueurs, des salauds, des traîtres, des manipulateurs, des sadiques, des lâches, mais tout cela fait partie de l'alchimie visant à obliger les héros à se révéler puis à se surpasser.

Comprendre et ne pas juger. Puis essayer, une fois qu'on a compris, de reproduire cette horlogerie complexe et merveilleuse qui est notre réalité dans une histoire fictive.

Là encore, je redécouvrirais, par l'expérience, la théorie transformiste de Lamarck, qui oblige sous la contrainte certains à faire des efforts pour s'adapter. Ce nouveau comportement devient règle et se transmet alors aux générations suivantes.

Je comprenais aussi les choix difficiles que devait avoir eu à effectuer notre Créateur. On garde ou l'on ne garde pas les dinosaures ? Et, en prenant les humains comme remplaçants, on les positionne comment ? D'accord pour le sang chaud plutôt que le système à sang froid des reptiles, mais on les installe à quatre pattes ou à la verticale ? Et on laisse la queue ou juste un moignon quasi invisible en forme de coccyx ? Et si l'on doublait les sens ? Deux yeux, deux oreilles, deux narines, deux mains, mais en revanche on laisse unique la bouche, ou l'anus.

Oreilles mobiles comme les chats ou pas ? Un, deux, trois, quatre, cinq ou six doigts ? Cinq, c'est pas mal. Cela permettra de faire un équilibre autour du majeur central.

Tout cela nous semble évident maintenant, mais ne l'a pas forcément été pour notre Créateur ou pour son équipe d'« architectes de vie ». C'est quand même sacrément bien fichu, un être humain.

Une colonne vertébrale avec deux courbes pour mieux encaisser les chocs.

Un museau court pour avoir la vision en relief et permettre d'estimer les distances sans être gêné par le volume du nez.

Des hormones de plaisir émises pour donner à l'espèce l'envie de se reproduire (sinon les humains ne feraient probablement pas d'efforts pour aller vers le sexe opposé).

De même, pourquoi dans le décor y a-t-il autant de formes de vie différentes ? Tellement de plantes, de poissons et de mammifères ? Pourquoi la biodiversité ? Il y a douze mille espèces différentes de fourmis de toutes les tailles et de toutes les formes.

Une seule n'aurait-elle pas suffi ?

Ce sont forcément des choix qui ont été faits à un moment ou un autre par le créateur de notre réalité locale.

On dirait que la nature ajoute des expériences nouvelles sans enlever les expériences précédentes. Tout s'ajoute et s'accumule et se gêne.

Le système de régulation ? Les prédateurs. Pour chaque espèce un danger qui lui est propre. Et pour l'homme ayant vaincu tous ses gros prédateurs ? Les petits : bactéries, virus et… ses propres pulsions autodestructrices. L'autorégulation humaine se fait par l'envie naturelle de tuer son prochain. Ce n'est pas moral, mais cela semble le choix qui a été fait sur notre planète pour notre espèce.

Dans notre monde, on ne craint pas les paradoxes, puisqu'on tue souvent « au nom du Créateur ». Dans ce cas, ne peut-on parler « normalement » de l'activité de « Dieu » ? Je ne suis pas mystique, mais pour moi cette hypothèse me semblait un thème romanesque original.

Pour mon projet de *Nous, les dieux*, je créai un décor : l'île d'Aeden.

En référence à Éden mais aussi à l'ADN, notre programmation génétique, ainsi qu'aux trois forces qui régissent, selon moi, l'Univers :

— A : pour l'amour, association, alliance,
— D : pour la dominance, destruction, division,
— N : pour la neutralité.

Ce qui pourrait correspondre aux trois particules qui forment l'atome :

1) l'énergie positive du proton,
2) l'énergie négative de l'électron,
3) l'énergie neutre du neutron.

Aeden était un petit monde expérimental censé être dans un autre espace-temps où les professeurs n'étaient autres que les dieux de l'Olympe :

1) Aphrodite, déesse de l'amour,
2) Dionysos, dieu de la fête,
3) Hermès, dieu du commerce et des voleurs.
4) Apollon, dieu des arts.
5) Déméter, déesse de l'agriculture, etc.

Quant aux élèves, je m'amusai à prendre quelques personnalités célèbres : Mata Hari, Gustave Eiffel, Marilyn Monroe, Saint-Exupéry, sans oublier des héros des *Thanatonautes* et de *L'Empire des anges* : Edmond Wells, Raoul Razorbak et Michael Pinson.

Je repris le principe de l'*Encyclopédie du Savoir Relatif et Absolu* et plaçai quelques enseignements de mon ex-beau-frère Gérard Amzallag. Ensuite, je me mis à écrire comme d'habitude différentes versions pour trouver le ton juste et conserver la tension jusqu'à la dernière page. Terminé en juin 2004 et publié trois mois plus tard, le démarrage de *Nous, les dieux* fut spectaculaire.

À ce jour, *Nous, les dieux* constitue le point culminant de mes ventes en France avec trois cent soixante-dix mille exemplaires en grand format. Je n'ai jamais fait mieux.

La réussite de ce roman tient peut-être à la possibilité offerte au lecteur de prendre du recul. On sort de la vision étriquée de l'« humain simple mortel qui subit son destin » pour se poser des questions plus globales, dans le temps et dans l'espace, sur notre capacité d'action et de choix. J'aime bien l'idée du mathématicien Kurt Gödel : « Pour comprendre un système, il faut s'en extraire. » Pour comprendre l'entreprise, je devais en sortir ; pour comprendre ce qu'il se passait en France, je devais voyager en Russie, en Corée, en Côte d'Ivoire, aux États-Unis ; pour comprendre l'humanité, il me fallait prendre un point de vue non humain. Pourquoi pas celui d'un dieu ?

42 ANS. TOUTE ERREUR ASSUMÉE PEUT PASSER POUR UN CHOIX ARTISTIQUE

« Allez, avouez ! Vous êtes quand même en colère contre ce système pourri, n'est-ce pas ? »

C'était en novembre 2003 dans une brasserie de Saint-Germain-des-Prés, Les Deux Magots, nous fêtions la sortie d'un recueil d'entretiens, *Erreurs avouées*, initié par l'écrivaine Tristane Banon.

Un homme de belle prestance, en costume chic, vint vers moi. Je reconnus immédiatement l'animateur d'une émission littéraire de la radio, chef de rubrique littéraire d'un grand hebdomadaire et aussi juré d'un prix littéraire influent. Bref, un baron de « la cour officielle de la grande littérature parisienne ». Appelons-le Jérémie. Il vint vers moi, semblant très heureux de me rencontrer.

— Ah, c'est vous Werber ? Il faut que je vous dise merci.

— Pourquoi ?

— Mon fils. Il ne lisait pas. Il a 13 ans et il ne lisait que des bandes dessinées. Cela commençait à me désespérer. Mais, avec la lecture des *Fourmis*, il a eu le déclic, il a soudain pris goût à la lecture. Il a lu tous vos ouvrages, et non seulement il arrive enfin à aller jusqu'au bout dans la lecture des livres sans images, mais en plus il s'intéresse maintenant à la science et à l'histoire. Il parle même de vos ouvrages à table. Il nous en fait le résumé au dîner. D'ailleurs, je devrais être jaloux, car il ne lit toujours pas mes propres livres !

Petite crispation de la mâchoire.

— Mais bon, je tenais vraiment à vous le dire, mille mercis pour lui avoir donné, enfin, le goût de la lecture. Il préfère même cela à la télévision ou aux jeux vidéo, c'est vous dire.

— De rien mais… simple question… Cela ne vous a pas donné à vous envie… d'aller voir de quoi cela parle ?

— Moi ? Ah non, ça, désolé, vous n'imaginez pas mes journées, je dois lire tellement de livres déjà ! Je n'en peux plus. C'est un vrai supplice, alors même avec la meilleure volonté ce serait impossible d'en rajouter un.

Jérémie se reprit :

— Ce n'est quand même pas normal, finalement. Vous touchez un large public, vous arrivez même à donner envie aux jeunes de lire et, pourtant, les journalistes parisiens, probablement du fait de leur snobisme, n'ont aucune curiosité pour votre travail.

Cela eut l'air de le plonger dans plusieurs réflexions simultanées.

— En plus, je crois comprendre que vous êtes publié dans plusieurs pays, vous êtes quelque part l'image de la nouvelle littérature française à l'étranger, qu'on le veuille ou non.

Jérémie semblait soudain vouloir faire le chemin à ma place.

— Écoutez, je vais vous proposer quelque chose. Nous avons une rubrique « Coup de gueule » dans notre magazine. Et si vous poussiez un coup de gueule contre ces journalistes à l'esprit étriqué, qui ne se donnent même pas la peine d'essayer de savoir ce qui intéresse le public, et notamment les jeunes ?

Une semaine plus tard, une journaliste de son magazine me contactait.

— Je viens vous voir parce que mon chef m'a dit que vous étiez en colère contre les journalistes parisiens qui n'ont aucune curiosité de votre travail.

— Pas du tout. Je ne suis pas en colère. J'ai été journaliste. Je sais comment fonctionne le système.

— Donc, vous luttez contre lui, insista-t-elle.

— Absolument pas, je m'en fiche. Et puis mon éditeur m'avait averti : « Soit tu as le public, soit tu as les critiques, mais les deux sont incompatibles. Si tu plais à l'un, tu perds automatiquement l'autre. » Alors, j'ai fait mon choix. Je préfère m'adresser au public. C'est juste parce que votre chef me parlait de son fils de 13 ans qui s'était mis à me lire que je lui ai demandé pourquoi lui-même n'était pas curieux de ce qui intéressait son rejeton.

— Mais cela vous énerve. J'ai même vu que vous aviez des critiques très élogieuses dans les grands journaux américains.

Je cherchai une autre formulation.

— « Nul n'est prophète en son pays. »

Ma réponse ne semblait pas du tout la satisfaire. Je pressentis un dialogue de sourds.

— Pour moi, tout va bien, répétai-je. Je suis un auteur comblé. C'est plus marrant d'être un pirate que de faire partie de la marine officielle.

— Mais revenons au milieu parisien, m'arrêta-t-elle. Ce n'est pas normal que nous soyons le seul pays où les critiques sont en même temps écrivains. Donc juges et parties. C'est quand même malsain, non ?

— Je crois que la meilleure manière de fonctionner par rapport à un système ancien n'est pas de le combattre mais de proposer quelque chose de plus moderne. Le changement se fait alors automatiquement. Le seul combat qui me semble important, c'est de donner envie aux jeunes de lire.

Je sentis la journaliste déçue par mes réponses qu'elle trouvait trop tièdes pour une rubrique « Coup de gueule ».

Je décidai de trancher le nœud gordien une bonne fois pour toutes.

— Attendez, j'ai une question simple à vous poser. Et vous, vous m'avez lu ?

— … Non.

— Eh bien voilà. Posez-vous à vous-même la question.

Quand l'article de la journaliste parut, une semaine plus tard, le titre était entre guillemets : « “Si les critiques continuent de refuser de me lire, je vais arrêter d'écrire.” » Phrase que je n'avais évidemment jamais prononcée. Tout le reste de l'article ne disait que le contraire de ce que je lui avais dit, me faisant passer pour quelqu'un de furieux, poussant précisément un coup de gueule, comme l'indiquait le titre de la rubrique.

L'article semblait même avoir été rédigé avant l'interview. Elle ne m'avait interrogé que pour confirmer son propre texte.

Albert Einstein disait qu'il est plus facile de casser un atome qu'un préjugé humain.

Devais-je faire un droit de réponse, vu qu'on présentait une phrase comme une citation et qu'elle exprimait l'inverse de ma pensée ? Richard Ducousset me rappela que personne ne lisait, ni même ne voyait ce genre d'article, a fortiori dans cette rubrique et dans ce magazine.

Le soir, pour me détendre, j'écrivis à ce propos une nouvelle qui se nommait « L'homme sans colère », où j'expliquais comment les personnes de votre entourage, quelles qu'elles soient, font partie du jeu. Il ne sert à rien de les juger, il faut jouer la partie au mieux par rapport à ses atouts et ses handicaps.

L'anecdote ne s'arrêta cependant pas là.

Je racontai cet épisode dans les moindres détails au cours d'une émission d'été sur France Inter. Jérémie prit ombrage que cette information soit révélée et me consacra une double page d'insultes dans son magazine, avec mon portrait en prime.

Je tenais enfin mon « article ».

Comme l'arcane VIII de la Justice, il est normal de ne pas gagner à tous les coups. Dès le moment où je fis le choix d'écrire pour le public, j'eus la vraie reconnaissance qui m'intéressait. Et tous les prix littéraires reçus, celui des lectrices de *Elle*, des lecteurs de *Sciences et avenir* et des lecteurs du Livre de Poche, avaient pour point commun d'être des prix… de lecteurs.

Avec le recul, le titre du recueil de Tristane Banon, qui m'avait permis de rencontrer Jérémie, *Erreurs avouées*, était bien trouvé.

44 ANS : SEPTIÈME ART

« Si tu continues à être régulier dans ta production, normalement tu devrais pouvoir vivre de ta plume pour le reste de ta vie, sauf si tu fais une erreur : vouloir mettre un pied dans le monde du cinéma », me signala un jour Richard Ducousset.

Reine me confirma cette assertion : « Le cinéma n'apporte que des déceptions, si on t'achète les droits, prends le chèque et ne va même pas voir le film, ou tu seras agacé. »

Je me souvins qu'effectivement Boris Vian était mort d'une crise cardiaque dans la salle de cinéma où l'on projetait l'adaptation de son roman *J'irai cracher sur vos tombes*.

Mais j'avais une formation de scénariste, j'avais déjà tourné des courts métrages auparavant, et le cinéma restait un de mes grands objectifs puisqu'il s'agissait de l'art qui touchait le public le plus large.

Après avoir vu mon court métrage *Nos amis les humains* (un faux documentaire animalier sur l'espèce humaine tel que pourraient le faire des extraterrestres, inspiré de ma nouvelle « Apprenons à les aimer », parue dans *L'Arbre des possibles*), puis la pièce de théâtre qui servait de contrechamp, où deux humains étaient pris comme cobayes par des extraterrestres pour les étudier (pièce mise en scène par l'excellent Jean-Christophe Barc et jouée par lui-même et la non moins talentueuse Audrey Dana), le réalisateur Claude Lelouch me proposa :

— Faisons le long à partir du concept de ton court métrage.

Durant l'écriture du scénario, je découvris en Claude Lelouch le prototype d'un être humain hyper-créatif et curieux de tout. Un éternel enfant, attentif et émerveillé par chaque détail.

Encore une rencontre qui me fit évoluer.

Plus de quarante films tournés et toujours deux projets en cours. Un exemple à suivre, que ce soit pour la régularité de sa production ou pour son courage à s'investir dans des projets sur un coup de cœur, quitte à les financer lui-même si personne ne le suit (ce qui fut souvent le cas au cours de sa carrière).

Lors de la présentation du projet de film aux distributeurs ou aux décideurs des chaînes de télévision, tous demandèrent qui étaient les stars « bankables ». Quand ils apprirent qu'il n'y aurait pas de stars (car les extraterrestres n'avaient aucune raison de tomber sur des acteurs célèbres), ils firent grise mine et avouèrent qu'ils ne savaient pas comment vendre ce genre de produit non répertorié.

Stupide comme j'étais, je n'avais rien fait dans l'ordre. Je croyais qu'au commencement était le Verbe. Or, en France, les projets cinématographiques débutent avec les acteurs et non avec le scénario.

Claude Lelouch ne renonça pas. Il me dit :

— On va faire ce film même si personne ne nous soutient.

Et il finança tout seul le film.

— Je te laisse faire tes erreurs, ajouta-t-il, car c'est cela qui va créer ton style particulier.

Le premier mois avec mon premier chef opérateur (qui avait déjà été celui du court métrage *Nos amis les humains*), Stéphane Krausz, nous avons filmé des humains de loin au téléobjectif avec une équipe réduite pour donner l'impression que nous filmions des animaux sauvages dans leur milieu. Stéphane, étant déjà réalisateur de documentaires, savait saisir les instants originaux qu'on n'aurait jamais pu demander à des acteurs. Nous avons ainsi pris plusieurs scènes humaines sur le vif, et nous demandions ensuite aux gens de signer une autorisation pour utiliser leur image.

Nous avons filmé la naissance d'un nouveau-né pour montrer comment les humains se reproduisent. Nous avons tourné des images dans des abattoirs de poulets pour montrer comment les humains se nourrissent.

Le second mois, nous nous sommes retrouvés autour d'une équipe un peu plus fournie et de vrais acteurs issus d'un casting. Le principe était de filmer une histoire d'amour entre deux humains en suivant leur évolution, comme celle de la parade amoureuse d'animaux. Mon ami Sébastien Drouin, qui avait fait les effets spéciaux de mon premier court métrage *La Reine de nacre*, eut pour challenge de montrer un acte sexuel en totale transparence, de l'intérieur, pour donner la sensation de radiographier deux corps en train de faire l'amour. Ce qu'il fit si bien que la plupart des spectateurs crurent qu'il s'agissait d'une vraie scène d'amour vue par transparence.

Enfin, le troisième mois de tournage fut le plus difficile, car nous avions mis un couple d'humains nus en cage, pour voir comment ils vivaient ensemble, tout en les filmant.

Pour cette partie, l'actrice Audrey Dana, qui avait été révélée dans ma pièce et qui jouait son premier rôle au cinéma, s'avéra particulièrement investie. À la première scène, on découvrait son corps nu posé à plat sur une vitre et filmé comme s'il s'agissait d'une planète dont on découvrait la surface. Face à elle, Boris Ventura jouait un mâle un peu ébahi qui ne savait pas trop ce qu'il faisait, lui aussi nu dans cette cage, face à cette formidable femelle.

Les acteurs avaient un texte de référence, mais je leur proposai d'improviser afin d'avoir des comportements aussi naturels que possible. Que feraient-ils s'ils se retrouvaient réellement dans une prison de verre face à un congénère étranger, un peu à la manière dont on met face à face des cobayes ?

Voulant à tout prix que le film sorte de l'ordinaire, j'essayai de faire le moins possible de champ-contrechamp (succession de plans d'un côté de la personne qui parle puis du côté inverse), et je tentai des mouvements de caméra originaux en usant de la grue et des travellings. Par chance, le studio de Brie où nous filmions était immense et se prêtait à ce genre d'exercices.

Claude Lelouch m'avait conseillé :

— Pour être un bon réalisateur, il faut arriver le premier sur le plateau de tournage et partir le dernier. Et, pour que l'ambiance soit bonne, il faut que la nourriture de la cantine soit délicieuse, prit-il le soin d'ajouter. Filme au plus près des visages, pour saisir l'émotion, en prenant le triangle yeux-bouche, laisse-toi surprendre par ce que t'offrent les acteurs. Laisse-les prendre leur plaisir à jouer.

La partie « humains en cage » fonctionnait avec une augmentation progressive du nombre d'acteurs dans ce lieu clos. Je les laissais improviser. Et plus ils étaient bons, plus je leur donnais de texte le lendemain.

Tous les soirs après le tournage, nous montions en direct les scènes de la journée.

En fonction de ce qui me semblait intéressant, je changeais le scénario du lendemain, toujours avec l'objectif de surprendre et de ne pas tomber dans la routine.

Stéphane Krausz, pour sa part, ne connaissait rien du scénario et, comme à son habitude, filmait caméra à l'épaule ce qui se déroulait dans la cage, se laissant surprendre par les actions et les paroles des acteurs.

Ce tournage me mit dans un tel état d'excitation (mais aussi dans une telle peur de décevoir Claude Lelouch) que, pour me détendre, le soir, après avoir monté les scènes, je rédigeai un nouveau roman : ce fut *Le Papillon des étoiles.*

Le roman de la fuite de l'humanité sur une autre planète viable.

L'idée me vint peut-être de l'influence de la lecture d'*Éloge de la fuite* d'Henri Laborit, mais aussi de l'histoire racontée par la médium Monique Parent Baccan qui m'avait vu dans le passé faire partie de l'équipe venue coloniser la Terre. J'imaginai donc une intrigue pareille à une arche de Noé de l'espace.

Un groupe, une centaine de milliers d'astronautes (cent quarante-quatre mille pour être précis), quittait la planète. Ces voyageurs utilisaient non pas une fusée de taille courante, mais un vaisseau immense, véritable ville mobile.

Le *Papillon des étoiles* n'utilisait aucun réacteur à combustible, mais deux gigantesques voiles qui formaient comme des ailes de papillon, propulsées par des photons, des grains de lumière émis par les étoiles. C'est réellement la seule énergie illimitée dans le vide sidéral.

Je me fis aider pour concevoir un vaisseau réaliste par Guy Pignolet de Sainte-Rose, ingénieur au CNES, et grand promoteur de la propulsion photonique spatiale. Il fallait, pour l'engin de forme tubulaire de 32 kilomètres de long que j'avais prévu, une voile ultrafine en Kevlar de la taille du continent australien. Financé par un milliardaire, le *Papillon des étoiles* parvenait à être construit et à décoller alors que l'humanité était de plus en plus en difficulté.

Après mille deux cents ans de voyage et plusieurs générations successives dans le vaisseau, les derniers passagers arrivaient enfin sur une planète viable. Cependant, ils n'étaient plus que deux survivants : un jeune homme et une jeune femme. La planète était peuplée de dinosaures, mais, comme ces deux pionniers transportaient un virus de la grippe, cela eut pour conséquence de les éliminer rapidement (un peu à la manière dont les premiers conquistadors ont décimé les populations amérindiennes rien que par les virus qu'ils véhiculaient).

À la fin, coup de théâtre, on comprenait qu'il ne s'agissait pas d'une histoire de notre futur mais... de notre passé. La planète d'arrivée était la nôtre, qu'ils nommaient : « Terre 2 », et la planète de départ : « Terre 1 ». Les deux humains survivants étaient donc ceux que, bien plus tard, on nommerait : Adam et Lilith. Lilith s'étant refusée à Adam, elle s'enfuit (comme c'est raconté dans certaines légendes juives), et Adam s'extrait une côte, récupère son ADN et fait une manipulation génétique pour avoir une fille qu'il nommera Ève. Il aura avec elle une relation qu'il faut bien nommer incestueuse, et donnera ainsi naissance à notre humanité.

Je rédigeai cette histoire d'une traite.

Quant au film *Nos amis les Terriens*, après avoir été monté, la voix off de Pierre Arditi fut ajoutée, et on tourna en complément un documentaire avec le spécialiste en comportement animalier Boris Cyrulnik, il fallut enfin lui trouver un distributeur et, là encore, l'absence de stars joua contre nous.

Claude Lelouch décida alors qu'il distribuerait lui-même le film grâce à sa société de distribution, Les Films 13.

Le film sortit le 18 avril 2007, entre le premier et le second tour de l'élection présidentielle opposant Nicolas Sarkozy à Ségolène Royal. Très peu de médias signalèrent donc sa sortie. Nathanaël Karmitz (petit-fils de Françoise Giroud, qui avait plaidé ma titularisation au *Nouvel Observateur*...) diffusa le film dans l'une de ses salles à Paris. Il n'était visible que dans les circuits des centres commerciaux, hors des centres-villes.

Nos amis les Terriens n'eut pas le succès escompté, mais, au final, j'avais réalisé mon premier film.

Quant à Claude Lelouch, ayant vu son courage et sa ténacité lors de ce projet, je lui suis définitivement reconnaissant d'avoir tenté l'impossible pour ce genre de film hors norme.

ARCANE XIII : LA MORT

L'arcane XIII, ou « l'Arcane Sans Nom », représente un squelette qui brandit une faux. Il coupe des têtes couronnées, des mains et des pieds, et il laisse pousser de jeunes herbes sur une terre noire.
C'est la carte de la fin d'un système et du début d'un autre. Quelque chose meurt, quelque chose naît. C'est l'arcane qui fait peur, mais en fait il représente une fin de cycle souvent douloureuse quoique nécessaire pour permettre une renaissance.

48 ANS. MAUVAISE SURPRISE

« Si les autres ne vous l'ont pas dit, ce n'est pas à moi de vous le dire. »

Il se passe toujours un événement inattendu le jour de mon anniversaire. Pour mes 48 ans, mon ami le docteur Frédéric Saldmann (le cardiologue avec lequel j'avais proposé le livre sur la santé chez Albin Michel) me fit un étrange cadeau : un contrôle complet de l'état de mon organisme.

— Tu sais, un corps, c'est un peu comme une voiture, il faut faire la révision totale 50 000 kilomètres et là, vu que tu vas bientôt avoir 50 ans, c'est le moment, me confia-t-il.

J'arrivai le matin à l'hôpital Pompidou où il exerçait et me préparai à tous les contrôles possibles pour savoir où j'en étais avec cette vieille carcasse qui me servait de moyen de me déplacer et d'écrire. Je passai la journée entre les prises de sang, les questionnaires, les scans, les IRM, les radiographies.

C'est à la fin du parcours qu'un homme en blouse blanche, qui m'avait fait passer une scintigraphie coronarienne, revint vers moi en baissant la tête.

— Ils vous ont dit, les autres ?

— Ils m'ont dit quoi ?

Il avait le regard fuyant.

— Si les autres ne vous l'ont pas dit, alors ce n'est pas à moi de vous le dire.

— De quoi me parlez-vous ?

Il ne m'avait toujours pas regardé dans les yeux.

— C'est trop facile. Je suis le dernier à faire les tests, et ça retombe toujours sur moi. Mais désolé, pas cette fois.

Et il me tendit le dossier fermé.

— Donnez-leur ça et ils vous expliqueront.

Je rejoignis donc Frédéric qui jeta un œil aux résultats.

Je lui parlai de cet étrange dialogue et il se rendit directement aux feuilles concernées par la scintigraphie coronarienne.

— En effet, il y a un petit souci.

— Petit ? Quelle taille, le souci, exactement ?

— Tu as une coronaire bouchée.

— C'est grave ?

— C'est embêtant. C'est le tuyau qui amène le sang qui fait marcher ton cœur.

Frédéric marqua lui-même une petite gêne.

— À l'endroit où cela se trouve, on ne peut pas te mettre de stent car c'est juste dans un croisement.

— Alors, on fait quoi ?

— Je vais réfléchir et discuter avec les collègues pour savoir s'il faut te faire un pontage.

Pour ma part, je décidai d'avoir un deuxième avis en allant voir un autre spécialiste, le professeur Jean-François Paul, chef de l'unité scanner et IRM de l'hôpital Marie-Lannelongue. Celui-ci me fit les mêmes tests et arriva à la même conclusion. Un athérome bouchait ma coronaire. Il y avait un risque, mais la question de l'opération restait discutable.

— Ce qui est surprenant, me dit-il, c'est que vous avez le profil exact de la personne à qui ce problème ne doit pas arriver. Pas de cholestérol, pas d'infarctus précédent, vous ne fumez pas, vous ne buvez pas, vous ne mangez pas de viande et peu de matières grasses, vous faites une fois par semaine une heure de jogging et a priori vous ne vivez pas dans une atmosphère stressante. Heureusement que votre ami vous a offert ce check-up, sinon on n'aurait jamais pu détecter ce bouchon. Il vous a sauvé la vie. Et peut-être que si on prenait des gens au hasard dans la rue pour leur faire le même test, on découvrirait que beaucoup d'entre eux ont le même problème que vous…

Ainsi, à 48 ans, je me croyais au milieu du roman de mon existence, alors que j'en étais peut-être au dernier chapitre.

Frédéric Saldmann me dit qu'il avait soumis mon cas à ses collègues et que sur les personnes questionnées la moitié était pour le pontage et la moitié était contre. Donc, c'était à moi de choisir.

Qu'allais-je faire ? Jouer à pile ou face ?

Je demandai plus de précisions. Il m'expliqua qu'un pontage nécessitait de prendre une veine dans un téton pour faire une rustine à la coronaire, une opération à cœur ouvert, avec ouverture de la cage thoracique. Un acte chirurgical un peu lourd.

— Bon, finalement, tu choisirais quoi à ma place ? demandai-je.

— Je pense qu'une opération aussi invasive te donnera un coup de vieux. Et il est possible qu'on ait besoin de recommencer sept ans plus tard…

Je compris à cet instant que la médecine n'était pas une science exacte et que, comme le montre la série *Dr House*, un diagnostic est une inspiration subjective. Il n'y a rien de sûr, et certains choix d'opération se font sur de simples intuitions.

Frédéric lâcha un soupir, réfléchit encore puis déclara :

— Moi, à ta place, je ne ferais pas le pontage. Mais, par contre, cela va t'obliger à une discipline stricte : une heure de sport, non pas une fois par semaine, mais tous les jours sans aucune exception. C'est indispensable pour que cela crée des vaisseaux dérivatifs qui compenseront ta coronaire bouchée. Comme une autoroute qui serait embouteillée et dont on soulagerait le trafic par de petites routes secondaires.

J'achetai un vélo d'appartement que je plaçai au centre de mon salon, face à l'écran de télé, et j'allouai la case encore vacante de 19 heures à 20 heures, juste après l'écriture de ma nouvelle quotidienne, à ma séance de cardio-training.

Et, pour me donner du courage (en fait, soixante minutes de vélo d'appartement, si on ne fait rien d'autre, c'est vraiment ennuyeux), je regardai des séries.

Cela faisait longtemps que je ne regardais plus la télévision, et il me sembla que les séries pourraient me motiver pour pédaler tous les jours.

J'ai commencé par la série historique *Rome*, j'ai enchaîné avec *Dexter* et *Les Tudors*, mais surtout *Fargo* de Noah Hawley, inspiré du film des frères Coen qui, pour moi, est une leçon de scénario quasi parfait.

Regarder des séries comme *Game of Thrones* m'amena à réfléchir à des expériences de narration nouvelles : à mon avis, George R.R. Martin tire aux dés la survie ou non de ses personnages, ce qui ne donne aucune logique compréhensible ni prévisible au destin de ses héros.

Étonnamment, faire soixante minutes de cardio tous les jours améliora aussi mon système immunitaire. Il me sembla que je m'enrhumais moins souvent en hiver.

Ma vision de ma propre vie changea d'un coup. Je considérai que toute journée d'existence supplémentaire était un cadeau. Et au réveil le matin je remerciais d'être encore vivant une journée de plus.

J'étais dans l'arcane XIII, l'arcane de la Mort, mais, en tant que treizième carte, ce n'est pas la dernière. Il y a des herbes qui poussent à côté des têtes coupées. Une possibilité de renaissance est déjà inscrite dans cette carte, qui fait souvent peur aux néophytes.

D'ailleurs selon moi, il n'y a aucun *mauvais* arcane du tarot, il y a juste des épreuves différentes à traverser, comme dans un parcours d'obstacles.

On ne perd jamais vraiment. Comme dit le proverbe : « Soit on gagne, soit on apprend. »

Cependant, un sentiment d'urgence remplaça mon sentiment d'avoir du temps pour bâtir une œuvre complexe.

Je me mis à m'intéresser encore un peu plus à cette enveloppe charnelle qui me servait de corps. Je me mis à doubler mon temps de jogging. Et là, je m'aperçus que cet organisme, que je considérais comme une source de problèmes davantage que comme une source de confort, était capable d'accomplir beaucoup plus de performances que ce que je pensais jusque-là. En fait, parce que je ne le sollicitais pas suffisamment, il s'étiolait.

Je me mis à faire non plus 10 mais 20 kilomètres de jogging, sans m'arrêter, en écoutant des podcasts d'émissions d'histoire et de sciences pour ne pas m'ennuyer. J'étais capable de faire un semi-marathon, mais s'il n'y avait pas eu cet incident de coronaire, je ne m'en serais jamais rendu compte, tout simplement parce que j'en croyais mon corps incapable.

Ce fut aussi à cette époque, bien conscient du risque de mourir du jour au lendemain, que je me lançai dans ce que j'estimais mon livre-testament, visant à décrire ma vision globale du futur de notre espèce.

Son titre : *Troisième Humanité*.

Le projet de *Troisième Humanité* commençait en partant d'un postulat : il y avait jadis une Première Humanité de géants. On en trouvait les traces dans toutes les mythologies du monde, que ce soit les Titans chez les Grecs, les géants chez les Scandinaves et même le peuple de géants évoqué dans la Bible. Ils avaient tous disparu, laissant derrière eux une humanité de taille beaucoup plus réduite : nous. Donc, nous étions la Deuxième Humanité. Or, en phase de déclin, nous devions faire apparaître nos propres successeurs.

J'inventai, selon le principe de décroissance, une espèce humaine plus petite, générant du coup moins de consommation, moins de pollution, plus adaptée à la planète.

C'est elle que je baptisai la « Troisième Humanité ».

Entre les chapitres, j'imaginai la pensée de notre planète Terre personnifiée. Elle expliquait pourquoi elle avait développé de la vie de plus en plus complexe sur sa surface. Son objectif final était de se protéger d'une attaque d'astéroïdes, car elle avait mal vécu le choc avec l'astéroïde Théia il y a 4,5 milliards d'années, qui l'avait écorchée et dont les débris-cicatrices en s'agglutinant avaient donné… la Lune. Ce qui est vrai.

Je présentai notre planète comme un chien recouvert de puces.

Elle s'ébrouait quand ces parasites trop nombreux devenaient irritants. Après tout, les humains aspiraient excessivement son sang noir (à savoir le pétrole), coupaient sa fourrure (à savoir ses forêts), et blessaient son épiderme (avec des essais nucléaires qui la piquaient).

Je comptais rédiger sept volumes de *Troisième Humanité*, en me disant : « Tant que la mort n'arrive pas, je rajouterai des volumes. »

À chaque volume, on faisait un bond dans le temps, au début des petits bonds de 10 ans (après que le lecteur eut commencé à lire le livre) et ensuite les bonds devenaient plus larges : 100 ans, puis 1 000 ans, puis 1 million d'années, puis 10 millions d'années, puis 100 millions d'années.

L'idée était de donner une vision lointaine dans le temps pour relativiser ce que nous vivions au quotidien. C'était là encore un moyen de faire prendre conscience qu'un choix qui semble anodin de nos jours pourra avoir d'immenses conséquences dans l'avenir.

Pour la vision à court terme, je partis du principe que tout ce que nous vivions comme actualité était le choc de sept groupes humains défendant chacun leur vision de futur idéal :

1) Les blancs : capitalistes qui vivent dans le « toujours plus ». Toujours plus de consommation. Toujours plus d'enfants. Toujours plus de destruction des matières premières. La règle étant « consommer sans réfléchir pour accumuler le maximum de profits ». Une vision à court terme qui génère des millions d'ouvriers

exploités notamment dans les pays non démocratiques (où il n'y a pas d'opposition, ni de respect des droits de l'homme) et beaucoup de gaspillage.

2) Les verts : les religieux qui ont comme projet la conversion de tous les humains en vue de les assujettir. Ils prônent la direction des gouvernements par les prêtres. L'avantage étant que ce concept simple peut séduire les populations les moins éduquées, donc les plus nombreuses. Cette fois-ci, l'esclavage est d'autant plus facilement accepté qu'il sert de condition à une promesse de paradis. Et, au nom de la religion, ces mêmes prêtres incitent à massacrer tous ceux qui refusent de croire en leur dieu.

3) Les bleus : les ingénieurs et informaticiens qui créent des robots et des ordinateurs toujours plus intelligents pour remplacer, mais aussi surveiller et contrôler, les humains. L'avantage des bleus étant qu'ils peuvent fabriquer de l'intelligence artificielle capable de faire moins d'erreurs que l'intelligence humaine. Les ordinateurs et les robots peuvent aussi suppléer les humains dans toutes les tâches pénibles. Cependant, en transmettant tous les pouvoirs aux machines, les hommes se préparent, là encore, à en devenir dépendants.

4) Les rouges : les féministes qui veulent prendre leur revanche après des siècles de servitude, de violences et d'injustices. Elles veulent imposer un monde avec d'autres valeurs. Les femmes, étant souvent plus conscientes que la vie est précieuse, pourraient proposer un monde plus pacifique.

5) Les jaunes : les biologistes qui veulent contrôler la génétique pour rendre l'homme immortel. L'homme

vivant plus longtemps pourrait enfin avoir du temps pour avoir une éducation complète et relativiser les choses au lieu de réagir émotionnellement sans réfléchir aux conséquences de ses actes. Pourtant, la vie sans fin peut se révéler très ennuyeuse. Sans oublier que cela exclut l'humain de l'écosystème général qui s'organise selon le principe : « tout naît, tout grandit, tout meurt ».

6) Les noirs : les fuyards qui veulent créer un vaisseau (baptisé évidemment *Papillon des étoiles 2*) pour faire renaître l'humanité ailleurs et en mieux. L'idée des noirs : il ne sert à rien de moraliser nos semblables ou d'espérer qu'ils deviennent spontanément raisonnables. Vu le nombre exponentiel d'humains, il y aura toujours plus de tyrans, de religieux fanatiques, de manipulateurs qui domineront par la démagogie et les mensonges. Et la planète sera de plus en plus abîmée par l'activité incontrôlable des humains. Les noirs pensent que la meilleure solution reste de partir loin pour tout recommencer de zéro, en souhaitant ne plus reproduire les mêmes erreurs.

Et j'ajoutai un septième camp :

7) Les mauves : ceux qui sont pour la décroissance économique, l'autolimitation démographique, mais aussi la baisse de la taille des humains. On est dans le « toujours moins ». Les mauves prônent l'avènement d'une nouvelle espèce d'humanité obtenue par génie génétique : les micro-humains. Ces derniers sont dix fois plus petits, donc consomment et abîment dix fois moins la Terre.

Pour confronter les sept visions du futur, j'imaginai un jeu d'échecs de forme heptagonale conçu non plus pour deux, mais pour sept joueurs.

L'idée finale était de montrer que si nous voulions faire perdurer notre espèce, il faudrait non seulement réduire notre impact sur la planète, mais aussi instaurer un dialogue direct avec elle pour négocier.

Le premier volume de *Troisième Humanité* connut un petit succès, mais la suite, *Les Micro-Humains*, vit le nombre de lecteurs se réduire et enfin le troisième volume, *La Voix de la Terre*, vit cette baisse s'accentuer. L'éditeur me conseilla d'arrêter ce projet.

J'avais déjà rédigé les plans des quatre autres volumes et j'avais une fin pour l'ensemble de cette heptalogie, mais si le public ne suivait pas ça ne servait à rien de s'acharner.

Contrairement à la trilogie des *Fourmis* ou à la *Pentalogie du ciel*, cette fois, l'effet saga ne fonctionna pas. C'était pourtant mon projet le plus ambitieux. Cela fait partie de mes plus grands regrets.

47 ANS. LE CHOIX DE CASSANDRE

« Tu verras le futur, mais personne ne t'écoutera. »

En mai 2008, je commençai à rédiger *Le Miroir de Cassandre*. C'était un roman sur le sentiment d'impuissance par rapport à l'Histoire en marche. Je m'inspirai de la Cassandre de la mythologie grecque. Pour rappel, dans la ville de Troie, vers 1200 av. J.-C., un temple est construit à la gloire d'Apollon. Or le roi de Troie, Priam, et sa femme, Hécube, ont une fille, Cassandre, qui est désignée comme prêtresse de ce temple. Le dieu Apollon descend en personne pour inaugurer le temple et il repère Cassandre qu'il trouve très mignonne. Du coup, il lui fait un cadeau : le don de voir l'avenir. Puis il revient quelques années plus tard et demande à revoir Cassandre et s'aperçoit qu'en grandissant elle est devenue encore plus belle. Il lui propose de faire l'amour, mais elle refuse. Apollon, frustré, rend visite à ses parents et signale l'impertinence de la jeune prêtresse pour le dieu qu'elle est censée servir. Il se déclare vexé devant tant d'ingratitude. Pour la punir, il ne lui enlève pas le don de voir le futur, mais lui ajoute une malédiction : « Tu verras le futur, mais personne ne te croira. »

Et, de fait, lorsque Cassandre annoncera qu'elle pressent le débarquement des Grecs avec une grande armée, personne ne l'écoute.

Quand les Grecs arrivent, au lieu de changer d'opinion, les Troyens reprochent à Cassandre d'attirer le malheur avec ses prédictions.

Par la suite, Cassandre tente d'empêcher l'entrée de la statue du cheval des Grecs car c'est un piège (de cet épisode vient la célèbre phrase : « *Timeo Danaos et dona ferentes* », qu'on pourrait traduire : « Je crains les Grecs et leurs cadeaux »). Là encore, elle est réduite au silence, accusée de ne pas faire confiance à ce gage de paix entre les deux peuples.

L'écriture du *Miroir de Cassandre* fut d'autant plus prenante que, mon héroïne ne parlant pratiquement jamais, j'offrais au lecteur la possibilité de l'entendre penser. Quand son entourage s'interrogeait sur son silence, le lecteur, lui, savait exactement à quoi elle songeait.

Je puisai mon inspiration pour construire mon récit dans mes souvenirs de jeunesse de SDF aux États-Unis : la gêne des odeurs, le fait de se gratter tout le temps sans accès aux sanitaires, quelques souvenirs de conversations avec des SDF en France et la visite d'une décharge à ciel ouvert lors d'un reportage ainsi que l'article sur l'étude des détritus (la fameuse rudologie, que j'avais eu l'occasion de découvrir comme journaliste).

En 2008, ma Cassandre annonçait qu'il risquait d'y avoir de plus en plus d'attentats terroristes, et c'est ce qui arriva à partir de 2015. Sporadiquement, un exalté fanatique prenait une kalachnikov, un camion, une voiture ou un simple couteau pour essayer de tuer un maximum de gens qu'il ne connaissait même pas.

Cela n'était pas réjouissant, mais c'était une évolution logique de ce que je pressentais en regard des éléments de l'actualité de l'époque.

Toutefois, personne ne voyait de moyens de se prémunir de ce genre de fléau, et j'ai bien compris qu'il ne servait à rien d'avertir. Nous étions faits pour subir. La seule réaction proposée était de faire l'autruche. On met la tête dans le sable et on dit : « Mais non, ce n'est pas grave, il ne se passe rien de spécial, cela va finir par s'arranger tout seul. »

J'en fis aussi une chanson pour Louis Bertignac, *La Saga des gnous*, dans laquelle j'évoquais, avec la métaphore du troupeau de gnous, la foule qui continue d'avancer sans tenir compte des prédateurs qui viennent frapper au hasard.

À l'époque, je considérais que j'étais moi-même un peu paranoïaque dans la mesure où l'actualité que j'écoutais tous les matins ne faisait que confirmer ma vision. Mais il me fallait aussi se mettre dans la peau de mon héroïne. Pour écrire les pensées de la jeune Cassandre, je me renseignai auprès de mes amies sur leur adolescence. Quelles avaient été leurs réactions en découvrant leur corps, comment s'était passée leur première relation amoureuse ? Je les interviewais sur leurs ressentis et notais des anecdotes. C'est l'un des grands privilèges de ce métier que de projeter son esprit dans celui de ses personnages. Plus ils diffèrent, plus ils sont intéressants.

Tout en écrivant, je découvris mon propre côté féminin.

Je pense avec le recul que tout homme devrait une fois s'essayer à cet exercice (de même, toute femme devrait une fois essayer de penser comme un homme), ne serait-ce que pour mieux comprendre l'autre sexe.

Là encore, l'écriture fut particulièrement agréable, car il y avait ce décor original de déchetterie protégée par sa propre puanteur qui ressemblait à une forteresse isolée au milieu de la ville moderne.

Ma première scène, assez spectaculaire, s'ouvrait sur la chute d'un homme du haut de la tour Montparnasse. Or il était équipé d'une montre à probabilité de mort. Tout au long de sa chute, sa montre augmentait ses probabilités jusqu'à, tout d'un coup, annoncer qu'il allait finalement s'en sortir, au moment où un camion passait et amortissait sa chute… Les scènes où l'on joue avec l'accélération ou le ralentissement du temps sont toujours jouissives. Écrire, c'est aussi s'amuser avec le tempo. Comme composer de la musique.

Chaque jour nouveau fut dès lors pour moi comme un cadeau. Tout pouvait désormais s'arrêter à chaque instant à cause de ce bouchon dans mon cœur, véritable épée de Damoclès.

À cette époque, mon ami Gilles Malençon m'appela pour me demander de le rejoindre rapidement dans un café. Je traînai un peu des pieds. Dans le café, qui se trouvait près du métro Charles-Michel, il me désigna une jeune femme derrière lui.

— Je ne sais pas pourquoi, mais j'ai l'impression que tu dois rencontrer cette personne, me suggéra-t-il, et il s'éclipsa.

La lectrice me vit au moment où Gilles partait et s'avança vers moi pour me demander une dédicace.

Elle se prénommait Isabelle et était psychologue pour enfants. Peut-être que l'enfant qui était en moi se sentit compris, toujours est-il que dès le premier regard nous avons senti naître une complicité. Une nouvelle idylle naquit.

Quelques semaines plus tard, nous nous retrouvions dans le pays de ses ancêtres : l'île de La Réunion.

Sur place, un jeune homme aux bras très musclés, avançant en fauteuil roulant sur la plage de Boucan Canot, me proposa de découvrir l'île en parapente. J'acceptai, et le lendemain Isabelle et moi nous retrouvions dans le meilleur spot de parapente de l'île de La Réunion : Saint-Leu.

Sur les hauteurs, la mer s'étendait au loin.

Avec l'homme en fauteuil roulant, qui s'appelait David, et sa femme Corinne, et un autre couple, nous avons enfilé les tenues, les casques de protection, et nous nous sommes placés à l'extrémité d'un promontoire, avant de nous jeter dans le vide, retenus par des filins et une toile de nylon.

Après l'expérience de devenir un poisson avec les dauphins aux Açores, je vivais l'expérience de devenir un oiseau à La Réunion.

Isabelle planait elle aussi, un peu plus loin.

Autour de nous, des oiseaux pailles-en-queue aux longues plumes venaient nous observer. Ils étaient moins communicants que les dauphins, mais la sensation était grisante : glisser dans l'air sans bruit de moteur, sans odeur d'essence, sans vibrations, avec le contact du vent sur le visage, accompagnés d'oiseaux curieux.

C'était bien plus doux et naturel que de voler en avion, ULM, planeur ou montgolfière.

C'était surtout la sensation ultime : voler vraiment en silence avec une vision de haut du paysage, de la plage, de la mer. Avec un peu d'attention, on pouvait même repérer les courants d'air ascendants des pailles-en-queue et se glisser dans leur sillage pour remonter.

Ces oiseaux nous apprenaient littéralement à voler.

À la fin de l'expérience, je parvins même à placer mes écouteurs et mis *Le Printemps* de Vivaldi dans mes oreilles. Voler avec de la musique classique fut une expérience totale.

Après l'atterrissage, David nous invita à dîner dans un restaurant sur les hauteurs de Saint-Leu.

— Comment vous êtes-vous retrouvé en fauteuil roulant ? osai-je lui dire à la fin du repas.

— Je me demandais quand vous alliez me poser la question, reconnut-il. À l'origine, je suis champion de parapente. Et, un jour, en compétition ici même à Saint-Leu, je n'ai pas pu éviter un trou d'air qui m'a fait chuter d'un coup. Pendant la chute, j'ai essayé de me récupérer. Mais je n'avais plus la maîtrise de ma trajectoire et je suis arrivé dans un deuxième trou d'air. Le genre d'accident qui a une probabilité de se produire une fois sur mille. C'est tombé sur moi ce jour-là. Deux trous d'air qui s'enchaînent et mon parachute inopérant, j'ai décroché. La chute était inévitable, alors j'ai choisi de tomber sur le dos. Cela a touché mes vertèbres lombaires et m'a fait perdre l'usage de mes jambes. Mais je suis architecte. Je me suis donc spécialisé dans les aménagements pour handicapés, et c'est comme cela que j'ai pu rencontrer Corinne, ostéopathe, qui cherchait une manière d'aménager son local.

— Pourquoi vous avez autant insisté pour que je fasse cette expérience ?

— Vous m'avez fait voler par l'esprit, je voulais vous montrer qu'on peut aussi voler par le corps.

Je n'ai plus jamais pratiqué le parapente, mais ce fut quand même un instant extraordinaire.

Quelques mois plus tard est né mon second fils, Benjamin, de mon union avec Isabelle, un adorable petit garçon avec une grande joie de vivre.

Mais cette joie de vivre s'exprimait peut-être un peu trop, notamment la nuit. C'est ainsi que je fis la découverte de l'insomnie.

Isabelle et moi avions peu de nuits complètes. En donnant le biberon à Benjamin, pour l'aider à s'endormir, j'écoutais des émissions de radio la nuit. Bref, ce que tous les parents connaissent plus ou moins, même s'il est plus facile de se rendormir à 30 ans qu'à 54.

Rester une heure immobile dans le lit en fixant le plafond commença à m'inquiéter, mais, comme à mon habitude, je me dis que l'écriture était la meilleure thérapie à tous mes problèmes.

Le sommeil fut donc le thème de mon roman de l'année 2015.

À l'époque où j'étais journaliste scientifique, j'avais fait un reportage sur les « onironautes », des êtres qui pratiquent le rêve lucide en prenant conscience qu'ils rêvent dans le rêve tout en le contrôlant. J'avais découvert le peuple des Sénoïs en Malaisie, dont la vie était précisément basée sur l'analyse des rêves. Ils avaient l'habitude de discuter le matin autour du feu à propos des songes de leur nuit passée. Si un Sénoï avait rêvé qu'il blessait ou volait quelqu'un, il devait s'excuser en faisant un cadeau. S'il rêvait qu'il avait couché avec une femme qui n'était pas la sienne, il devait de même faire un cadeau à la femme et à son compagnon. Le passage du stade adolescent au stade adulte s'accomplissait par le rêve du combat victorieux contre un jaguar. Le rêve le plus recherché était le rêve du vol.

Or les Sénoïs avaient pour caractéristique d'être un peuple pacifique avec un niveau de stress moyen, bien inférieur à celui des populations voisines, mais aussi à celui des pays dits modernes.

J'avais aussi écrit des articles sur le sommeil, ses cycles et la mystérieuse cinquième phase dite de

« sommeil paradoxal », où le corps est complètement tétanisé alors que l'esprit est très actif.

Je décidai de traiter le sujet sous la forme d'une initiation : mon héros est insomniaque et comprend les mécanismes du sommeil jusqu'à pratiquer et maîtriser le rêve lucide. Il découvre même une phase au-delà de celle du sommeil paradoxal, une phase où le corps serait encore plus inerte et l'esprit plus éveillé, que je baptisai le « Sixième Sommeil ».

Il s'agissait d'un roman fait pour dormir (le premier roman assumé comme tel ?) et rêver en conscience.

Tout comme après l'écriture des *Thanatonautes*, où j'acceptai l'idée de mourir, l'écriture de ce *Sixième Sommeil* me fit accepter l'idée de ne pas dormir, comme un lâcher-prise.

Je découvris avec cette nouvelle renaissance, ce nouveau couple, ce nouvel enfant une nouvelle manière de vivre encore plus apaisée.

Depuis, je ne dors pas forcément mieux, mais le temps du sommeil me semble un temps rempli d'informations. Je ne dors plus seulement pour me ressourcer, mais je dors aussi pour apprendre, comme si j'allais tous les soirs au cinéma en me demandant quel film mon inconscient s'apprête à projeter. Je reste persuadé que la nuit n'est pas un temps perdu, il s'agit bien au contraire d'un temps pour augmenter notre compréhension du monde et notre créativité.

ARCANE XVII : L'ÉTOILE

L'Étoile représente une jeune femme à genoux au bord d'une rivière, qui utilise deux cruches similaires à celles de la Tempérance, mais cette fois pour séparer ce qui doit être versé sur la terre et ce qui doit être versé dans la rivière. Au-dessus d'elle, il y a huit étoiles, dont une centrale qui brille plus fort que les autres : l'étoile du Berger, qui permet de s'orienter. C'est la carte du rangement des éléments dans l'ordre cosmique où ils doivent être.

54 ANS. COUCHER DE SOLEIL

Isabelle était donc psychologue.
Et je ne l'étais pas.

Notre histoire dura cinq ans. Quand on évoqua notre séparation, je répondis simplement : « D'accord. » Cela fait partie de mes grands défauts : je suis incapable de me disputer.

Le fait que quelqu'un dise « blanc » et quelqu'un d'autre réponde « noir » me semble juste une partie de ping-pong où personne ne peut jamais gagner.

Dans un débat télévisé entre deux hommes politiques, je n'ai jamais vu l'un des deux annoncer : « Finalement, je m'aperçois que vous avez raison et que j'ai tort, je reconnais que je me suis trompé et que vous venez de me faire comprendre une vérité que j'ignorais. » Pour être un bon débatteur, il faut un minimum de mauvaise foi, et ce n'est pas pour rien que j'ai renoncé à mes études de droit. Quand quelqu'un me contredit, j'écoute son avis, prêt à modifier mon point de vue.

Sur le papier, cela semble sympathique, mais dans la réalité cela rend tout compliqué. Nous vivons dans un monde qui se nourrit de conflits. Il suffit de prendre sa voiture ; des gens que vous ne connaissez absolument pas vous détestent parce que vous les avez doublés ou que vous avez trouvé une place de parking avant eux. Évidemment, du point de vue romanesque, un homme qui ne se met pas en colère et qui évite les conflits n'est pas intéressant. Je ne suis donc pas moi-même un bon héros de roman, puisque, en dehors des jeux et du sport, j'évite autant que possible les antagonismes, je ne suis pas persuadé d'avoir raison et l'avis de mes contradicteurs me semble souvent pertinent.

Heureusement que je ne fais pas de politique.

Il n'y eut donc pas de conflits avec Isabelle et notre histoire s'acheva. Nous avions fait un joli bout de chemin ensemble, nous avons fait un formidable enfant, Benjamin, et nos routes se sont naturellement séparées. De manière générale, je crois que tous les compagnons ou les compagnes d'écrivains sont des gens admirables. Comment supporter quelqu'un qui est tout le temps hanté par son roman en cours et n'est donc jamais complètement disponible ? Mon cas est d'autant plus compliqué que j'adore rencontrer mes lecteurs. Après la sortie de chacun de mes livres, je fais mon tour de France, de dédicaces dans les villes de province, voire hors de France pour en parler dans les librairies et les salles de conférences.

La rencontre qui donnerait lieu au troisième couple de ma vie se fit d'ailleurs, une fois de plus, par le biais de livres.

Pour essayer de créer un front de défense d'une « autre littérature », nous avons monté avec une vingtaine d'amis écrivains de polars, de thrillers, de romans fantastiques et de science-fiction une association baptisée La Ligue de l'imaginaire. Au début, nous nous réunissions pour parler du métier, boire du vin chilien et créer un prix de l'Imaginaire, que nous décernions chaque année à de jeunes auteurs prometteurs.

Ce fut à cette occasion que je rencontrai Amélie, qui s'était spontanément proposée pour devenir la coordinatrice des actions de notre Ligue. Nous avons commencé par parler peinture (elle m'a fait découvrir un peintre génial, Jack Vettriano), puis nous avons parlé littérature.

Amélie a un don pour faire avancer les choses dans la bonne direction. Je tombai tout de suite sous son charme, et nous nous sommes mis en couple. Au quotidien, Amélie arrivait à supporter mes longues heures d'écriture et se révéla être un précieux soutien.

Nous avons décidé de partir en vacances en Floride, et plus précisément sur les traces d'Hemingway pour visiter sa maison de Key West.

À Miami, louer une voiture de base revient quasi systématiquement à réserver une Mustang décapotable, qui est l'entrée de gamme des moyens de locomotion. Bien installés dans cet engin, nous avons sillonné la Highway 1 qui mène jusqu'à Key West. Cette célèbre route de 270 kilomètres, à une seule voie, traverse le parc national des Everglades, rempli d'alligators, et relie toutes les petites îles du sud de la Floride.

Pendant cinq heures avec Amélie, cheveux au vent (pour elle, pas pour moi), nous avons écouté en boucle « Comfortably Numb » et « The Great Gig in the Sky » des Pink Floyd avant d'arriver dans ce lieu incroyable. Le soir, tous les habitants affluent au bout de Duval Street pour assister à un événement féerique : le coucher du soleil.

C'est une fête quasi religieuse quotidienne.

Étrange moment où des milliers de gens, juchés sur des tabourets en buvant de la bière ou qui écoutent de la musique en dansant, célèbrent l'astre solaire.

C'était un peu comme le rappel d'un culte très ancien. Car nous devons tout au Soleil. La vie. Les plantes. La tiédeur de l'air. La vision de ce qui nous entoure. L'énergie de nos voitures comme celle de nos ordinateurs. Tout existe parce que le Soleil brille. L'arcane XVII, notre Étoile centrale.

Une nouvelle fois, un lieu était pour moi désormais associé à une nouvelle prise de conscience. On se rend parfois dans des endroits sans savoir pourquoi, comme à un rendez-vous. Cette fois-là, j'avais rendez-vous avec le Soleil, et nous étions nombreux à être venus pour la même raison.

Après ma rencontre avec le dauphin béluga aux Açores, les pailles-en-queue à La Réunion, il fallait que je vienne à Key West, à la pointe sud de la Floride, pour me rappeler ce miracle quotidien que nous avons perdu l'habitude de célébrer. Tous nos ancêtres ont au moins une fois dans leur existence pris conscience de cela. Il y a un miracle sur cette planète lié à ce cercle magique qui devient tour à tour jaune, rose puis rouge.

Nous étions venus, Amélie et moi, pour cet instant précis.

Et lorsque, enfin, le disque de lumière eut disparu, happé à l'horizon par l'océan, la foule s'arrêta de danser et de chanter, il y eut un instant de silence et puis spontanément tout le monde se mit à applaudir.

Comme il est bon de se rappeler que tout nous est offert… Qu'il est bon aussi de prendre conscience que ce n'est pas normal, que ce n'est pas automatique, que ce n'est pas dû.

Alors que je vivais ce soleil couchant comme la fermeture d'une parenthèse ouverte quelques années plus tôt aux côtés de Jacques Padovani au lever du soleil, il se passa une chose étrange : je me mis à doubler mon temps d'écriture.

Pendant cette semaine où nous étions à Key West, j'écrivis le matin de 8 heures à 12 h 30 et l'après-midi de 14 heures à 18 heures.

Tous les soirs vers 20 h 20, avant d'aller dîner, Amélie et moi allions à la célébration du cadeau de lumière que nous faisait l'astre solaire.

Nous avons ensuite visité la maison d'Hemingway sur Whitehead Street, une immense maison de style colonial reliée par une passerelle à une plus petite maison à l'arrière. Dans cette deuxième bâtisse, l'écrivain pouvait s'isoler pour rédiger ses romans. La maison était habitée par cinquante-quatre chats, descendants de son premier chat, des chats polydactyles, c'est-à-dire aux pattes terminées par six doigts.

Face à sa machine à écrire se trouvait toujours un couffin avec un chat.

Voilà qui venait confirmer la vision que j'avais eue chez Claude Klotz : le plaisir d'écrire et l'inspiration peuvent être liés à la présence d'un félin qui vous observe taper sur les touches.

Ernest Hemingway, prix Nobel de littérature, se suicida en 1961 d'un coup de fusil dans la bouche, comme son père.

Ses chats demeurent là pour faire vivre son souvenir.

55 ANS. NOUS LES CHATS

« Miaou ! »

Après *Le Sixième Sommeil*, livre que j'avais écrit pour essayer de comprendre mes insomnies, je proposai un roman sur l'autre thème qui me préoccupait : la prolongation de la vie. Le titre de ce projet était « L'homme de 1 000 ans ». Je pensais que j'avais jadis peut-être vécu 821 ans, et je cherchais comment retrouver cette capacité dans le futur.

Cela m'amusait d'imaginer un esprit avec des centaines d'années de recul. Il saurait forcément tout relativiser.

Je m'inspirai pour cette rédaction de la découverte d'un animal passionnant : l'axolotl. Il s'agit d'une salamandre mexicaine aux allures de rasta avec une peau blanche translucide et de longues mèches aux terminaisons roses ou rouges. Sa particularité : ses membres repoussent spontanément dès qu'ils sont coupés. L'axolotl ne vieillit pas. Il peut théoriquement (s'il ne tombe pas malade ou s'il ne rencontre pas de prédateur) vivre éternellement. Son secret ? Il vit dans l'eau comme un fœtus dans le liquide amniotique, avec des cellules qui repoussent spontanément en gardant le programme global de tout l'organisme. C'est donc un gros fœtus, mais pourtant l'axolotl peut se reproduire dans l'eau avec un partenaire sexuel pour donner des bébés axolotls qui eux aussi auront ce pouvoir de régénérescence.

Seul problème : dès qu'il sort de l'eau, son système respiratoire passe d'un mode aquatique à un mode aérien. Ses branchies cessent leur activité pour être remplacées par des poumons. L'axolotl commence alors à vieillir et déclenche le compte à rebours vers la mort.

La rédaction de ce roman se fit très facilement, car j'avais déjà accumulé beaucoup de documentation, mais, au moment de le présenter à ma nouvelle éditrice, Stéfanie Delestré, cette dernière me dit :

— Sur le principe de narration, cela fait quand même beaucoup penser à ton roman précédent, celui du *Sixième Sommeil*, encore un héros chercheur qui utilise une trouvaille scientifique pour inventer un homme qui a des capacités extraordinaires.

Elle avait totalement raison. J'étais en train de me copier moi-même. Comme un cheval qui prend toujours le même chemin et le parcourt sans même s'en rendre compte. Mais nous étions déjà en janvier. Comment sortir un roman en octobre comme à mon habitude ? Mon éditrice semblait me lancer là un nouveau défi : écrire très rapidement un roman en quatre mois afin d'être fidèle au rendez-vous avec mes lecteurs.

Pour tenir la promesse, il me fallait un sujet nouveau.

Peut-être influencé par ma visite dans la maison d'Hemingway à Key West avec ses omniprésents félins à six doigts, je proposai comme sujet : les chats.

J'avais eu trois chats. Après Mélissa et Angelo, il y avait eu Domino, une chatte offerte par mon amie l'écrivaine Stéphanie Janicot.

Domino était une diva. Elle était égoïste, agressive, peu câline, obsédée par la nourriture et lâche.

Elle me dérangeait tout le temps quand j'écrivais à la maison, elle se mettait parfois en équilibre sur la rambarde du balcon pour me faire du chantage : « Regarde, si tu ne t'intéresses pas tout de suite à moi, je vais tomber. » Précisons que j'habitais au quatrième étage et qu'il y avait suffisamment de hauteur pour que cette chute lui soit fatale.

Bref, je tenais là une héroïne d'un style nouveau.

Je n'avais jamais testé un personnage similaire, mais il me semblait très amusant d'écrire le roman à la première personne du singulier, du point de vue d'une chatte d'appartement.

— Les chats, pourquoi pas ? me répondit mon éditrice, mais dans ce cas le roman sera à mettre dans la catégorie « littérature pour adolescents », car les histoires de chats s'adressent essentiellement à un public jeune.

Il y avait un défi à relever, et je lui dis que j'allais me débrouiller pour que cela ne soit pas rangé dans cette catégorie « *young adults* ». Dans mon esprit, je comptais déjà ajouter « du sexe, de la violence et du rock'n'roll chez les chats », précisément pour toucher un public plus mûr. Cependant, j'avais encore à l'esprit le choc émotionnel du récent attentat du Bataclan, de celui de *Charlie Hebdo* ainsi que de celui de l'école juive de Toulouse.

Je me dis que c'était le devoir d'un auteur de témoigner à propos de l'actualité forte de son époque.

Pourquoi ne pas évoquer cette actualité du point de vue d'un non-humain ?

J'imaginai alors mon héroïne chatte face à cette civilisation humaine, en train de s'autodétruire pour des raisons irrationnelles (notamment le fanatisme religieux), et devant se préparer à la suite, à savoir une civilisation de chats nommée la Félicité (du latin *felis*, chat).

Les chats voient mieux que nous, ils entendent mieux que nous grâce à leurs oreilles orientables et peuvent percevoir les mouvements à distance au moyen de leurs vibrisses, leurs moustaches. Ils sont plus souples, plus détendus et pour tout dire semblent beaucoup plus sereins que nous.

Je pris beaucoup de plaisir à me mettre dans la peau de cette chatte que je baptisai Bastet (en hommage à la déesse égyptienne à tête de chat).

Tout arriva de manière fluide, le challenge m'amena à rédiger des scènes d'action parfois dures qui donnaient un côté « adulte » à l'histoire, bien loin des *Aristochats* de Disney.

La prétention et la mauvaise foi assumées de Bastet en firent un personnage aussi amusant qu'attachant. Restait ensuite à créer son faire-valoir mâle, un chat siamois presque aussi prétentieux qu'elle, doté toutefois d'une caractéristique rare : ancien cobaye pour expériences scientifiques humaines sur le cerveau, il était muni d'une prise USB placée comme un troisième œil sur son front. Grâce à ce gadget, il pouvait être connecté à un ordinateur et avait donc accès à toutes les connaissances des humains telles qu'elles sont présentées sur Internet.

Il connaissait l'histoire des hommes et l'histoire des chats.

N'est-ce pas là la grande faiblesse des animaux : ne pas connaître l'histoire de leur propre espèce ?

Comment nommer ce partenaire de Bastet ?

Au début, je songeai à le baptiser Socrate, parce que c'était la référence classique à la sagesse. Mais des chats avaient déjà été baptisés Socrate dans de nombreux films ou romans.

Je me souvins alors que Gérard Amzallag m'avait dit :

— Tu devrais t'intéresser à Pythagore. Il n'a pas fait que le théorème qui porte son nom, c'est un type vraiment passionnant dans beaucoup de domaines.

Je me mis à lire toute la documentation consacrée à ce personnage.

Je découvris un homme étonnant, dont le célèbre théorème avait éclipsé tout le reste des découvertes (tout comme *Les Quatre Saisons* de Vivaldi ont occulté toutes les autres œuvres de ce musicien).

Là encore, ce fut une révélation. Quel homme !. Quel destin !

Originaire d'une famille de bijoutiers, Pythagore est né en 580 av. J.-C. sur l'île grecque de Samos. À 18 ans, il devient champion olympique de pugilat (la boxe de l'époque). Il voyage en Égypte pour apporter des bagues créées par son père à des prêtres de Memphis. Là, il est initié à la spiritualité de l'Égypte antique, puis, lorsque le pays est envahi par les Perses dirigés par le roi Cambyse II (il avait fait attacher des chats vivants sur les boucliers de ses soldats pour que les Égyptiens, qui vénéraient les chats, n'osent pas tirer des flèches sur eux), il fuit en Israël où il est initié à la religion juive. Après l'invasion babylonienne, Pythagore suit les Hébreux en exil à Babylone où il découvre les mystères d'Éleusis et le culte de Mithra. Enfin, il revient dans l'île de sa naissance, Samos, à l'époque occupée par un tyran, Polycrate. Il part alors vers le nord, connaît une histoire d'amour avec la Pythie de Delphes dont il relance le culte, continue son voyage vers l'ouest, rejoint l'Italie, va à Crotone et crée là-bas une école.

Cette école dite pythagoricienne a pour particularité d'être la première à accueillir indifféremment les hommes, les femmes, les esclaves et les étrangers. Les initiés ne sont jugés que sur leur capacité à passer les examens et non sur leur naissance ou leur apparence.

Pythagore est l'inventeur des mots « philosophie » et « mathématiques ».

Il fait un lien entre les deux en mettant au point une spiritualité basée sur le culte des nombres.

L'une de ses devises est : « Tout est nombre. »

C'est d'ailleurs sur ce principe qu'il met au point une première gamme de musique (la gamme pythagoricienne) qui servira de modèle à la gamme que nous utilisons encore aujourd'hui.

En astronomie, il a l'intuition que la Terre est ronde et qu'elle tourne sur elle-même.

Dans son école de Crotone, on apprend l'architecture, les mathématiques, la biologie, le sport, le végétarisme, la médecine, la musique, la poésie, la peinture, la philosophie, la stratégie militaire, la politique, le théâtre, la gastronomie. L'école va fournir des hommes politiques, des économistes et des chefs militaires aux villes voisines, en échange du droit de créer de nouvelles écoles pythagoriciennes.

Pythagore, dès 550 av. J.-C., est à la source de la science et de la spiritualité occidentales.

Pythagore croyait en la réincarnation. Diogène Laërce écrit à son propos : « Pythagore racontait sur lui-même qu'il avait été jadis le fils d'Hermès, nommé

Éthalidès. En cadeau, Hermès lui avait dit de choisir ce qu'il voulait comme don excepté un : celui de l'immortalité. Éthalidès avait, par conséquent, demandé de garder le souvenir de ses vies précédentes. Ainsi il conservait les souvenirs intacts de ses incarnations déjà vécues. »

Passé l'instant de fascination pour ce personnage, je tenais la matière parfaite pour le chat en couple avec la divine chatte Bastet. Il s'appellerait Pythagore.

Dans ce roman sur les chats, je rédigeai des scènes les plus spectaculaires possible, en ne lésinant ni sur les cascades, ni sur les figurants ou les scènes de sexe et de violence.

L'esprit de *Salammbô* mais aussi du *Seigneur des anneaux* et de *Game of Thrones*, voire même de *The Walking Dead* (pour la partie « fin du monde »), planait au-dessus de mon clavier d'ordinateur. L'écriture de *Demain les chats* fut un régal, et le fait d'avoir peu de temps pour boucler le roman m'excita un peu plus encore.

Je voulais à l'origine intituler ce livre *Nous les chats*, mais ce titre était déjà pris. Je choisis finalement *Demain les chats*, en hommage au fameux *Demain les chiens* de Clifford D. Simak (dont le titre anglais, *City*, évoque un futur de science-fiction beaucoup plus lointain).

L'idée de décrire une société humaine en décomposition et des chats mis au défi de gouverner le monde permettait de créer des décors fantastiques.

Pour l'anecdote, durant la rédaction du roman, je confiai à mon éditrice Stéfanie Delestré vouloir m'en tenir à des phrases simples « sujet-verbe-complément », sans « gras ». Je lui parlai de ma théorie du récit-sushi, (l'aliment-histoire pur, sans cuisson qui dénature le goût, sans sauce grasse qui cache sa vraie saveur).

— Et si tu te trompais ? me fit-elle remarquer. Et si le gras était bon ?

Je me souvins de ma mère me racontant que certaines personnes n'aiment que le gras dans le steak.

Comment peut-on prendre du plaisir à manger ce truc jaune translucide caoutchouteux ? me demandais-je alors.

Cependant, on est là pour apprendre.

À la suite de cette conversation, je rédigeai, pour voir, des nouvelles « grasses » avec beaucoup de sauce, rien que pour vérifier si j'arrivais aussi à écrire des histoires avec des formes différentes. Je reste quand même convaincu par la phrase d'Hemingway : « Être écrivain est un travail d'architecte et non pas de décorateur. »

Après la rédaction du deuxième volet de la trilogie des *Chats*, nous avons recréé avec mon éditeur la très ancienne fête des chats qui avait lieu en 1500 av. J.-C. dans le temple de Bubastis (Bast en référence à la déesse Bastet) et était censée être, selon l'historien grec Hérodote, la plus grande fête de l'Antiquité, où près de sept cent mille visiteurs chantaient, dansaient, s'enivraient, faisaient l'amour, déguisés en chats au milieu des chats. C'était le Woodstock de l'Antiquité.

Ainsi, le vendredi 4 octobre 2019, la salle du Grand Rex accueillit deux mille huit cents personnes ayant payé un billet pour miauler et ronronner ensemble pendant trois heures et demie en présence de plusieurs amis célèbres : l'humoriste et magicien Éric Antoine, les humoristes Sellig et Bruno Salomone, une spécialiste des chats, la vétérinaire et auteure Laetitia Barlerin, un vétérinaire inventeur de la ronronthérapie, Jean-Yves Gauchet, un youtubeur spécialiste des histoires extraordinaires mais vraies, Patrick Baud, ainsi que des vidéos de chats et la présence de chats d'espèces rares. Certains spectateurs dans la salle étaient venus déguisés en chats.

De quoi prouver, s'il en était besoin, que les chats n'attendent que d'être vénérés à nouveau…

ARCANE XX : LE JUGEMENT

L'arcane XX du Jugement représente un ange qui surgit du ciel pour faire sonner une trompette alors que, en dessous de lui, un homme et une femme nus et en prière voient un homme qui se dresse hors de sa tombe. Contrairement à l'arcane VIII qui représente la Justice des hommes, ici il s'agit du verdict du monde invisible. C'est la carte où l'on a enfin des informations venant d'en haut.

Et c'est aussi la carte du Jugement céleste. Il se peut que les hommes n'aient pas su faire justice sur terre. Dans ce cas, l'au-delà prend le relais pour que chacun reçoive ce qu'il mérite vraiment.

« Il suffit de demander clairement “là-haut” ce que tu désires, et après “ils” se débrouillent pour que cela arrive. »

L’idée du roman suivant, titré *Depuis l’au-delà*, me vint de la rencontre avec une nouvelle médium qui m’impressionna autant que Monique Parent Baccan.

Cette médium se nomme Patricia Darré.

Je la rencontrai durant un salon du livre qui se déroulait en haut de la butte Montmartre.

Elle était très impressionnante, car elle offrait une mini-séance à chacun de ses lecteurs. Et elle en avait plusieurs centaines.

Après les dédicaces, nous avons discuté et elle m’a confié qu’elle ne faisait pas de séances privées payantes, qu’elle n’était qu’une simple journaliste écrivaine.

Quand je la retrouvai quelques semaines plus tard au salon du livre de Brive, je la vis de nouveau faire une mini-séance à tous ses lecteurs, ce qui provoquait forcément une longue file d’attente.

Lors du retour à Paris, nous nous étions assis côte à côte dans le train et nous avons commencé à discuter. Lorsqu’une annonce du chef du train signala notre heure d’arrivée à Paris, elle marqua une certaine contrariété, car elle habitait près de Châteauroux et s’attendait à ce que le train s’arrête dans une gare plus près de chez elle. Elle questionna son attachée de presse qui confirma qu’il s’agissait d’un train TGV direct Brive-Paris.

Patricia parut déçue. L'attachée de presse alla demander aux responsables SNCF dans le train s'ils pouvaient envisager un arrêt exceptionnel à Châteauroux.

C'est à ce moment que Patricia me dit :

— Bon, il falloir que je demande de l'aide là-haut.

Elle ferma les yeux et se concentra une petite minute puis m'annonça avec un sourire :

— Bon, ça y est, c'est fait.

Or, quelques minutes plus tard, l'attachée de presse revint :

— Désolée, Patricia. On a eu la réponse de la direction de Paris : impossible de s'arrêter à Châteauroux. Mais par contre, on vous a réservé une chambre d'hôtel à Paris et, demain matin, vous pourrez prendre le premier train pour rentrer chez vous.

Je me tournai vers la médium et lui dis :

— Nul n'est obligé d'obtenir des résultats à tous les coups.

Elle continuait de sourire, imperturbable, comme si tout cela ne l'inquiétait pas le moins du monde.

Au contraire, elle était déjà en train de ranger ses affaires.

Alors qu'on approchait de Châteauroux, une annonce fut soudain diffusée dans les haut-parleurs :

— Arrêt exceptionnel de deux minutes.

Patricia était prête et se leva en prenant son sac. Elle fut la seule à descendre.

— Comment as-tu fait ça ? demandai-je, impressionné.

— Tu sais, Bernard, toi aussi, tu peux faire cela. Quand tu as besoin de quelque chose de précis, il suffit de demander clairement « là-haut » ce que tu désires, et après « ils » se débrouillent pour que cela arrive. Mais je crois que tu en parles déjà dans *L'Empire des anges*. Tu devrais relire tes propres livres.

Et elle me fit un clin d'œil complice.

Cela pouvait-il être aussi simple ? « Demander là-haut » ? Certes, j'avais mis cette notion dans plusieurs de mes romans, mais ce n'est pas pour autant que j'y croyais moi-même, et, quand bien même, dans l'hypothèse où cela serait vrai (ce que je suis prêt à envisager), je ne vois pas de quel droit je pourrais déranger mon ou mes anges pour des broutilles.

Encore un de mes paradoxes. J'écris sur la spiritualité, mais je ne suis pas croyant. D'ailleurs, je ne pense détenir aucune vérité. Au contraire, je suis un homme rempli de doutes sur tout.

Je vis donc Patricia descendre à la gare de Châteauroux. Seuls son attachée de presse et moi avions été témoins de ce petit miracle.

Je revis Patricia Darré plusieurs fois par la suite. Elle m'invita pour parler des *Thanatonautes* dans une conférence-spectacle qu'elle donnait au théâtre du Gymnase. Je l'invitai en retour dans une de mes conférences dans ce même théâtre. Pendant la deuxième session, elle raconta comment elle se trouvait souvent à négocier entre les vivants et les fantômes qui hantent les châteaux :

— Souvent, le fantôme était là avant le propriétaire, et j'explique à la personne que le fait d'acheter un lieu ne lui donne pas forcément de droit absolu sur ce lieu. S'il ne veut pas être dérangé, il vaut mieux négocier avec l'entité locale, signala-t-elle.

Je trouvai l'idée logique.

De la même manière, les Indiens d'Amérique, qui avaient fait face à l'arrivée des premiers conquistadors espagnols, durent penser eux aussi qu'en tant que premiers occupants ils étaient plus légitimes sur ce territoire que les nouveaux arrivants.

Patricia Darré raconta une séance avec une personne qui se plaignait d'être ignorée par ses collègues au travail. Elle l'avait interrogée en lui faisant prendre conscience qu'elle ne parlait pas non plus à sa famille, qu'elle avait perdu l'appétit et le sommeil. Elle lui avait progressivement fait prendre conscience qu'elle était… morte. Il s'agissait d'un des principaux problèmes rencontrés par Patricia : beaucoup de ses visiteurs se croyaient encore vivants, et il fallait progressivement les habituer à l'idée qu'ils avaient simplement trépassé. C'était donc à elle de leur faire comprendre que l'opération chirurgicale qu'ils pensaient avoir subie avec succès n'avait pas si bien réussi que cela.

Patricia Darré me raconta aussi comment elle avait été dérangée à 2 heures du matin par une dame-ectoplasme en chemise de nuit qui lui disait vouloir parler à sa fille. La pauvre n'arrivait plus à se rappeler le nom de sa fille, ni son propre nom, alors Patricia lui avait suggéré de revenir quand tout cela serait plus clair et de la laisser dormir tranquille.

Qui parlera des fantômes qui ont la maladie d'Alzheimer ?

Là encore, il y avait une matière romanesque indéniable.

Patricia était comme une sorte d'ambassadrice des vivants auprès des morts, et des morts auprès des vivants. Et elle commençait à être épuisée par cette tâche ingrate.

— Tout le monde croit que je dois être disponible pour écouter leurs problèmes. Du coup, je suis dérangée des deux côtés. Et des deux côtés ils me contactent pour se plaindre. Je suis une sorte de « service des réclamations ».

Je compatis. Être médium ne doit pas être facile tous les jours.

Quand je lui demandai si elle avait des nouvelles de mon ancienne médium Monique Parent Baccan, elle me répondit que cette dernière organisait dans les limbes des réunions d'esprits qui précisément pensaient que c'étaient eux les vivants et nous les morts.

Sacrée Monique.

Tout cela me donna l'idée de faire un personnage qui était un mélange de Patricia Darré et de Monique Parent Baccan : prénom Lucy (comme la lumière), nom de famille Fillipini (comme Patrick Fillipini, le responsable informatique du *Nouvel Obs* qui, lui aussi, tout comme François Schlosser, s'était montré d'un grand soutien durant mon licenciement parce qu'il avait un code d'honneur personnel).

Je souhaitais montrer dans ce nouveau roman à la fois les coulisses du métier de médium et les coulisses de mon métier d'écrivain.

Mon incipit, la première phrase du roman, était tout trouvé.

« Qui m'a tué ? »

Ensuite, je réfléchis au mécanisme d'avancée du récit : la victime raconte comment, une fois morte, elle enquête pour retrouver son assassin en se faisant aider par la seule personne qui peut agir sur la matière et communiquer avec elle : la médium Lucy Fillipini. Ce qui me permettait de nouveau d'envisager l'instant qui suivrait mon propre décès et mon existence d'âme errante (dans l'hypothèse où mon esprit perdure sous une forme éthérée après ma mort).

J'imaginai mon enterrement. Qui serait là ?

J'imaginai aussi ce que pourraient raconter les journalistes dans les nécrologies.

J'ajoutai des personnages venant du réel : mon éditeur, inspiré de Richard Ducousset, mais aussi Frédéric Saldmann, inspiré de mon médecin, et, comme personnage de l'invisible, mon grand-père, Isidore Werber.

Cela devait fonctionner comme un tour de magie : on donne des éléments pour comprendre la vérité, mais on effectue suffisamment de diversions pour qu'on ne voie pas venir la fin surprenante.

Mon héros, Gabriel Wells, était un auteur de polars mort avant d'avoir publié un roman nommé… *L'Homme de 1 000 ans.* Gabriel Wells me ressemblait beaucoup, à un détail près : il était mort. Sa parole étant libérée, il pouvait raconter ce qui normalement est peu révélé : la vraie vie des écrivains.

Le livre sortit le 1er octobre 2017.

À mon avis, il aurait pu s'inscrire dans le prolongement des *Thanatonautes* pour tous ces questionnements sur l'après-vie, mais l'angle choisi (le mort enquête sur son propre assassinat) me permettait plus de distance et donc plus d'humour.

Depuis l'au-delà n'eut évidemment qu'un faible retentissement médiatique et n'arriva pas à toucher un public aussi large que les *Chats*, mais il me semblait nécessaire qu'il existe.

Quelques mois avant, ma sœur m'avait annoncé la leucémie de notre père. Se sachant condamné, papa demanda à rester à la maison plutôt que d'aller à l'hôpital, afin de ne pas connaître le même sort que son propre père.

Quand je le vis pour la dernière fois, il était déjà très diminué, marchait mal, déglutissait avec difficulté.

— Dis-moi, Bernard, est-ce que j'ai été un bon père ?

— Tu as été un père formidable, lui répondis-je, ému, car tu m'as laissé être ce que je voulais sans rien m'imposer. C'est le plus beau cadeau qu'un père puisse offrir : faire confiance. Je l'apprécie à sa juste mesure et je compte suivre ton exemple et faire le même cadeau à mes enfants.

Il a souri et hoché la tête.

J'espère que cette phrase l'a soulagé.

À bien y réfléchir, je crois que j'ai eu un père parfait. J'ai même pu écrire dans une de mes nouvelles : « Dans une autre vie, j'espère t'avoir à nouveau comme père. » Et je le pense sincèrement.

Comme il le souhaita, mon père mourut chez lui.

Je fis en sorte que ses derniers jours se passent au mieux, ou tout du moins le moins mal possible, et surtout qu'il ne souffre pas.

Il mourut le 16 octobre 2017.

Je ne suis pas mystique ni croyant, mais, tout comme pour Reine Silbert et Monique Parent Baccan, quand j'ai appris que la vie de mon père dans cette enveloppe de chair s'achevait, j'ai fermé les yeux et visualisé son âme en route vers la lumière pour enfin trouver la paix ou, encore mieux, une sorte de source d'amour universel.

Ce fut le même jour que ma compagne, Amélie, s'aperçut qu'elle portait en elle une nouvelle vie.

Un fœtus de quelques semaines.

Nous avons décidé de la nommer Alice, en référence à *Alice au pays des merveilles* de Lewis Carroll.

Amélie, toujours en avance d'une idée, connaissant mon histoire, proposa d'ajouter dans ses prénoms celui de Reine, en souvenir de celle qui avait été ma maman spirituelle.

Quelques jours après l'enterrement de mon père, j'allai à Marseille pour faire une conférence TEDx et je fis afficher sa photo de lui jeune sur un écran géant. Je commençai par cette phrase :

— Mon père m'a transmis deux choses : 1) le goût des histoires et 2) une maladie qui se nomme la spondylarthrite ankylosante. Je me suis construit sur cette passion et aussi sur ce handicap. La première m'a permis de surmonter le second. L'écriture a le pouvoir de guérir. On pourrait appeler cela l'écritothérapie…

Quelques semaines plus tard, à Angoulême où je dédicaçais mon roman *Depuis l'au-delà*, une jeune lectrice vint vers moi et m'annonça :

— Je suis moi aussi médium et j'ai reçu un message pour vous de la part de deux personnes. Le premier s'appelle Isidore et le second François. Ils voulaient vous dire qu'ils étaient fiers de vous et qu'ils vous attendaient le plus tard possible pour manger du…

je n'ai pas bien compris les mots : *Keiss Kuren* ou *Kaz Kuchen* ? Désolée, je ne sais pas ce que cela signifie.

Je lui dis que c'était « *Kez Kukhn* » et que ces mots signifiaient *cheese cake* en yiddish, le gâteau préféré de notre famille, préparé par ma grand-mère et ma mère.

C'était l'arcane XX : le Jugement céleste. L'arcane où le monde invisible s'exprime pour les vivants.

55 ANS. L'EXERCICE LE PLUS DIFFICILE POUR UN ÉCRIVAIN

« Serais-je capable de trouver les mots exacts pour sauver une vie ? »

Lors de l'un de mes nombreux voyages en Corée (en général tous les deux ans), je rencontrai une situation inattendue. Nous étions en 2016 et je venais présenter *Troisième Humanité* dans une école d'art.

À la fin de ma conférence, le directeur de l'école me prit à part et me demanda de lui rendre un service personnel. Il m'amena dans son bureau où se trouvait une jeune fille de 16 ans assise sur son fauteuil, en pleurs. Il m'expliqua qu'elle voulait se suicider et il comptait sur moi pour la convaincre d'y renoncer.

À côté de moi se trouvaient ma traductrice et un cameraman en train de faire un reportage pour la télévision coréenne.

Je demandai dans un premier temps au cameraman de cesser de filmer et aux gens qui nous accompagnaient de sortir pour nous laisser seuls, avec la traductrice.

Je cherchais en fait à gagner du temps afin de trouver les meilleures phrases pour résoudre cette situation.

J'avais l'impression de passer la plus importante épreuve pour un écrivain : trouver les mots exacts pour sauver une vie. C'était la situation inverse de l'aventure de Bénarès où j'avais entendu les mots qui donnaient envie de mourir.

Je commençai par demander à la jeune fille les raisons de sa volonté d'autodestruction. Elle m'expliqua alors qu'elle était certaine d'échouer à son prochain examen et que cette idée lui était insupportable, car elle n'aurait plus aucune chance de travailler où que ce soit et ne connaîtrait plus que la déchéance. Sans parler de la déception de sa famille.

Elle me fixa de ses grands yeux noirs.

— Donnez-moi une seule raison de ne pas mourir, monsieur Werber.

Pas le temps de préparer quelque chose ni de réfléchir. Dans ma tête, tout allait très vite, je pensais à plusieurs stratégies.

Juste quelques secondes pour trouver la meilleure.

Je commençai par lui proposer de respirer amplement. Elle prit une première inspiration, arrêtée par ses sanglots, et enchaîna sur de petites bouffées nerveuses avec les épaules. Me remémorant l'enseignement de Jacques Padovani, je lui expliquai comment respirer. Il fallait faire redescendre l'air de sa respiration dans son ventre sans le bloquer au niveau des épaules. Elle fut surprise que je parle de ce qui lui semblait être de la gymnastique à un moment aussi délicat.

Je lui conseillai aussi de régler sa respiration pour que l'expiration soit plus longue que l'inspiration. Elle était étonnée, pas encore rassurée, mais n'osait pas me contredire.

Elle finit par trouver une respiration profonde, et je profitai de ce temps gagné pour entrevoir une stratégie plus globale : sortir de l'intellect pour la ramener au ressenti de son propre corps.

Je lui demandai de gonfler et dégonfler son ventre régulièrement, et d'essayer de respirer encore plus lentement et profondément.

Elle attendait la suite « intellectuelle et sérieuse », mais je ne consentis à poursuivre mon dialogue que lorsqu'elle respirerait bien. Le seul fait d'améliorer l'activité de ses poumons la fit cesser de pleurer de manière mécanique. Ensuite, je lui indiquai de se tenir droite et d'imaginer un fil qui tirerait sa tête vers le haut.

Pour prendre conscience de sa position sur la chaise, de sa colonne vertébrale, des battements de son cœur. Puis de se forcer à sourire rien que pour me faire plaisir. Je lui expliquai que le sourire avait une action sur certains muscles qui agissaient sur le cerveau pour produire des hormones agréables. Elle consentit à sourire, attendant toujours que l'on parle de son examen scolaire et de ses chances de réussir.

On avait dû lui en parler souvent et toujours de la même manière, en lui disant qu'elle réussirait ou que ce n'était pas grave. Et cela n'avait visiblement pas fonctionné.

Mon objectif était de la faire sortir du mental.

Je la questionnai sur ce qu'elle aimait manger, elle me cita quelques plats au hasard, mais elle n'y accordait que peu d'attention, toujours impatiente qu'on parle de son futur échec à l'examen et de son inévitable suicide.

Je lui demandai enfin ce qui lui faisait plaisir dans la vie. La liste était réduite. En fait, elle était complètement obsédée par ses études. Elle ne jouait pas, n'allait pas au cinéma, n'avait pas d'amis, mangeait seulement pour avoir des forces pour étudier, dormait peu, ne pratiquait aucun sport.

J'insistai pour qu'elle maîtrise encore sa respiration, arrive à me fixer les yeux dans les yeux. Son regard restait fuyant.

Alors, je cherchai à la faire parler des bons moments qu'elle avait vécus dans le passé.

Elle n'y parvint pas.

Il fallait trouver autre chose.

Je lui proposai alors de fermer les yeux et de me raconter des promenades dans la nature qu'elle avait faites dans sa jeunesse. De me décrire ce qu'elle voyait, ce qu'elle sentait de ces moments anciens.

— Pouvez-vous me citer les ressentis les plus précis possible : des odeurs de bois ou d'herbe, des chants d'oiseaux ou des bruits d'insectes ?

Je lui ai ensuite conseillé, malgré l'urgence des examens, de trouver un moment dans la semaine pour pratiquer une activité physique comme la natation, le jogging ou la marche, afin que son corps soit capable d'accomplir autre chose que la mémorisation des cours.

Ma propre voix ralentissait et devenait de plus en plus grave. Je cherchais inconsciemment le meilleur ton à employer.

Elle finit par me fixer dans les yeux sans se forcer.

C'était étonnant de voir quelqu'un d'aussi jeune dans une telle détresse.

Au bout d'un moment, les mots n'avaient plus d'importance, seul le ton de ma voix comptait, l'échange de regards et la respiration.

Je lui citai des peintres célèbres qui avaient réussi sans faire les moindres études, sans passer le moindre examen.

— Projetez-vous dans le futur, et essayez de visualiser la charmante grand-mère que vous allez devenir. Maintenant visualisez-la en train de regarder cette scène présente. Que penserait-elle de cette jeune fille qui veut se suicider pour un simple examen ? Elle aurait envie de se moquer, n'est-ce pas ?

Alors j'obtins enfin un petit rire. C'était peut-être un rire de politesse, mais c'était déjà un bon début.

Toute la pression retomba.

Maintenant elle souriait sans faire d'efforts et ne reniflait plus.

— Vous ferez une charmante grand-mère pleine de nostalgie de cette époque, n'est-ce pas ?

Enfin, elle arriva à produire un vrai rire, naturel.

Le directeur revint. Il me confia qu'elle n'avait aucun souci à se faire, étant… la meilleure élève de sa classe !

Je lui fis un dessin de fourmi en souvenir de cet instant.

La Corée figure parmi les pays qui ont le taux de suicides d'étudiants le plus élevé du fait de l'énorme pression que le système scolaire impose aux élèves.

Je venais de le vérifier en direct.

Et je n'ai jamais autant eu peur de me tromper dans le choix de mes mots que dans cette étrange situation.

57 ANS. ÉCHEC ET PAS MAT

« Je fais tous les jours dix parties d'échecs depuis l'âge de 4 ans, alors c'est normal que je vous batte facilement. »

Telles sont les paroles que me dit un jour Anatoly Karpov, ancien champion du monde d'échecs et probablement ancien chef espion du KGB.

Au Salon du livre de Paris en mars 2018, le pays invité d'honneur était la Russie. À cette occasion, on me signala qu'Anatoly Karpov voulait défier des champions d'échecs et des écrivains français. S'ils avaient les champions, les organisateurs manquaient cruellement d'écrivains.

Affronter le champion du monde d'échecs alors que je n'étais qu'un simple joueur amateur (j'aime bien ce mot qui signifie qu'on fait ça avec amour) n'ayant pas joué depuis vingt ans me donnait la sensation d'être un pinson en pleine course de vitesse avec un aigle royal.

Amélie me donna un dernier conseil : « Quoi qu'il arrive, souris, cela déstabilise toujours l'adversaire. »

Puis arriva le jour de la confrontation.

Nous étions douze joueurs à affronter le grand maître des échecs sur une série de tables disposées en U. À ma droite, il y avait le grand réalisateur Jean Becker qui semblait très motivé pour participer à cette confrontation de haut niveau.

L'organisateur nous avertit :

— Karpov jouera successivement un coup avec chacun d'entre vous puis avancera. Vous devez jouer le coup devant lui pour qu'il le voie, réponde et passe au suivant, et ainsi de suite. Il tournera jusqu'à ce qu'il n'y ait plus qu'un seul joueur face à lui.

La partie en simultané débuta.

Chaque coup de Karpov était étonnant.

Il n'obéissait pas aux deux règles de base : développer ses pièces et occuper le centre. Au contraire, il n'avançait pas et toutes ses pièces se bloquaient mutuellement.

Cependant, lorsque j'approchai un cavalier, il se fit automatiquement dissoudre par sa défense.

Je regardai autour de moi et vis que tous les autres joueurs étaient dans la même situation que moi : l'étonnement et l'incapacité d'inquiéter le maître, puis… la destruction progressive.

Nous nous faisions tous assassiner au ralenti.

Je me souvins des conseils que m'avait adressés Amélie avant la confrontation : 1) apprécier l'expérience comme un plaisir, 2) ne pas jouer pour gagner.

Auxquels je rajoutai un nouveau conseil : 3) s'adapter vite à tout ce qui est nouveau.

Un joueur à ma droite fut vite mis mat et quitta la table.

Ouf ! je ne serais pas le premier à perdre.

Puis un deuxième quitta le jeu. Et un troisième.

Karpov se mit à jouer plus vite car il n'avait plus que neuf joueurs à vaincre, et j'étais toujours en lice. Jusqu'au moment où, après avoir joué et gagné, il ne bougea plus et resta face à moi. Je jouais, il répondait, je jouais, il répondait, restant debout, immobile, face à moi.

Pourquoi restait-il au lieu de continuer de tourner ?

Alors, me déconcentrant quelques secondes, je jetai un œil autour de moi et je m'aperçus qu'il avait déjà vaincu les onze autres joueurs et que j'étais l'unique survivant.

Une fois de plus, la stratégie du lâcher-prise s'était révélée payante.

Toutes les caméras (appartenant essentiellement à des chaînes russes) étaient maintenant rivées sur nous.

Une autre idée me vint alors. Dès le moment où l'on ne joue pas pour gagner, on n'a rien à perdre.

56 ANS. LE TEMPS DE LA TRANSMISSION DU SAVOIR

« On ne s'aperçoit qu'on possède quelque chose qu'au moment où l'on peut l'offrir à autrui. »

Ce fut après l'écriture de *Depuis l'au-delà* que je ressentis la nécessité de transmettre mon savoir-faire.

L'annonce de ma possible fin en cas de problème cardiaque m'avait fait mesurer qu'après toutes ces années de carrière j'avais acquis un savoir-faire particulier dont je pouvais faire bénéficier les apprentis auteurs.

Si quelqu'un m'avait expliqué à 17 ans, lorsque j'ai commencé à rédiger *Les Fourmis*, comment être plus efficace dans la construction de mes structures de narration ou dans l'élaboration de mes personnages, j'aurais assurément gagné du temps.

La seule manière de savoir que l'on possède quelque chose est de pouvoir l'offrir aux autres.

Donc, j'élaborai un cours avec des exercices pratiques.

Le premier cours eut lieu avec cinquante-deux élèves, comme pour un jeu de cartes, dans le lieu insolite du Chalet des Îles au bois de Boulogne, à l'ouest de Paris.

Il me semblait que l'enseignement devait être ludique. Je demandai aux participants de commencer par chercher le plus mauvais sujet possible. Ils votèrent pour élire le sujet (le tout premier fut les cotons-tiges pour se nettoyer les oreilles, mais plus tard il y eut aussi la morve, les poils, la poussière, les chaussettes, les ongles…), puis ils durent élaborer sur ce mauvais sujet plusieurs histoires :

1) une histoire d'amour,
2) une enquête policière,
3) une histoire qui fait peur,
4) une histoire qui fait rire.

Chaque fois, le rythme d'une musique de film (*Mission impossible, La Guerre des étoiles, Le Seigneur des anneaux, Inception, Amicalement vôtre*, etc.) entraînait le groupe. Durée de l'exercice : entre quatre et six minutes, le temps que durait la musique.

Je leur rappelai qu'il fallait galoper comme un cheval qui prend du plaisir à utiliser ses muscles sans penser à l'objectif à atteindre. Galoper pour le plaisir et non pas pour gagner une course.

Au final, les cinq premiers qui étaient satisfaits de leur travail se levaient pour exposer leurs trouvailles aux autres.

L'idée était de montrer qu'écrire est une joie, comme, pour certains, faire de la musique ou du sport. Cela peut aller vite. Il suffit de trouver l'idée. Il fallait oublier le professeur de français ou de philosophie qui leur mettait une mauvaise note autrefois. Sortir de la peur d'être jugé pour retrouver la joie de créer.

La vie réservant toujours des surprises, le plus imaginatif et le plus enthousiaste, toujours le premier à annoncer qu'il avait trouvé une bonne histoire, fut lors de cette première séance Gilles Gayran, un Suisse qui avait pour handicap de n'avoir ni bras ni jambes. Il tapait très vite sur son smartphone avec l'extrémité de ses coudes. Et le fait qu'il sorte des idées aussi osées et aussi vite décomplexait les autres. Retenez son nom, je suis sûr qu'il va devenir un grand écrivain.

Parmi les autres exercices, je leur montrai comment utiliser les cartes de tarot pour trouver une structure de chemin initiatique pour le héros. Le visuel des cartes devait déjà offrir des idées à leur imagination. Qui est cette Impératrice, cette Papesse, cet Ermite, cet Amoureux ou ce Pendu ?

Enfin, j'expliquai comment les blagues, les tours de magie et l'architecture des cathédrales pouvaient aider à construire des intrigues.

Je leur enseignai qu'écrire un livre prend exactement trente secondes : le moment où l'on trouve l'idée. C'est la graine qui va pousser pour devenir un arbre.

Puis, après avoir donné plusieurs règles, je signalai qu'on pouvait ne pas les respecter, mais qu'il fallait le faire en conscience et selon le principe : « Tout défaut assumé peut passer pour un choix artistique. » On peut ainsi écrire une histoire avec un point de vue unique, une histoire sans climax, une histoire sans dialogues ou une histoire sans fin, mais il faut savoir pourquoi on le fait.

Quant aux intrigues, j'encourageai mes élèves à faire preuve d'audace et d'originalité, la seule erreur étant de copier une idée déjà traitée par peur de sortir des chemins battus ou par envie de plaire.

J'espérais ainsi participer à l'émergence d'un peu d'audace dans les sujets.

Enfin, je rappelai que l'apparition des plates-formes d'autoédition sur Internet permettait désormais à tout le monde de présenter un manuscrit au public.

L'important n'est pas de devenir écrivain mais de devenir auteur.

Si on regarde l'étymologie : l'écrivain, c'est celui qui écrit, donc cela comprend, dans son sens large, aussi bien le notaire que le comptable. Auteur : cela vient du mot latin *auctor*, dérivé du verbe *augere* qui signifie… augmenter.

Voilà une ambition intéressante : augmenter le champ de conscience de ceux qui vous lisent.

ARCANE XVIII : LA LUNE

L'arcane de la Lune représente une écrevisse qui est cachée sous l'eau et qui remonte alors que deux loups hurlent à la Lune.
C'est la carte de l'inconscient enfin révélé. La nuit, alors que l'obscurité vient, grâce aux rêves, à la méditation ou à l'hypnose, des vérités oubliées ou dissimulées remontent à la surface.

57 ANS. D'AUTRES VIES QUE LA MIENNE

« Et si nous n'étions qu'un esprit qui se réincarne de corps en corps à travers les temps ? »

Après la publication de mon roman *Depuis l'au-delà*, j'avais envie de prolonger ma réflexion sur les trois questions philosophiques : « D'où venons-nous ? », « Qui sommes-nous ? », « Où allons-nous ? »

Cette fois-ci, j'utilisai le souvenir de ma séance d'hypnose régressive avec Philippe Leroux pour élaborer une intrigue où mon héros était un professeur d'histoire.

Il se nommait René Toledano (René pour « renaissance »).

Il était intimement convaincu que l'histoire officielle apprise dans les livres scolaires n'était que l'histoire des gouvernants, et encore, uniquement des gouvernants vainqueurs qui dictent ensuite leur interprétation de la situation politique à leurs historiens soumis et rémunérés.

Bref, cet élément qu'on nommait notre « passé officiel » n'était souvent que parcellaire.

René Toledano découvrait, grâce à une séance d'hypnose dans un théâtre, qu'il pouvait aller visiter ses vies antérieures.

La première fois, René Toledano se retrouvait soldat durant la guerre de 1914-1918, sur le chemin des Dames.

Il en revint bouleversé.

Toutefois, plutôt que d'abandonner cette pratique, il se décida à revoir l'hypnotiseuse, Opale, pour lui demander de réparer ce qu'elle avait provoqué. Selon le principe de « soigner le mal par le mal ».

Il retourna donc dans le couloir de ses vies antérieures.

Effrayé les premiers temps, il comprit peu à peu qu'il accédait ainsi à un moyen de découvrir le vrai passé en dehors de toutes les propagandes et interprétations.

L'hypnose régressive était la plus simple machine à remonter le temps, car elle n'utilisait qu'un outil gratuit et accessible à tout un chacun : son propre esprit.

Dans le roman, le protocole était le suivant :

– On ferme les yeux.

– On visualise un escalier en colimaçon de dix marches.

– On descend marche par marche et, à chacune, on augmente un peu plus notre relaxation.

– La dernière marche débouche sur la porte de notre inconscient. On la visualise dans le détail puis on tourne la poignée pour l'ouvrir.

– On découvre alors un couloir avec les portes numérotées de toutes nos vies précédentes.

– On émet un désir de la porte qu'on souhaite visiter. (Dans mon protocole, on ne s'autorise qu'à aller voir une vie positive, pas question de tomber sur une scène traumatisante. Donc, on choisit soit une vie ou l'on a connu une grande histoire d'amour, soit une vie de grande spiritualité, une vie de découvertes ou une vie d'actions bénéfiques pour les autres. Et on n'arrive qu'au moment le plus agréable de cette vie réussie.) Elle s'éclaire. On note le nombre inscrit sur la porte, on tourne la poignée et on franchit le seuil.

– De l'autre côté, on est dans le brouillard. On disperse progressivement le brouillard pour visualiser nos mains. De là, on déduit trois informations : notre sexe, notre couleur de peau, notre âge.

– On visualise nos pieds. Puis l'ensemble de notre corps. Et enfin notre visage en essayant de faire venir un nom, une époque, un pays.

– Enfin on disperse complètement le brouillard pour découvrir le décor avec trois autres informations à noter : jour ou nuit, intérieur ou extérieur, seul ou avec d'autres gens.

Je me suis beaucoup amusé à écrire ce roman avec le sentiment de rétablir quelques réalités oubliées. Par exemple, Louis XIV était un roi tyrannique et nul. Il a ruiné la France pour satisfaire ses délires de luxe. Il a fait des guerres inutiles. Il a persécuté les protestants. Il a maté les rébellions populaires par des massacres. Il n'a pas su gérer la famine qui a tué 10 % de la population française. À l'inverse, Louis XVI a été un excellent roi. Il a très bien géré la famine en distribuant des pommes de terre. Il a stoppé le servage, sorte d'esclavage français qui perdurait. Il a mis fin aux privilèges des nobles, qui avaient été exemptés d'impôts par Louis XIV. Il a construit un réseau routier, a lancé des explorations dans le monde, a aidé la Révolution américaine, qui a réussi, a fait entrer la France dans la modernité. Il a même interdit à ses gendarmes de tirer sur les manifestants.

Et, même si le premier s'est autoproclamé « Roi-Soleil » et que le second a été guillotiné, ce dernier aura été le plus moderne et le plus utile à son pays. Mon héros, le professeur d'histoire René Toledano, posait cette question : Qui osera faire un vrai bilan objectif du travail de chaque gouvernant ? De même, je rappelai que dans la guerre de Troie on n'avait que la version de l'envahisseur grec, et que dans la guerre des Gaules on n'avait que la version de l'envahisseur romain.

En parallèle se posait la question : Peut-on en dialoguant avec un de ses anciens influer « soi-même » sur le cours de l'Histoire ?

Pour rester dans l'ambiance durant l'écriture du roman, je repris la pratique de visiter mes vies antérieures en autohypnose régressive.

En dehors de mes vies d'Atlante, de femme de harem en Égypte et de samouraï, déjà évoquées, je fis une découverte parmi les cent onze de nombreuses autres vies que je n'avais jamais vraiment approfondies.

L'une d'elles me marqua : celle d'un archer anglais au XIVe siècle.

Selon les souvenirs de cette vie, j'étais une sorte d'artisan indépendant itinérant. J'avais mon matériel, un arc à longue portée qui se nommait *longbow*, une arme peu précise qui permettait toutefois d'envoyer des flèches beaucoup plus loin qu'un arc normal. Je participais à certaines batailles en France pendant une longue période de conflits qui serait appelée plus tard la guerre de Cent Ans. Étant placé loin, je ne voyais rien des batailles, qui n'étaient pour moi qu'un nuage de poussière bruyant d'où partaient des cris. Je ne savais même pas pour quel roi je combattais. Je ne criais pas victoire si nous gagnions : tout ce qui m'importait, c'était d'être payé à la fin et de reprendre la route à pied pour trouver une autre bataille où exercer mon activité professionnelle.

Ma hantise restait la paix qui signifiait, évidemment, le chômage.

Par moments, la puanteur, l'insécurité des villages m'exaspéraient, et je préférais dormir en plein air, à la belle étoile dans la forêt, drapé dans ma cape de laine qui me servait alors de couverture. Je me suis fait tuer par des collègues au chômage devenus brigands de grand chemin.

Ma mort a été rapide, mais, en mourant, je me rappelle avoir pensé très fort : « Dans ma prochaine vie, je veux à tout prix savoir lire et écrire. »

La plupart des vies que j'ai visitées étaient bien plus inconfortables que l'actuelle. Dans beaucoup d'existences, je me suis retrouvé à avoir faim, à être obsédé par la nourriture, ce qui empêche de penser sereinement.

Quand j'étais une femme, j'étais souvent vendue par mes parents et je n'avais pas accès à l'éducation ou au droit de travailler.

Les voyages étaient très dangereux. Il y avait peu de routes et de ponts, beaucoup de bandits, de détrousseurs. En bateau, on prenait le risque de tomber sur des pirates.

Quand on se promenait dans les villages, on était surveillé par les autres aux fenêtres. Les voisins vous épiaient et commentaient entre eux ce que vous faisiez.

Sa laver était un luxe. A fortiori avec du savon.

Je me rappelle plusieurs vies où ma peau me démangeait en permanence.

Il y eut des existences où j'assistais à de grandes épidémies de peste. On ne pouvait rien faire, juste rester enfermé chez soi et espérer que cela ne nous tombe pas dessus.

Quand on se retrouvait dans une ville assiégée, c'était terrible. On attendait en mourant de faim.

Et de manière générale, dans le passé, côté plaisirs, c'était très limité.

Les gens avaient peu d'occasions de faire la fête, peu de distractions, peu de moments de réelles joies, si ce n'est parfois les bals populaires et les étuves, sortes de bains publics répandus au Moyen Âge en Occident.

L'activité de loisir principale était la chasse.

L'accès à la culture (livres, musique, tableaux ou sculptures) était réservé aux moines ou aux riches instruits (qui étaient une minorité). Et, quand on entendait un air de musique, on ne pouvait évidemment pas l'écouter plusieurs fois. Il fallait le mémoriser ou noter les notes sur une partition pour s'en souvenir.

Vieillir était une aubaine extraordinaire réservée à quelques rares chanceux.

En fait, un citoyen de la bourgeoisie moyenne de nos jours a une vie bien plus agréable et bien plus divertissante que celles des rois et des empereurs de jadis. On mange mieux, on est plus en sécurité, on a une éducation plus complète, on est en meilleure santé, on a accès à beaucoup plus d'expériences différentes, davantage de divertissements et, de nos jours, grâce à Internet, à toutes les connaissances. Prenons conscience que n'importe quel lycéen peut obtenir plus d'informations sur l'histoire, l'anatomie, la physique, les mathématiques, la technologie que… Léonard de Vinci.

Enfin, dans la dernière vie censée arriver juste avant ma vie de Bernard Werber, je me suis retrouvé dans la peau d'un médecin à Saint-Pétersbourg, probablement aux alentours de 1890. J'avais une femme blonde qui parlait peu et quatre enfants tout aussi blonds.

J'étais chef de service en chirurgie dans un hôpital, et j'essayais d'éviter à tout prix les amputations, ce qui était à cette époque la manière la plus courante de soigner un membre blessé.

J'avais une barbe blanche. Mon plus grand plaisir était les repas que me préparait tous les soirs ma femme, avec notamment de la soupe de betterave (le bortsch) et des charcuteries accompagnées de cornichons aigres-doux.

C'était une vie de réussite professionnelle et familiale mais, à la fin de mes jours, j'étais frustré par une chose : l'absence de perspectives. Je ne voyais plus comment évoluer, je n'avais plus de grands projets et je sentais qu'il me manquait une dimension spirituelle, mais en tant que scientifique je n'avais pas l'imagination suffisante pour savoir ce qui me manquait exactement.

Je crois qu'avant de mourir, j'avais souhaité avoir un métier qui me permette d'apprendre dans tous les domaines, sans limites, que ce soit dans le domaine de la science ou de la spiritualité.

J'y suis aujourd'hui, grâce au métier de romancier.

Bien sûr, tout cela n'est peut-être que rêves, ou histoires issues de mon imagination. Le seul moment où je saurai si tout ceci est vrai ou faux sera quelques secondes après ma mort. Et, s'il n'y a rien, je n'aurai même pas conscience de me dire : *Zut, finalement tout ça était faux : c'est assez décevant, il n'y a rien après la mort…*

La vie après la mort, les anges, la réincarnation, les voyages dans les vies antérieures, c'est comme le pari de Pascal. Il y a une chance sur deux que cela soit vrai, mais vivre avec ce concept rend notre vie présente bien plus riche de perspectives.

Donc, je fais ce pari.

Et puis, j'aime l'idée d'être dans la vie que j'ai souhaitée avant de naître et qui est inscrite dans mon inconscient comme l'écrevisse (l'écrit-vice ?) de l'arcane XVIII.

Je suis né un 18 septembre.

J'habite à Montmartre dans le 18e arrondissement de Paris.

Et je termine aujourd'hui la rédaction de ce texte, un… 18 décembre.

ARCANE XXI : LE MONDE

L'arcane XXI représente une femme qui danse nue au milieu d'une couronne de lauriers. Elle est entourée d'un ange, d'un aigle, d'un lion, d'un cheval. Ce sont les symboles des quatre éléments : air, feu, terre, eau.

Elle tient dans sa main gauche le même bâton que le personnage du premier arcane, le Bateleur. C'est le bâton de mesure qui lui permet d'estimer les objets et les personnes à leur juste valeur. Dans sa main droite un sac contenant un œuf. Elle a accompli son œuvre.

Elle est sur une jambe dans un mouvement qui est le même que celui du Pendu, si ce n'est que, cette fois, c'est l'inverse. Ce n'est pas une position d'immobilisme subi mais une danse joyeuse.

Elle sourit en regardant à gauche, donc le passé qui a été compris et réglé. Elle est désormais libre.

« Comme je n'ai pas de mémoire, je vais improviser à chaque spectacle un nouveau texte, et chaque représentation sera vraiment unique. »

En 2016, mon ami le youtubeur spécialisé en cabinet de curiosités Patrick Baud (son site porte le nom d'« Axolot », et c'est précisément parce qu'il a choisi comme symbole cette salamandre que j'ai eu envie de le contacter) m'a proposé de monter sur scène pour sa soirée spectacle de *La Veillée*. Le concept permettait à des gens auxquels il est arrivé des histoires vraies et extraordinaires de venir les raconter au public en quinze minutes.

La salle du théâtre Tristan-Bernard était remplie de plusieurs centaines de personnes intriguées par le concept, sans savoir qui allait parler ni quels sujets allaient être évoqués.

Je proposai à Patrick de raconter l'histoire de mon aventure en Corse à 14 ans.

J'avais le trac, mais, au moment de monter sur scène, quand je vis tous les regards braqués sur moi, je me lançai en essayant de montrer le côté « étonnant » et « amusant » de cette situation qui aurait pu tourner à la tragédie, sans oublier cette bizarrerie de mon esprit qui consiste à tout observer avec détachement comme si cela arrivait à quelqu'un d'autre.

Avec ce simple récit oral, je parvins à tenir quatre cent cinquante personnes en haleine et à provoquer des rires. Ne pas voir nos lecteurs lire, savoir s'ils rient, pleurent, sont étonnés, sont amusés, ou même abandonnent le livre à mi-parcours parce qu'ils n'accrochent pas, est une des frustrations de tous les écrivains.

Là, sur cette scène, malgré le projecteur qui m'aveuglait, je perçus en temps réel ce que ressentait le public à l'énoncé de chacune de mes phrases. Je créais du suspense en direct devant eux, sans avoir rien préparé, et cela donnait un ton spécial.

Je suis désormais persuadé que la vraie fonction de raconteur d'histoires n'est pas de se limiter à l'écrit seul chez soi, mais aussi de passer à l'oralité devant un public.

Cette expérience du théâtre à *La Veillée* m'a donné immédiatement envie de recommencer. J'ai fini par monter un spectacle complet, un one-man-show, que j'ai nommé *Histoires extraordinaires et expériences amusantes*. Les histoires extraordinaires, c'étaient mes souvenirs, et les expériences amusantes, des méditations guidées dans l'esprit du *Livre du voyage*.

Ainsi, à mon travail d'écriture, qui était plutôt solitaire, et à mes tournées de dédicaces ou de conférences sur mes livres, j'ajoutai cette nouvelle activité de spectacle vivant.

Après la publication de *La Boîte de Pandore*, je conçus des expériences d'hypnose guidée pour visiter nos vies antérieures en mode touristique, à la recherche de vies agréables où s'étaient déroulés des événements formidables. Pour cette nouvelle version, je mis les récits de mes aventures personnelles de côté et privilégiai les méditations guidées effectuées sur les spectateurs.

Le spectacle s'intitule aujourd'hui *Voyage intérieur*. Les séances d'hypnose s'accompagnent de musique grâce à l'apport d'une harpiste sur scène, l'extraordinaire Vanessa Francœur, et se terminent avec la visualisation de l'avenir où chaque spectateur rencontre son « futur lui-même qui a tout réussi ».

Chaque spectacle commence par la question : « Savez-vous qui vous êtes vraiment ? » et s'achève par : « À bientôt dans cette vie ou dans la prochaine ».

À la fin de chacune des cinq séances de méditation guidées proposées à la salle, je demande à ceux sur lesquels la méditation n'a pas marché de lever la main en premier. Puis ceux sur lesquels cela a à moitié marché. Enfin à ceux sur lesquels cela a parfaitement fonctionné. Sur la quatrième méditation, celle de la visite de vie antérieure (avec le protocole de l'escalier en colimaçon, la porte de l'inconscient, le couloir et les portes numérotées), il y a en général 20 % d'échecs, 10 % de demi-échecs et 70 % de réussites. Je propose alors à ceux qui ont vécu une découverte vraiment en détail de venir raconter cette sorte de rêve éveillé.

Parmi les cas de récits de visite dans une vie antérieure les plus précis, je me souviens de l'écrivaine Valérie Perrin (auteure entre autres des romans *Changer l'eau des fleurs* et *Les Oubliés du dimanche*) qui avait levé la main à la fin du spectacle pour raconter la vie antérieure qu'elle venait de découvrir durant la séance. Elle se souvenait se nommer Louise de Warens et disait vivre à Chambéry où elle était la maîtresse de Jean-Jacques Rousseau, qui l'appelait « Maman ». Valérie Perrin me jura qu'elle n'avait jamais entendu parler de ce personnage. Après vérification sur Internet, Françoise-Louise de Warens avait bel et bien existé, vivait à Chambéry au XVIIIe siècle et avait été la maîtresse de Jean-Jacques Rousseau.

Quoi qu'il en soit, qu'on y croie ou qu'on n'y croie pas (et je respecte les convictions de chacun), une simple méditation de cinq minutes, en essayant de visualiser ses vies passées, ouvre des perspectives. Cela sous-entend qu'une vie n'est peut-être pas un film clos, mais un épisode d'une série qui a commencé il y a très longtemps, et qui pourra se poursuivre après notre décès.

De quoi se poser des questions sur sa propre trajectoire de vie et l'évolution de son âme.

Ce fut le thème que je retins pour mon trentième roman, publié en octobre 2021 : *La Prophétie des abeilles*.

Dans ce roman revient mon héros, le professeur d'histoire René Toledano, qui pratique non seulement l'hypnose régressive comme dans *La Boîte de Pandore*, mais également « l'hypnose progressive ». Au lieu de se contenter de descendre dans la cave menant à ses vies passées, il monte vers le grenier débouchant sur ses vies futures.

Il découvre ainsi que, dans trente ans, les abeilles auront complètement disparu, tout comme l'avait annoncé Einstein, et que l'humanité sera en train de péricliter. Le futur lui-même explique à mon héros, René Toledano, qu'il y a un message pour une sortie de crise possible, et que ce message a commencé à être transmis par le pharaon Akhenaton, puis par le philosophe grec Aristote et qu'il a ensuite traversé les âges pour parvenir jusqu'aux Templiers, dont il était le trésor spirituel.

Ce message se trouve dans un ouvrage visionnaire rédigé par un croisé à Jérusalem en 1100 intitulé *La Prophétie des abeilles*. Le dernier chapitre explique comment l'humanité pourrait faire renaître la dernière abeille, relancer la diversité de la végétation et des cultures, et inventer une nouvelle société plus en harmonie avec la nature, inspirée par les cités-ruches.

Toutefois, en mai 2021, je m'aperçus que le livre ne fonctionnait pas. Instant de panique : je me dis que j'avais perdu ma capacité de tenir le lecteur en haleine. Une fois encore, je fus frappé par le syndrome de l'imposteur. Je cherchai et m'aperçus qu'il me manquait une balle de tennis jaune. J'avais bien accumulé des wagons, mais en oubliant la locomotive puissante qui tire tout l'attelage. Je songeai alors un instant à arrêter. Amélie me rappela que chaque année, à cette époque, j'avais le même doute. Ce processus de panique fait partie du processus de création, et m'en rendre compte me rassura.

Je n'ai aucune certitude quant à mon métier. Chaque livre est une nouvelle prise de risque.

Je refis un plan en partant de zéro et attaquai la rédaction de la version finale L, dans laquelle j'ajoutai une balle de tennis jaune clairement identifiée pour tenir mon lecteur en haleine.

Tout d'un coup, la locomotive se remit en marche et tous les wagons suivirent.

À tous les jeunes auteurs : douter, paniquer, croire qu'on n'y arrivera pas ou qu'on n'y arrivera plus, fait partie du processus créatif. La solution consiste à ne pas renoncer, mais à recommencer tout de zéro pour trouver un puissant moteur de suspense qui donne envie de tourner les pages et surtout une fin qui produise un effet « waouh ».

Surtout ne jamais oublier de mettre une balle de tennis jaune qui serve de locomotive au suspense.

EN GUISE DE FIN

En décembre 2021, alors que je viens juste de publier *La Prophétie des abeilles* et que j'écris le plan détaillé de mon prochain roman pour octobre 2022 (une intrigue liée au concept de solitude et à la gestion des foules), je lis une nouvelle de Henry James qui se nomme « Le motif dans le tapis » (« The Figure in the Carpet », publiée en 1896 dans un recueil intitulé *Embarrassments*). Le narrateur, un journaliste et critique littéraire, discute avec un écrivain célèbre, Hugh Vereker. Celui-ci lui apprend que, même s'il a lu, cru comprendre et critiqué tous ses livres, il a raté un détail particulier, que l'écrivain nomme son « secret », et qui serait comme un motif caché dans un tapis. Le message caché circulerait à travers l'ensemble de ses livres, pensé comme une œuvre globale avec ses propres début, milieu, fin. Le narrateur se met à chercher ce secret, rejoint par deux amis qui deviennent obsédés eux aussi par ce « motif caché dans le tapis » qui expliquerait toute l'œuvre de Vereker.

L'un des deux amis part alors en Inde pour mener son enquête. Puis il envoie un message par télégramme au narrateur pour lui annoncer que, eurêka !, il a enfin compris le motif caché dans le tapis. « Ça y est, j'ai trouvé. C'était énorme mais simple. En prendre conscience a été une expérience tout à fait extraordinaire. Viens me rejoindre, je vais tout t'expliquer. » Mais il meurt avant d'avoir pu lui révéler le secret.

C'est peut-être cette nouvelle qui est à l'origine de la blague de la balle de tennis jaune.

Quoi qu'il en soit, en ce moment où je suis lié au chiffre 30 (30 romans, publiés depuis 30 ans, dans 30 langues différentes avec 30 millions de lecteurs), je peux révéler qu'il y a un « motif caché dans le tapis » dans ces 30 briques qui forment l'ensemble de la pyramide.

Quelques indices : le numéro de la fourmi 103 683, le nombre de passagers du *Papillon des étoiles*, et puis bien sûr les noms de famille des personnages. Ce sont les ingrédients de « ma » pierre philosophale. Peut-être est-ce vous qui trouverez la balle de tennis jaune cachée dans mes 30 romans ?

60 ANS. ÉPILOGUE

Tout est mémoire.

Ma maman, Céline, 85 ans à ce jour, perd complètement la sienne, et j'ai moi-même la hantise que tous ces souvenirs disparaissent ou, comme disait le personnage de Philip K. Dick dans *Blade Runner*, « que tous ces moments se diluent dans le temps comme des larmes dans la pluie ».

Maintenant, les histoires que je vous ai racontées me semblent, elles aussi, commencer à disparaître progressivement. C'est pour cela que j'ai eu envie de vous les faire partager.

Dans le livre de Robert Evans *The Kid Stays in the Picture*, il est écrit :

« Il existe trois versions de chaque histoire :

La tienne.

La mienne.

La vraie.

Aucune n'est un mensonge.

Les souvenirs communs sont uniques pour chacun. »

Je suis conscient que tout ce que je vous ai raconté n'est qu'une interprétation des événements qu'il m'a semblé avoir vécus. Même si je crois que tout récit est progressivement déformé par celui qui les raconte, je me suis efforcé de vous raconter au plus près l'histoire dont je crois me souvenir. Je reste bien conscient que j'en ai peut-être déformé ou mal interprété quelques-unes.

Retour à la case départ, avec l'arcane du Mat, ou la carte qui est avant et après le chemin de vie. Tout a été accompli désormais, il n'y a plus qu'à reprendre la route avec mon baluchon et avec un chat qui m'égratigne la cuisse pour me tenir éveillé.

En parallèle, mon fils aîné, Jonathan, 27 ans, se prépare à la relève. Après des études d'ingénieur et de scénariste, il s'est passionné pour la magie et l'histoire. Il a publié en 2020 son premier roman, *Là où les esprits ne dorment jamais*, une enquête effectuée par une magicienne aux États-Unis en 1880 sur les sœurs Fox, qui ont vraiment existé et sont à l'origine de la mode du spiritisme. Jonathan me semble avoir compris quel formidable outil d'exploration est l'écriture romanesque. Pas seulement pour gagner sa vie, mais aussi pour réfléchir à son sens. Nous avons de grandes discussions sur le travail d'horlogerie du suspense et nous réfléchissons ensemble à comment améliorer ce qui a déjà été fait, avec des démarrages encore plus rapides et plus spectaculaires, des mécanismes de suspense, des fins surprenantes.

En fait, il me pousse à ne pas me laisser aller.

Chaque fois qu'il lit un de mes manuscrits, il déclare :

— Ce n'est pas mal, mais je crois que tu peux faire encore mieux, recommence.

Je l'ai peut-être programmé pour qu'il me dise cela, alors je ne me gêne pas pour lui donner la même recommandation. On peut toujours s'améliorer. Ce qu'il y a de formidable avec ce métier, c'est de pouvoir le pratiquer à tout âge. Seul le public décide quand vous devez prendre votre retraite.

Tant que je le pourrai, qu'il y aura des lecteurs et que je n'aurai pas la maladie d'Alzheimer (comme maman et parce que cela semble être l'héritage génétique familial), je compte écrire. Jusqu'à la fin de mon roman personnel qui se terminera forcément par la première phrase de ce livre : « Et maintenant, c'est fini. »

Récemment, mon autre fils, Benjamin, 9 ans, m'a déclaré :

— Je sais ce qu'il arrive après la mort, on recommence exactement la même vie depuis le début.

Si c'était à recommencer, je ferais les mêmes choix. Tous les obstacles m'ont obligé à mieux me connaître et à découvrir mes forces et mes limites.

Je n'en veux à personne. Chacun suit son chemin qui est différent de celui des autres. Et, en toute logique, chacun de son point de vue a l'impression d'être le héros et d'avoir raison. J'ai raconté dans ce livre tout ce qui, dans ma vie, m'a surpris, sans essayer de juger mais en tentant de comprendre, comme si j'étais moi-même le personnage d'un roman.

Nous sommes là pour apprendre et expérimenter. Je suis ravi d'avoir eu le privilège de croiser le regard de la reine des fourmis magnans en Côte d'Ivoire, d'avoir nagé avec les dauphins bélugas aux Açores et volé avec les oiseaux pailles-en-queue de l'île de La Réunion.

Je suis conscient de la chance que j'ai eue d'avoir l'impression de faire un voyage astral, de visiter mes vies antérieures et même de dialoguer avec mon ange gardien. Même si je ne pourrai jamais être certain de l'exactitude de ces expériences, cela a été suffisamment troublant pour m'ouvrir des perspectives nouvelles et me donner des idées de romans.

Plus prosaïquement, j'apprécie d'avoir eu la possibilité d'assister à vingt-deux mille levers de soleil, d'avoir pu m'évader par l'esprit durant cinquante mille heures d'écriture et surtout d'être le papa de trois magnifiques enfants : Jonathan, Benjamin et Alice qui, du haut de ses 4 ans, montre déjà une forte avidité de connaissance pour tout ce qui concerne les livres et le dialogue avec les animaux.

Si c'était à refaire, la seule chose que je changerais serait celle-ci : être encore plus attentif pour bien apprécier chacun des instants qui ont composé cette vie.

Je vous souhaite, cher lecteur, de comprendre votre propre trajectoire de vie, qui doit forcément s'inscrire, elle aussi, dans une combinaison des vingt-deux arcanes du tarot.

FIN

Dernier post-scriptum : juste avant que ce livre soit imprimé, l'esprit de ma maman a quitté son corps pour monter vers la lumière et rejoindre celui de mon père. Pour tout ce que tu as accompli, maman, encore une fois : merci.

Vous pouvez profiter de ces deux pages
pour commencer ici votre propre autobiographie…

Du même auteur
aux éditions Albin Michel :

Cycle des Chats :

DEMAIN LES CHATS, 2018
SA MAJESTÉ DES CHATS, 2019
LA PLANÈTE DES CHATS, 2020

Cycle des Fourmis :

LES FOURMIS, 1991
LE JOUR DES FOURMIS, 1992
LA RÉVOLUTION DES FOURMIS, 1996

Cycle des Aventuriers de la science :

LE PÈRE DE NOS PÈRES, 1998
L'ULTIME SECRET, 2001
LE RIRE DU CYCLOPE, 2010

PENTALOGIE DU CIEL :

Cycle des Anges :

LES THANATONAUTES, 1994
L'EMPIRE DES ANGES, 2000

Cycle des Dieux :

NOUS, LES DIEUX 2004
LE SOUFFLE DES DIEUX, 2005
LE MYSTÈRE DES DIEUX, 2007

Cycle Troisième Humanité :

TROISIÈME HUMANITÉ, 2012
LES MICRO-HUMAINS, 2013
LA VOIX DE LA TERRE, 2014

Nouvelles :

L'ARBRE DES POSSIBLES, 2002
PARADIS SUR MESURE, 2008

Autres livres :

LE LIVRE DU VOYAGE, 1997
NOS AMIS LES HUMAINS (THÉÂTRE), 2003
LE PAPILLON DES ÉTOILES, 2006
NOUVELLE ENCYCLOPÉDIE DU SAVOIR RELATIF ET ABSOLU, 2008
LE MIROIR DE CASSANDRE, 2009

Le Sixième Sommeil, 2015
Depuis l'au-delà, 2017
La Boîte de Pandore, 2018
La Prophétie des abeilles, 2021
La Diagonale des reines, 2022

BERNARD
WERBER
La Prophétie
des abeilles

BERNARD
WERBER
La Planète
des chats

BERNARD
WERBER
Sa Majesté
des chats

BERNARD
WERBER
Demain
les chats

BERNARD
WERBER
La Boîte
de Pandore

BERNARD
WERBER
Depuis
l'au-delà

PAPIER À BASE DE FIBRES CERTIFIÉES

Le Livre de Poche s'engage pour l'environnement en réduisant l'empreinte carbone de ses livres. Celle de cet exemplaire est de :
200 g éq. CO_2
Rendez-vous sur www.livredepoche-durable.fr

Composition réalisée par Belle Page

Achevé d'imprimer en France par
CPI BRODARD & TAUPIN (72200 La Flèche)
en avril 2023
N° d'impression : 3052450
Dépôt légal 1re publication : mai 2023
LIBRAIRIE GÉNÉRALE FRANÇAISE
21, rue du Montparnasse – 75298 Paris Cedex 06

83/3832/6